本书为国家社科基金一般项目“两宋时期文人文集的编纂、刊刻与传播研究”（13BZW066）的结项成果

两宋时期的文集编纂与传播研究

潘明福 著

中国社会科学出版社

图书在版编目（CIP）数据

两宋时期的文集编纂与传播研究／潘明福著．—北京：中国社会科学出版社，2022.11

ISBN 978－7－5227－0748－8

Ⅰ.①两…　Ⅱ.①潘…　Ⅲ.①编辑工作—文化史—研究—中国—宋代　Ⅳ.①G239.29

中国版本图书馆CIP数据核字（2022）第142983号

出 版 人　赵剑英
责任编辑　顾世宝
责任校对　王　龙
责任印制　戴　宽

出　　版　中国社会科学出版社
社　　址　北京鼓楼西大街甲158号
邮　　编　100720
网　　址　http：//www.csspw.cn
发 行 部　010－84083685
门 市 部　010－84029450
经　　销　新华书店及其他书店

印　　刷　北京君升印刷有限公司
装　　订　廊坊市广阳区广增装订厂
版　　次　2022年11月第1版
印　　次　2022年11月第1次印刷

开　　本　710×1000　1/16
印　　张　20.75
字　　数　325千字
定　　价　108.00元

凡购买中国社会科学出版社图书，如有质量问题请与本社营销中心联系调换
电话：010－84083683

序

王兆鹏

古代文学传播研究，自20世纪80、90年代兴起以来，已成为新的学术增长点。宋代文学传播研究，成果也相当丰硕，其中北京大学王岚教授的《宋人文集编刻流传丛考》（2003年）、南京大学巩本栋教授的《宋集传播考论》（2009年），尤其引人注目。近年来，又有多元多向的开拓，潘明福君的《两宋时期的文集编纂与传播研究》，就从三个维度上有力推进了宋代文学的传播研究。

首先是从广度上拓展了宋代文学传播研究的领域。之前的两宋文集传播研究，更多的是个案研究，集中探讨一家一集的编辑、刊刻和流传过程，而潘著着眼于宏观，由点及面，全面系统地探讨宋代文集编纂与传播的历史背景以及文集编纂的类型与主体、理念与原则、模式与方法等。潘著还进一步将宋代文学传播研究的视野由两宋境内传播延伸向两宋境外传播，深入考察了两宋境外传播的民间私下传播、使节公开传播、商人售卖传播等途径及其效应，增进了读者对宋人文集在两宋境外传播面向的认识。潘著不仅仅关注宋人编印的本朝文集，还关注宋人编印的前代文集。这就完整地还原了两宋时期文集传播的盛况，因为宋人既传播和接受本朝人的文集，也传播和接受前代人的文集。因为本朝人的文集、文学典范，是在前代文集和文学典范的基础上形成的，不了解前代人特别是唐人文集的传播，就无法真正了解宋人文集传播的根基和前提。所以，潘著不仅从共时性方向拓展了宋代文学传播研究领域的幅度，也从历时性方向拓宽了宋代文学传播研究的长度，这颇具范式意义。研究一个时代、时期的文学传播，不仅要注意同一时代、时期的文学传播，还要注意前代文学在当下的传播，这样才能厘清一个时代或时期文学传播的理念、途径、方式的来龙去脉和前因后果，使研究更具有历史纵深感。

其次是在深度上开掘了宋代文学传播研究的层面。宋代文集的抄本传播，虽世所共知，但宋代文学传播的研究者，更多注意刻本传播，于抄本少所深究。而潘著则深一层地探讨了宋人文集抄写的多种动机和类型，或因进献、或求干谒、或藉赏读、或为求序、或为传承、或求扬名，让我们对宋人为何抄写、如何抄写文集有了深入的认知和理解。两宋时期的“行卷”，以前学界不大关注，近年随着对宋代科举文化研究的推进，对“行卷”的历史现象已有越来越多的了解。而潘著则深入一步，从传播的角度，分析了“行卷”式传播的模式及其影响，从众多案例中概括出“行卷”传播的三大特点：传播目的的功利性与路径的单一性、传播内容的精品化和文本的临时性、传播对象的明确性和时间的固定性，凝炼出“‘射线群’传播”和“代表作领衔传播”两种模式，皆发人所未发。他还发现，“行卷”传播既有动力，也有阻力。动力来自前代举子“行卷”的启示和当代行卷成功者的鼓舞，阻力则来自朝廷的公开打压和“謄录”“糊名”等考试制度的制约。这些新发现，都是沉潜于浩瀚的文献史料，经过艰苦的爬罗剔抉而得，故结论坚实可信。作为与“科举”并存的“荐举”制度，对文集传播的影响，时贤几乎未曾留意。而潘著深入考察了“荐举”制度对文集传播的影响，荐举制度形成了特定的传播渠道，开启了二次传播和广辐射面的传播途径，结论新人耳目。从政治制度层面考察宋人文集传播的动力因素，大大深化了宋代文学的传播研究。

最后是从精度上提升了宋代文学传播研究的水准。个案研究，难以从个别上升到一般、从现象上升到规律性认识。而宏观的整体研究，易于把握全局、总结规律、提炼特色。潘著无论是上编对于文集类型、编撰理念及原则的提炼，还是下编关于“行卷”传播模式、荐举制度对传播影响的概括，都不满足于案例、现象的陈述，而是尽可能地上升到理论高度，总结出带有普遍性、规律性的认识，往往一语破的。如果说宋人“以类相从”的编纂原则，让我们既熟悉又陌生，那么，“奏议不入文集”的编纂原则，则让我们倍感新奇，而书中对“奏议不入文集”两大原因的揭示，又足以使我们心服首恳。从书中章节的标题“模式与方法：宋人对唐集的编纂”“理念与原则：两宋编集的独特旨归”“‘行卷式’传播的模式”“两宋时期文人文集的商业模式传播”，都可以看出著者对传播现象进行理论概括的努力。总之，此书新见迭出，论证周密，思路清晰，是近年来对两宋时期文人文集编纂与传播研究的一部力作。

本书著者潘君明福，是我门下博士。与明福初次相识，是在他的硕士论文答辩会上。应其导师房开江先生之邀，我担任他的硕士论文评审专家和答辩委员会主席。至今还记得，他的硕士论文题为《论“咸通十哲”及其诗歌》，洋洋洒洒，将近十万字，既有文献考据，也有理论阐释，思路清晰，逻辑严谨，颇多创见，体现了扎实的文献基础和颇强的理论分析能力。此后，我们学术交往频繁。2010 年，明福考入武汉大学，跟随我攻读博士学位。读博期间，潜心读书，埋头学问，在《文学遗产》《文献》《文艺理论研究》《南京师大学报》《词学》《古籍研究》《戏曲研究》等发表了多篇具有一定学术影响力的成果，考据功夫既日益老到，理论分析能力也与日俱增。2013 年，他成功申报国家社会科学基金项目“两宋时期文人文集的编纂、刊刻与传播研究”，那时，我也正好在筹建武汉大学中国文学传播接受研究中心，致力于文学传播接受研究。所以，他的博士论文就围绕宋代文学传播来选题，他在全面披阅《全宋文》后，搜集了大量史料，对宋代文学编纂、刊印、传播的历史状况了然于心，因此，很顺利完成了博士论文《北宋时期的文集编纂与传播研究》，无论是通讯评审专家还是参与现场答辩的专家，都高度评价明福的这篇博士论文，最终以“优秀”的成绩通过答辩。博士毕业以后，明福又不断加深自己的学术积累，在博士论文的基础上不断拓展深化，经过反复打磨增订，形成了本书。

明福为学既可圈可点，为人朴诚厚道、孝友笃义，更值得嘉许。考博之前，其家尊不幸病逝，他痛不欲生，好长时间走不出丧父之痛。他班上的学生看在眼里，急在心头，担心他从此一蹶不振，于是写信向我求助。他纯朴真挚的孝心，着实让我震撼和感动，由此理解了古人的哀毁骨立是什么样的精神状态，但也让我担忧心痛，于是开导训斥并施，劝慰鼓励齐上。过了好长时间，他才慢慢缓过神来，恢复常态。他乐于助人，勇于为义，只要同门友生需要帮助，他都有求必应。别人对自己的帮助，他常怀感恩之心，并设法报谢；而他帮助别人，总以为理所当然，不求回报。他心里总装着别人，为别人着想，为别人帮忙。这种为人品格，有时不免耽搁延误了学术，但我觉得，正是这种品格助成了他的学术事业。

明福为人一心向善，为学精益求精。本书只是他学术道路的新起点，书中未尽之处，留下进一步开拓完善的空间。明福也有计划，将对宋代文学传播研究课题深挖精耕，期待他不断推出新成果。

是为序。

武昌王兆鹏

二〇二二年八月三十日于锦城

目　录

下编　两宋时期文人文集的传播

绪　论

陈寅恪先生云："华夏民族之文化，历数千载之演进，造极于赵宋之世。"① 宋王朝凭借其"造极"的文化，延续了比唐王朝更长的时间。宋王朝的文化，有着其强大的综合实力，这种综合实力是由多种文化样态的力量汇聚而成，这些文化样态包括文学、书法、绘画、雕塑、建筑，等等。其中，宋代文学的繁荣是推动宋代文化走向繁荣的一种重要力量。

我们知道，"繁荣"不是一种静止的状态，而是一个动态呈现的面貌。文学的繁荣应该是文学生产、流通、消费和反馈四个方面的共同呈现，文学的生产即文学创作，是具体文学作品产生的过程；文学的流通即文学传播，是文学离开作者，走向受众群体的过程；文学的消费即文学阅读，是读者遴选、阅读文学作品的过程；文学的反馈即文学评价，是读者阅读文学作品后给出的点评。从文学生产到文学反馈这四个方面是彼此互动、循环往复、相互影响的。没有文学生产，就没有文学流通；没有文学流通，就没有广泛的文学消费；没有文学消费，就没有文学反馈；没有文学反馈，就没有明晰和适应一定时代受众需求的文学生产。文学的发展，是在这四者相互影响、循环推动的机制下运行的，而文学的繁荣，则具体表现为这四者的协调推动和高效运行。文学的生产、流通、消费和反馈是决定文学如何发展和是否繁荣的主要因素或主要环节，当然，如果我们加以细致寻绎，在这些主环节之间还有一些"次环节"或"亚环节"的存在。比如，在文学的"生产"和"流通"两个环节之

① 陈寅恪：《邓广铭〈宋史职官志考证〉序》，《金明馆丛稿二编》，上海古籍出版社 1980 年版，第 245 页。

间，还存在着作品的修订、删削、补写、整理、编纂等环节，在文学的“流通”和“消费”两个环节之间，还存在着消费者对消费作品的选择及其所带来的流通变异等环节，等等。

在推动文学繁荣的四个环节中，学界对于“生产”和“反馈”（文学创作和文学批评）这两方面的研究，已经形成了较为严密和成熟的体系，而对于“流通”和“消费”（即文学传播和文学接受）这两方面的研究，却起步较晚，就中国古代文学的研究而言，直到20世纪八九十年代，由于受到西方现代传播学和接受美学的启发和影响，文学“流通”和“消费”的研究才逐渐受到国内研究者的重视。近三十年，文学传播和文学接受研究逐渐成为学术界关注的热点，就宋代文学的传播研究而言，文学作品的单篇传播、书册传播、抄写传播、刊印传播、石刻传播、题壁传播、歌唱传播等，已经受到不少学者的关注。然而，当今学术界对于宋代文学传播的研究，很多还仅仅停留在对文学传播现象的揭示和某些文人作品传播现象的个案描述或分析上，缺乏对宋代文学传播总体框架的建构和深层次把握，对于“宋代文学传播的核心特质”“文学传播对宋代文学发展、嬗变及宋型文化建构的价值、意义”“两宋文学传播对两宋文人集团生成与发展的影响”“两宋文学传播与两宋文学精神的演进”等问题，还缺乏具体、深入的探讨。除此之外，当今学术界对于文学传播的研究，大多还停留在对文学传播环节本身的关注，对于文学传播之前的准备阶段（即文学作品的修改、增删、整理、编纂、刊刻等方面）和文学传播以后的评估阶段（即受众或读者对所作品的选择、对文学传播方式和传播媒介的评价、对某些作品的集体认可、赞颂，进而推动文学经典的生成等）[①] 的关注和研究则相对匮乏。

有感于此，笔者拟以两宋时期的文人文集作为观照对象，对两宋时期文集的编纂、刊刻、传播等方面的具体问题，做一番思考和探析。

---

① 受众对所传播的作品进行择取、对传播方式和传播媒介进行评价、对某些作品做出集体认同，进而推动文学经典的形成，虽然这些传播的评估阶段的问题与文学接受有一定的关系，但并不等同于文学接受，文学接受更多体现在受众阅读作品以后所表现出的对某些作品内容的认可、接受或者批评，而文学传播评估阶段所关注的问题则更多表现在文学传播的形式、效果、反响等方面，既是文学传播环节的延伸，也是文学接受环节的前奏。

前文曾言，两宋时期是一个文化“造极”的时期，这种“造极”的一个突出表现就是文人创作的繁荣和大量文人著述的涌现。一般而言，文人的创作，首先产生的应该是单篇作品，一定量的单篇作品汇聚在一起，就形成了单篇作品的集群，也就是传统意义上的文集。由于单篇作品的内容和性质不完全一样，所以，不同类型的单篇作品汇聚而形成的文集也就具备了不同的性质和特点，比如，单篇作品是诗，汇聚在一起的文集就叫诗集，单篇作品是词，汇聚在一起的文集就是词集，不同类型的单篇作品汇聚在一起的文集就是综合作品集。文集有不同性质，也有不同样态，有“松散型”文集，也有“紧密型”文集；有“临时性”文集，也有“恒定性”文集；有“抄写本”文集，也有“刻印本”文集。在当今学界的两宋文学研究特别是两宋文学传播研究中，对于单篇文学作品的传播研究（比如诗文的抄写传播、刻石传播、题壁传播、词的演唱传播、诗词的题画传播，等等）已经有了较多的关注，而对于单篇作品的集群（文集）的生成（编纂）、刊刻与传播，却关注不多。

对于“两宋时期文集的编纂、刊刻与传播”这一研究而言，首先要解决的是“文集”“编纂”“刊刻”“传播”这四个概念的界定问题。

所谓“文集”，顾名思义，就是一定量文学作品的“集聚”或“集合”，既包括一人或数人的作品按照一定规则、一定体例编纂而形成的相对系统、相对完整的严格文本形态，也包括一定数量的文学作品以一定的方式集聚而成的特定形态。这种“集聚”或“集合”可以是基于某一时空、某一典故（如：吟咏西湖、书写昭君出塞，等等），也可以是以某一具体事件为中心（如：游览、饯别、编书、关考，等等）。我们传统观念中的“文集”，大多是指严格意义上稳定的文本形态，实际上，站在更广阔的角度来思考和探讨两宋时期文学作品的集聚方式、文本生成模式和传播路径，会更加全面，也更有研究价值和意义。因此，笔者所探讨的“文集”，不局限于一般意义上的、稳定、严格的文学文本，而是着眼于更广阔范围内的“作品集聚”形态。

所谓“编纂”，就是指单篇作品在创作完成以后，作者或他人对其加以“集聚”的方式和过程，换言之，就是文集的生成的方式和过程。就文集的编纂主体（编纂者）而言，两宋时期文人的文集大部分由子孙辈

（包括儿子、女婿、孙子、曾孙等）编纂，其中，“子编父集”的现象占了大多数，除了子孙辈编纂以外，两宋时期的文集还存在着臣子编纂、同僚编纂、亲戚编纂、朋友编纂、门生编纂、追慕者编纂、地方官员编纂、商人或逐利者编纂等多种情况；就编纂的客体（文集）而言，包括单人的别集（包括收录作者部分作品与收录作者全部作品两种情况）和多人的总集（包括酬唱集、游览集、咏物集、送行集、追思集等多种类型）；就编纂的具体方式而言，包括“以时缀文”（依照作品具体创作时间的远近顺序排列成集）、“以地相系”（将在同一个地点创作的作品编纂在一起）、“依类相从”（将同一种文体或同一类型的作品编纂在一起）等几种类型；就编纂的具体过程而言，包括“一次编纂成集”和“数次编纂成集”两种情况；就编纂的具体性质而言，包括“首次编纂”和“重新编纂”两种类型。

所谓“刊刻”，就是指文集固定的方式，就刊刻的主体而言，包括作者自己刊刻和他人刊刻两种类型；就刊刻的性质而言，包括官府刊刻、书坊刊刻、私人刊刻三种情况；就文集的载体而言，主要包括石刻和木刻两种样态。

所谓“传播”，就是文集从创作者、编纂者、刊刻者到文集消费者（读者）的传输方式和过程，文集的传播包括“传”和“播”两个层面，“传”侧重于纵向的传承，更多的是时间层面的考量；而“播”则侧重于横向的散播，更多的是空间层面的考量。两宋时期文集的传播，既包括“传”的层面（时间层面），也包括“播”的层面（空间层面），有时还同时兼备“传”与“播”两个层面。

上　编

两宋时期文人文集的编纂与刊刻

第一章

两宋时期文人文集编纂、刊刻与传播的背景

公元960年，宋太祖赵匡胤发动“陈桥兵变”，推翻了后周政权，建立了赵宋王朝。建立政权后，为了彻底消除晚唐五代以来武将掌控兵权的危险，赵匡胤采取了一系列措施，将兵权从武将手中夺过来，改用文臣来管理国家，他曾对宰相赵普说：“朕今选儒臣干事者百余，分治大藩，纵皆贪浊，亦未及武臣一人也。”① 这样的理念影响了整个赵宋王朝的政治走向，对文臣的重用和依赖，让整个两宋王朝带上了浓重的“文”的气息和脾性。宋太祖曾说过，“作相须读书人”，因而两宋王朝“大重儒者”。② 饱读诗书、学识渊博成为两宋王朝考量臣子和人才的重要标准之一。③

① （明）杨士奇、（明）黄淮等编：《历代名臣奏议》卷七十《法祖·圣范五》，台湾学生书局1985年版，第2册，第981页。

② （元）脱脱等：《宋史》卷三《本纪第三·太祖三》，中华书局1985年版，第50页。

③ 宋真宗《令晁迥等举文学优长履行清素者各二人诏》云：“其有修词博古之可称，絜矩践方而无玷，俾从类举，各以名闻。”（《全宋文》卷260，第13册，第93页）“修词博古”即是博学；宋孝宗《荐举上书赏罚诏》云：“自今以荐举上书登对，真材实能，无吝褒擢。”（《全宋文》卷5211，第234册，第84页）“上书登对”考察的主要是学识。另，李正民《与胡枢密荐孙传书》云：“某伏见左宣义郎孙传学术博通，文彩掞蔚，久历州县，通知世务。”（《全宋文》卷3541，第163册，第132页）陆游《荐举人材状》云：“臣切见宣教郎、知临安府临安县巩丰，材识超卓，文辞宏赡；从政郎、前随州州学教授王田，学问淹贯，议论开敏。”（《全宋文》卷4925，第222册，第224页）郑兴裔《荐举陈造状》云：“臣伏见高邮陈造，明经修行，幼居乡曲，早有时誉。淳熙二年第进士甲科，以词赋声震艺苑……臣窃观其问学闳深，艺文优赡。”（《全宋文》卷4991，第225册，第79页）郑兴裔《荐举陆九渊状》云：“臣伏见建宁府崇安县簿陆九渊，识淹今古，学有渊源，奋自甲科，两任剧邑，文章政事，蔚然可观。”（《全宋文》卷4991，第225册，第78页）所谓“学术博通，文彩掞蔚”“材识超卓，文辞宏赡”“学问淹贯，议论开敏”“以词赋声震艺苑”“问学闳深，艺文优赡”“识淹今古，学有渊源”，皆是从“学识渊博”的角度而言的。

《宋史·太祖本纪》载：“（建隆三年二月）壬午，上谓侍臣曰：‘朕欲武臣尽读书以通治道’”[1]，这种“武臣读书以通治道”的观念在两宋王朝始终存在，这也是许多名将（如范仲淹、韩琦、辛弃疾等）都是儒臣的原因，“武臣儒者化”是两宋社会一个值得关注的现象。

随着两宋社会的发展，“以文治世”的观念和崇文抑武的国策被不断强化，宋太宗就曾明确说过：“王者虽以武功克定，终须用文德致治。朕每退朝，不废观书，意欲酌前代成败而行之，以尽损益也。”[2] 不仅皇帝自己“不废观书”，两宋时期的君主还常常带领臣子读书、唱和，形成了有趣的文学阅读与传播图景，宋祁《杨太尉（崇勋）行状》中就记载了一幅君臣开展教学活动的生动画面：

> 一日，公（按：即杨崇勋）与张侍中耆辈侍立次，真宗皇帝谓曰：“知汝等好学文字，若能如此，吾当亲为教授。”公等对曰：“实有志矣。”乃谢于庭下。自兹命张侍中为学长，张景宗观察为副学长，公与夏太尉守赟为学察，安团练守中而下为学生矣。帝授以《孝经》、《论语》、诗赋，又教以虞世南字法。[3]

这俨然是一个“课堂教学”的场景，班级中设置了“学长”（相当于班长）、“副学长”（相当于副班长）、“学察”（相当于纪律委员），还有众多的学生，主讲者为真宗皇帝。在中国的封建社会中，像这类君主亲自“开班授学”的例子是不多见的，这从一个方面真实反映了宋代的最高统治者对文化的高度重视。杨崇勋是北宋名将，曾统领禁军十年，亦曾参加战斗，名震疆场，可以说是一位不折不扣的“武夫”。但正是这样的武夫，在真宗的不断熏陶下，“自此旁通经史，周知韬略”，并且聚书万余卷，“修职之外，研味忘倦”，还亲自择取并且编纂了“（白）乐

① （元）脱脱等：《宋史》卷三《本纪第一·太祖一》，中华书局1985年版，第11页。

② （宋）李焘：《续资治通鉴长编》卷二十三“太宗太平兴国七年冬十月”条，中华书局1979年版，第3册，第528页。

③ 《全宋文》卷524，上海辞书出版社、安徽教育出版社2006年版，第25册，第65—69页。（为避免烦琐，以下引《全宋文》仅注明册数和页码，不再注版本。）

天自未三十岁至七十五所著歌诗凡八十一篇”为《白氏编年集》，编成以后，还“手写其集，传诸好事”。[①] 由此可见两宋最高统治者的积极倡导对两宋时期文人文集编纂和传播影响之一斑。

在浓厚的“崇文”观念的影响下，两宋社会甚至出现了武举进士耻谈“兵书戎器”，“既由武艺入官，又复慕为文臣”的现象：

> 文武并用，长久之术，有天下者不可偏废。近世武举进士甫得赐第，多弃所学，必欲锁试换文，回视兵书戎器，往往耻谈而羞道之。夫科目之设，不惟士子以此自致其身，国家亦将各赖其用。今既由武艺入官，又复慕为文臣，是右科徒为士子假涂之资，而非为国家储材之地，此科遂成无用矣。[②]

抑武的做法虽然让宋代“韬钤之士无闻，将帅之材常乏，边尘有警，所藉以御侮者类不胜任”[③]，战力积弱，但崇文的理念却为两宋文化的繁荣奠定了坚实的基础、提供了有力的保障。

两宋文化繁荣的一个重要标志就是文人创作的丰富、文集编纂的兴盛以及文学传播方式与途径的多样与广泛。

第一节　君主文集的示范与两宋时期文集编纂、传播的繁荣

一　北宋时期君主文集编纂与传播的示范与引领

两宋的皇帝，大多注重文学创作，尤其是北宋的诸位皇帝，在相对太平的盛世里，对文学倾注了不少热情，他们或以文来表达自己的治世主张，或在与臣子们诗酒往来中挥毫泼墨，创作了数量可观的文学作品，太祖、太宗、真宗、仁宗、神宗、哲宗、徽宗都有自己的文集。

---

① 《全宋文》卷524，第25册，第69—70页。

② （宋）赵汝述：《乞武举人不许再应文举奏》，《全宋文》卷6596，第290册，第198页。

③ （宋）赵汝述：《乞武举人不许再应文举奏》，《全宋文》卷6596，第290册，第198页。

顷年先臣以使事久絷异域，访求于鄽市之间，换易于酋渠之家，前后所积，凡得乾德、开宝中御府编次太祖皇帝御笔数十卷……所有太祖皇帝御笔六卷，谨随状缴进。①

这是南宋洪适《缴进太祖皇帝御书奏状》一文中所言，按照洪适的说法，北宋乾德、开宝中曾编纂“太祖皇帝御笔”数十卷，“御笔”的内容具体包含哪些类别，不得而知，但宋初曾编纂过宋太祖赵匡胤的文集，这一点可以肯定。这部数十卷的“御笔”到了南宋还有六卷存世。

相比而言，宋太宗的三十卷诗歌集是可以明确的文学文本：

吕侍郎文仲，字子臧，歙州新安人……真宗咸平二年，拜翰林侍读学士……受诏集太宗歌诗为三十卷，诏书加奖。②

此为北宋名臣宋绶《吕侍郎文仲传》一文中的记载，由“受诏集太宗歌诗为三十卷”之言可知，翰林学士吕文仲编纂了三十卷的宋太宗诗集，这是北宋第一个明确由君主创作的纯文学作品集。

随着北宋社会的发展，君主着眼于“文”的意识不断增强，创作的作品不断增多，文集的规模也不断扩大，真宗的文集就达到了三百卷之多：

宋受命于穆清，五纬集奎，观人文，化天下……真宗章圣皇帝睿喆钦明……天禧之元，月旅黄钟，日躔庚子，臣虚己裒次《御集》百二十卷，爰即禁庭，俯示丞弼。明年孟春，严储于继文殿。四年季夏甲午，列局崇文，分命注释。仲冬庚申，出圣制七百二十二卷

① （宋）洪适：《缴进太祖皇帝御书奏状》，《全宋文》卷4727，第213册，第116页。

② 《全宋文》卷400，第19册，第267—268页。按：宋绶未明言吕文仲所编纂的宋太宗诗集之名称，嘉祐七年（1062）十二月，蔡襄等人应召赴天章阁瞻仰太宗、真宗文集，其中有太宗《游艺集》（蔡襄《群玉殿曲宴记》云：“嘉祐七年十二月二十七日，上幸天章阁，召辅臣近侍，出太宗《游艺集》、真宗文集以示之。”《全宋文》卷1017，第47册，第178页），此“《游艺集》”，或为吕文仲所编纂的三十卷诗集。

> 畀辅臣。五年季春庚子，敛奉御集，尊阁天章，定著为三百卷……凡颂、碑、铭、赞之卷二十六，诗歌、辞章、乐府之卷一百十四，论、述、序、箴、条记、文书其卷四十，《正说》、《承华》、《要略》、《静居》、《玉宸》、《法音集》其卷四十有五，《春秋要言》五卷，胪分试题、表词，卷别七十，芸签钿轴，数盈三百。①

这是李虚己《真宗御集序》一文中所言，李虚己自天禧之元（即天禧元年，1017）开始“裒次《御集》百二十卷”，至天禧五年（1021）“定著为三百卷”，对真宗文集的编纂，前后用了五年时间，文集规模之大，编纂时间之长，可见一斑。

仁宗的文集规模虽然不及真宗，也达到了百卷，且看欧阳修《仁宗御集序》所言：

> 惟我仁考神文圣武明孝皇帝之作，二帝之言语而三代之文章也，是宜刊之六经而不朽，示之万世而取法……乃诏尚书刑部郎中、知制诰邵必，右谏议大夫、天章阁待制吕公著，悉发宝文之旧藏而类次之，以为百卷。②

邵必与吕公著共同编纂仁宗文集③，为了“示之万世而取法”，让君主的文集成为后世学习的示范，这种示范引领效应，在此后两宋社会繁荣的文集编纂风气中得到了回应。需要指出的是，邵、吕二人编纂仁宗文集的具体方法是“类次之”，也就是按照文章的不同类型分别加以编排，这种“以类相从”的编纂方法为两宋时期大多数文集编纂者所采用，

---

① （宋）李虚己：《真宗御集序》，《全宋文》卷267，第13册，第257—258页。

② （宋）欧阳修：《仁宗御集序》，《全宋文》卷717，第34册，第67页。按：此文为欧阳修治平四年（1067）受英宗密旨而代作。

③ 邵必因编纂仁宗文集有功，受到加官的赏赐。《全宋文》卷617“邵必小传”云：“邵必，字不疑，丹阳（今江苏丹阳）人。宝元元年第进士，为上元主簿，召充国子监直讲，同知太常礼院……编《仁宗御集》成，迁宝文阁直学士、权三司使，加龙图阁学士、知成都。”《全宋文》第29册，第168—169页。

从而使“类编”成为两宋时期文集编纂的主要方式。

仁宗文集编成以后，曾赏赐近臣，欧阳修就获赐一部，且看其《谢赐仁宗御集表》一文所言：

臣某言：伏准御药院告报，伏蒙圣慈赐臣《仁宗御集》一部一百卷者。倬彼云章，方联于宝轴；刻之玉版，忽被于恩颁。①

据《全宋文》所载，欧阳修此文作于宋英宗治平四年（1067），则仁宗文集于治平年间已经编纂完成。

神宗的文集编纂于哲宗元祐年间，楼钥《恭题神宗赐沈括御札》云：

臣仰惟神宗皇帝经略西事，纤悉周密，万里风烟，俱入长算。时四明沈公括帅鄜延，阅月才十有六，承密诏至二百七十三道。元祐编裕陵御集，悉已上送官。②

“裕陵”乃神宗陵寝，指代神宗，故知神宗文集编于元祐年间，编集时曾要求臣子上献密诏等材料。据《玉海》卷二八所载，《神宗御集》共二百卷，内容包括“文辞”“政事”“边防”三类，然初编时，卷数并没有那么多，苏辙《进御集表》所言可以为证：

臣辙言：窃惟神宗皇帝天纵圣德，文章隽伟，策略宏远，出于天性，不由学致……臣顷被圣旨，编次遗文，始于禁中，次及三省、密院，下至文武诸臣之家，凡尺牍寸纸，无所遗轶。或文采焕发，足以形容渊衷；或事实明著，足以考察时政。谨已撰次成书……然先帝之文，其高处自当与典谟训诰为比，非近世所能仿佛。凡著录九百三十五篇，为九十卷，目录五卷。内四十卷皆赐二府及边臣手札，言攻守秘计，先被旨录为别集，不许颁行。仍御制集序一篇，

---

① 《全宋文》卷676，第32册，第59页。

② 《全宋文》卷5951，第264册，第151页。

以纪盛德，发明大训。臣窃见祖宗御集，皆于西清建重屋，号龙图、天章、宝文阁以藏其书，为不朽计。又刻版模印，遍赐贵近。臣今已缮写，分为五幞，随表上进。欲乞降付三省，依故事施行。所有御集即付本所修写镂版。臣无任战汗惭惧屏营之至，谨奉表以闻。①

“凡著录九百三十五篇，为九十卷，目录五卷”，则神宗文集初编时，内容加目录共九十五卷。神宗文集的编纂者，除了苏辙以外，至少还有郑雍、彭汝砺两人，宋哲宗元祐六年（1091）十月颁布的《酬奖郑雍彭汝砺诏》云：

编修神宗皇帝御制御集官，中大夫、御史中丞郑雍与升一官，太中大夫、礼部侍郎彭汝砺支赐绢银各五十匹两。②

由是可知，郑雍、彭汝砺两人也参与了神宗文集的编纂。臣子多人共同编纂君主文集，这是两宋时期君主文集编纂的常态。

神宗文集编成以后，和仁宗文集编成时一样，也曾赏赐臣子，黄裳、刘攽都曾获赐：

国史移文，旁逮侯藩之远；宸衷传旨，仰膺御集之新。何殊《尧典》之文章，乃叹神宗之述作。篆晓香而拜赐，涤尘虑以开缄。云汉昭明，河图焕烂。训示千古，荣生四方……秘以箧笥，传之子孙。恭惟皇帝陛下考欲广声，学怀贻典。深惜一言之散失，旁求百辟之收藏。遂致成书，已名延阁。③

伏惟宸章下贲，蓽室为荣，祇荷宠灵，不任荣抃。伏以神宗皇帝圣由天纵，道隆日新。受命穆清，飨国之历绵永；储思参两，稽

① 《全宋文》卷2066，第95册，第90—91页。
② 《全宋文》卷3241，第150册，第305页。
③ （宋）黄裳：《谢赐神宗皇帝御集表》，《全宋文》卷2246，第103册，第19页。

> 古之事著明。亦犹唐尧之焕乎文章，夏禹之躬于律度……不独秘河图于东序，严策府于春山，乃眷具赉，锡之副本。承宣室之顾问，尝耳训言；畏轩台之威令，恪遵遗法。感慕往遇，炫耀新恩，企耸怔忪，罔知所措。①

君主文集的下赐，是两宋时期典型的文集“下行”传播，是一个颇值得注意的现象，这种“下行”传播不是单线的“点对点”的传播，而是从一个点（朝廷）向多个点（不同的臣子）呈现的“辐射状”传播，神宗文集的“下行”传播就是如此。② 由于君主文集大多规模比较大，想要更好、更便捷地实现“辐射状”传播，将文集刊印是最好的方法，因而，两宋君主的文集，在编纂完成后，基本上都进行了刊印，正如前面苏辙《进御集表》所言，“刻版模印，遍赐贵近”是“故事”，说明君主文集编纂完成以后，刊印并赏赐臣子是约定俗成的事，据此可知，两宋时期君主文集“辐射状”下行传播是一种常态。“辐射状”传播不仅扩大了传播面，提升了传播影响，而且对更好地保存文集也起到了积极作用。

如果说“下赐”的行为本身在某一个特定的时间点上更多体现了文集的“播”的话，那么在“播”之后的一个长长的时间段中，则更多地体现了“传”的过程，“秘以箧笥，传之子孙”，获得赏赐的臣子会把君主的文集精心收藏，一代一代传承下去。

需要说明的是，两宋时期君主文集的“下行”传播除了“颁赐”臣子以外，还有一种特殊的形式，就是让臣子到禁中瞻仰“御集”：

> 嘉祐七年十二月二十七日，上幸天章阁，召辅臣近侍，出太宗

---

① （宋）刘攽：《谢神宗御集表》，《全宋文》卷1495，第69册，第43页。

② 除了黄裳、刘攽之外，王岩叟似也曾获赐神宗文集，其《乞诏执政举馆职第二状》云：“伏读先帝御集，治平四年十一月十二日戒敕二府荐士手诏，所以警厉大臣求贤责实之意，曲尽事情，亦非创有指挥，乃本祖宗故事。”（《全宋文》卷2221，第101册，第438页）王岩叟此文作于元祐元年（1086）四月，据“伏读先帝御集，治平四年十一月十二日戒敕二府荐士手诏”云云，则其所读之“御集”必为神宗文集无疑。由此可知，神宗文集于元祐元年（1086）即已编定，编定后曾赏赐多人。

《游艺集》、真宗文集以示之……既已，移幸宝文阁，亲书飞白四十余字，遍赐群臣。[①]

伏见体天法道钦文聪武圣神孝德皇帝陛下，以十二月二十三日、二十七日再幸天章阁，悉召宰辅侍从之臣，遍观瑞物及先帝御书、御集。又幸宝文阁，亲为飞白书，并御墨纸笔，以赐群臣。又赋诗，命群臣属和。[②]

臣去月二十七日，伏蒙圣慈召赴天章阁观太宗、真宗御集，次赴宝文阁观御飞白书，赐以金花笺字，遂锡宴于群玉殿。[③]

臣等伏蒙圣慈召赴天章、宝文阁，观祖宗御集、赐御飞白书，群玉殿锡宴者。二帝在天，多文垂世。并河洛图书之奥，极天人精祲之微。皇帝陛下祗若先猷，秘于内阁，思崇宝训，亲发瑶函。爰命迩臣，获窥圣作，从容便坐，挥发宸毫，咸有恩颁，又参宴集。实睿圣非常之宠，为臣邻莫大之荣。[④]

以上四文分别出自欧阳修、蔡襄、司马光、韩琦之手，但所记载的却是同一件事情，即宋仁宗在嘉祐七年（1062）十二月召集四人赴天章阁观瞻太宗和真宗文集之事。在观瞻太宗和真宗文集的同时，仁宗还亲自书写、赐字给各位臣子，以示恩宠，“又赋诗，命群臣属和”，在文集传播的过程中又夹杂了生动的文学生产图景。

需要指出的是，召集多位臣子共同观瞻君主的文集，这是两宋王朝对最高统治者文集的一种独特传播方式，但这种传播的对象往往仅限于一些朝廷重臣，传播范围不广，影响也不够大，就文集传播模式而言，

---

① （宋）蔡襄：《群玉殿曲宴记》，《全宋文》卷1017，第47册，第178页。

② （宋）司马光：《进瞻彼南山诗表》，《全宋文》卷1174，第54册，第148页。

③ （宋）欧阳修：《谢赐飞白并赐宴诗状》，《全宋文》卷674，第32册，第20页。

④ （宋）韩琦：《中书进天章阁观祖宗御集锡宴诗状》，《全宋文》卷837，第39册，第106页。

至多只能算是一种“短线传播”或“限时传播”。虽则如此，这种传播方式所产生的示范效应和重视文集的理念，对于整个两宋社会而言，有着深远的影响。同时，在观瞻君主文集的过程中，皇帝赋诗，群臣属和，这不仅构成了一幅幅文学“集群式”生产和即时传播的生动图景，而且，唱和活动本身，就是文集（唱和集）的重要生成方式。

能够获得君主文集的颁赐或获准赴禁中观瞻御集，对于臣子而言，是一种莫大的荣耀，那些没有资格获得颁赐或观瞻资格的臣子，往往会以此为憾。为了弥补缺憾，他们之中有些人会选择上书求赐：

> 伏见神宗皇帝御集已成，故事尝赐两制以上臣僚。臣等出于迫切，辄昧万死，欲望圣慈，特赐臣等各一部，俾得研精覃思于其闲，庶几备顾问、论朝政，咸有依据，以称陛下优假谏臣之意。①

这是慕容彦逢的《乞赐神宗御集奏状》，慕容彦逢请求颁赐神宗文集，表面上说是为了“研精覃思于其闲，庶几备顾问、论朝政，咸有依据”，实则是想拥有一份荣耀。另外，由于他参与了哲宗文集的编纂，上书请赐神宗文集或许还为了从编纂理念和方法等方面给自己的编纂工作提供一份参考：

> 政和七年夏五月，通议大夫、刑部尚书慕容公疾病，拜疏上还印绶，天子闵以职事勤公，诏以通奉大夫、刑部尚书致仕。是月壬子薨于寝，享年五十有一……公讳某，某字……弱冠登元祐三年进士第……益缮治黉舍，刊印三史，雠校精审，遂为善书，四方士大夫购求之，鬻以养士，迨今蒙利焉……擢中书舍人，预编修《哲宗皇帝御集》。②

这是蒋瑎《慕容彦逢墓志铭》所言，“预编修《哲宗皇帝御集》”云

---

① （宋）慕容彦逢：《乞赐神宗御集奏状》，《全宋文》卷 2934，第 136 册，第 170 页。

② （宋）蒋瑎：《慕容彦逢墓志铭》，《全宋文》卷 2874，第 133 册，第 209—210 页。

云，明确说明了哲宗的文集曾经得到编纂。据墓志所言，慕容彦逢卒于宋徽宗政和七年（1117）五月，则其编纂哲宗文集必在此之前。哲宗文集编成以后，徽宗曾诏令建“徽猷阁”以藏：

> 朕惟哲宗皇帝睿武文明，神机独断，道与时运，沉潜无方……盖自亲揽庶政，始大有为，一话一言，罔不仪刑神考之典故。辑熙绍复，著在简编，与熙宁、元丰所行，相为始终。比命有司，广加裒辑，成书来上，本末粲然，诚可传无穷、施罔极矣。若昔祖宗述作，皆有宝藏之所，参列广内，揭为嘉名，世择儒臣，以资访纳……其哲宗皇帝御集阁以“徽猷”为名，仍置学士待制。①

秦熺《奉迎徽宗御集望宣付史馆奏》云：

> 伏睹进呈御集前夕，密云阁雨。翌旦，迎奉出秘书省，天宇廓清，皎月如昼，仰见圣孝感格。及垂拱殿进呈，皇帝拱立观览，天颜端肃，极于严奉。伏望宣付史馆。②

“奉迎徽宗御集”“宣付史馆”云云，则徽宗的文集必已编定。又，据《全宋文》所载，秦熺此文作于绍兴二十四年（1154）九月，则徽宗文集必编纂完成于此前。

二　南宋时期君主文集编纂与传播的示范与引领

南宋虽然偏安一隅，然崇文之国策依然未变，君主文集的编纂工作依然受到重视，只不过由于战乱，文稿的保存、搜集、整理工作不像北宋那么容易，因而，君主文集的编纂往往要费一番周折，高宗文集的编纂就是如此。《全宋文》卷六四三〇载戴溪《差人抄录挥麈录牒（一）》与《差人

① （宋）宋徽宗：《建徽猷阁等官诏》，《全宋文》卷3568，第164册，第139页。按：徽宗是诏颁布于大观二年（1108）二月，诏既然有“成书来上，本末粲然”之言，则此时哲宗文集必然已经编纂完成。

② 《全宋文》卷4298，第195册，第21页。

抄录挥麈录牒（二）》两文，从中可窥见高宗文集编纂过程之一斑：

> 实录院牒泰州：检准淳熙十五年五月二十四日尚书省札子，国史院状：勘会已降圣旨指挥修《高宗皇帝实录》，续奉圣旨编修御集。今来合要高宗皇帝朝曾任宰执、侍从、卿监应职事等官被受或收藏御制、御笔、手诏及奏议、章疏、札子并制诰、日记、家集、碑志、行状、谥议、事迹之类，委守臣躬亲询访。如逐官其间有已物故者，询其家子孙取索。如部秩稍多，差人前去抄录，及委官点对，津发赴院。仍许投献，优赐钱帛，多者推赏。①

> 实录院牒泰州：检准淳熙十五年五月二十四日尚书省札子节文，勘会已降圣旨指挥修《高宗皇帝实录》，续奉圣旨编修御集。今来合要高宗皇帝朝曾任宰执、侍从、卿监职事等官被受或收藏御制、御笔、手诏及奏议、章疏、札子并制诰、日记、家集、碑志、行状、谥议、事迹之类。②

编纂高宗文集之前，先要从“曾任宰执、侍从、卿监应职事等官”那里收集“御制、御笔、手诏及奏议、章疏、札子并制诰、日记、家集、碑志、行状、谥议、事迹”等材料，若收藏有相关材料的官员已经故去，还要“询其家子孙取索”，遇到“部秩稍多”的情况，还要“差人前去抄录，及委官点对”，可见工作量不小。据《宋史·高宗本纪》载，高宗有“御集一百卷”，这一百卷文集的编纂，当耗时颇多。

除了高宗之外，孝宗、光宗的文集也得到了编纂，徐元杰《代宰臣进孝宗光宗御集表》云：

> 帝制昭垂，于铄两朝之典；儒绅汇集，聿新群目之观。肆盛旦之诹刚，稡成编而来上……皇帝陛下缉熙问学，经纬乾坤，以《采

---

① 《全宋文》卷6430，第283册，第287页。

② 《全宋文》卷6430，第283册，第288页。

薇》、《天保》之规模，图《吉日》、《车攻》之事业。戒谨寓于隐微之际，发强奋于宽裕之余。思昔先王，幸皇猷之未远；于今永监，惟成宪之是遵。郁郁乎其文哉，巍巍乎有功也。是用会宝帙瑶编之纪，紬金匮石室之藏。大巧天成，不假心工之雕刻，徽音日播，永为世宝之流传。臣等叨被赞襄，与闻纂纪。上以彰既往，庶几二祖道德之风；下以补将来，昭示百篇帝王之制。①

王子俊《代进光宗御集表》亦云：

恭惟光宗皇帝学富月将，圣高天纵。得《书》之体，得《诗》之解，上掩百王；如日之升，如月之恒，下饰万物。畴昔燕闲之御，从容翰墨之场……肆命臣工而纂缉，载扬帝典之光华。缃帙缥囊，宝为大训；赤文绿字，皆聚此书。②

由是可知，孝宗文集、光宗文集皆曾编纂，据《宋史·孝宗本纪》载，孝宗御集编成于淳祐五年（1245）。据袁说友《光宗皇帝御集阁宜以宝谟为名奏》，光宗文集编成后藏于宝谟阁。③

客观而言，南宋时期君主文集的编纂与传播不如北宋时期兴盛和丰富，这和南宋特定的政治环境有关。但文集从臣子编纂到完成后进献朝廷，这本身就是文集的“上行”传播过程，当然，这种传播过程在北宋时期同样存在。南宋偏安王朝远不如北宋那样的盛世，臣子赴禁中观瞻御集的机会少了很多，君主文集的下赐也不如北宋时期兴盛，这是研究南宋时期君主文集的传播时需要注意的问题。

两宋君主文集编纂工作的兴盛，不仅为两宋时期文人文集的编纂做出了很好的示范和引领，更重要的是，其体现出珍惜作品、保存作品乃至主

① 《全宋文》卷7747，第336册，第174—175页。

② 《全宋文》卷6424，第283册，第188页。

③ 袁说友《光宗皇帝御集阁宜以宝谟为名奏》云：“已降指挥，令学士院、后省同实录院官议定光宗皇帝御集阁名，今恭议定，以宝谟为名。”（《全宋文》卷6202，第274册，第228页）据此，光宗御集收藏于宝谟阁。

动传播作品的观念，对两宋时期文人文集的编纂活动而言，是一种积极而重要的推动力，在一定程度上推动了两宋时期文集编纂工作的繁荣。

当然，两宋最高统治者对文集编纂和传播所做的示范引领远不止于此，他们还通过亲手传抄、发动书籍编纂工作、颁布刻书诏令、组织臣子编纂和进献文集等一系列方式为两宋时期文人文集的编纂和传播做出了许多实质性的贡献。

第二节 宋初大型编书活动对两宋文人文集编纂和传播的推动

北宋初期的大型编书活动不仅为两宋时期文人文集编纂的繁荣开了个好头，而且还积累了不少宝贵的编纂经验。同时，在这些大型书籍的编纂期间，编纂者之间的交流和唱和活动，产生了大量的文学作品，推进了两宋社会的文学生产，并且，许多唱和作品的集聚，本身又形成了不少新的文集，丰富了两宋时期文人文集的内容和形式。此外，大型书籍编纂活动所透露出的文化复兴信号，进一步鼓舞和激励了两宋时期文人文集的编纂和传播。

一 宋初编纂“四大类书”的价值与贡献

宋初的大型书籍编纂活动，首推“四大类书”的编纂。所谓“四大类书”，即《太平御览》（1000卷）、《太平广记》（500卷）、《文苑英华》（1000卷）和《册府元龟》（1000卷）。《太平御览》的编纂于太平兴国二年（977）三月开始，至太平兴国八年（984）十二月完成。《太平广记》的编纂也始于太平兴国二年（977），但次年（太平兴国三年，978）八月即完成。[①]《文苑英华》于太平兴国七年（982）九月开始编纂，至雍熙三年（986）十二月完成。[②]《册府元龟》于景德二年（1005）

---

① 见《玉海》卷五十四“太平兴国太平御览、太平广记”条，《文渊阁四库全书》本，台湾商务印书馆1986年版，第944册，第453页。

② 见《玉海》卷五十四“雍熙文苑英华”条，《文渊阁四库全书》本，台湾商务印书馆1986年版，第944册，第443页。

开始编纂，至大中祥符六年（1013）完成。[1] 从最初开始编纂《太平御览》和《太平广记》的太平兴国二年（977）三月到《册府元龟》正式编纂完成的大中祥符六年（1013），宋初“四大类书”的编纂工作持续了将近四十年。在这将近四十年的时间里，大量北宋文学精英加入了编纂者的队伍，据《玉海》卷五十四“雍熙文苑英华”条所载，编纂《文苑英华》的人员共有翰林学士承旨李昉，学士扈蒙，直院徐铉，中书舍人宋白，知制诰贾黄中、吕蒙正、李至，司封员外郎李穆，库部员外郎杨徽之，监察御史李范，秘书监丞杨砺，著作佐郎吴淑、吕文仲、胡汀、戴贻庆，国子监丞杜镐，将作监丞舒雅，共十八人；同书同卷“太平兴国太平御览、太平广记”条记载编纂这两部书的人员有翰林学士李昉、扈蒙，左补阙、知制诰李穆，太子少詹事汤悦，太子率更令徐铉，太子中允张洎，左补阙李克勤，右拾遗宋白，太子中允陈鄂，光禄寺丞徐用宾，太府寺丞吴淑，国子寺丞舒雅，少府监丞吕文仲、阮思道，太子中允王克正、董淳，直史馆赵邻几，共十七人[2]；同书同卷“景德册府元龟”条记载的编纂人员有资政殿学士王钦若，知制诰杨亿，直秘阁钱惟演、刁衎，龙图阁待制杜镐、戚纶，直集贤院李维，直史馆王希逸、陈彭年、姜屿、陈越，太子右赞善大夫宋贻序，内臣刘承珪、刘崇超，秘书丞陈从易，校理刘筠，直馆查道，太常博士王晓，直集贤院夏竦，职方司外郎孙奭，共二十人。四部类书的编纂者，除去重复的外，共有四十六人[3]，在这四十六人中，包括李昉、徐铉、宋白、张洎、王钦若、杨

---

① 见《玉海》卷五十四“景德册府元龟”条，《文渊阁四库全书》本，台湾商务印书馆1986年版，第944册，第453—454页。

② 按：蒲叔献《蜀刻太平御览序》云：“洪惟太宗皇帝为百圣立绝学，为万世开太平，为古今集斯文之大成，为天下括事理之至要，四方既平，修文止戈，收天下图书典籍，聚之昭文、集贤等四库，太平兴国二年三月戊寅，诏李昉、扈蒙等十有四人编集是书，以便乙夜之览”（《全宋文》卷6701，第294册，第253页），则《太平御览》的编纂人数为十四人，与《玉海》所载不同。

③ 事实上，参与修撰三部类书的总人数不止四十六人，比如，王曙曾参与修撰《册府元龟》，但未被计入《玉海》卷五十四“景德册府元龟”条。王曙参与修撰《册府元龟》一事，参见尹洙《故推忠协谋同德佐理功臣枢密使金紫光禄大夫行尚书吏部侍郎检校太傅同中书门下平章事上柱国太原郡开国公食邑四千一百户食实封一千四百户赠太保中书令文康王公神道碑铭（并序）》，《全宋文》卷588，第28册，第52页。

亿、钱惟演、刘筠这些北宋的文学精英。除了编纂这四部大型类书之外，薛居正《旧五代史》和欧阳修、宋祁《新唐书》的编纂，也会聚了一大批文学精英。

宋初“四大类书”的编纂一方面为两宋时期书籍（包括文集）的编纂做了许多积极的探索，其所秉承的“以类相属，分类编纂”的理念和方法为两宋大多数文集编纂工作所借鉴，从而使“类编”成为两宋时期文人文集最主要的编纂方式。另一方面，这些类书保存了许多文学史料和文学“基因”，为两宋时期文人的文学生产提供了丰富的养料，特别是文学总集《文苑英华》，保存了大量前人文集，为这些文集在两宋时期的再次编纂和广泛传播打下了坚实的基础。这一点，南宋著名文人周必大《文苑英华序》一文言之颇详：

> 臣伏睹太宗皇帝丁时太平，以文明化成天下。既得诸国图籍，聚名士于朝，诏修三大书：曰《太平御览》，曰《册府元龟》，曰《文苑英华》，各一千卷。今二书闽、蜀已刻，惟《文苑英华》士大夫家绝无而仅有，盖所集止唐文章，如南北朝间存一二。是时印本绝少，虽韩、柳、元、白之文尚未甚传，其他如陈子昂、张说、九龄、李翱等诸名士文集世尤罕见，故修书官于宗元、居易、权德舆、李商隐、顾云、罗隐辈或全卷取入。①

北宋初期，由于前人文集“印本绝少”，“虽韩、柳、元、白之文尚未甚传”，所以，《文苑英华》的编书官将“（柳）宗元、（白）居易、权德舆、李商隐、顾云、罗隐辈或全卷取入”，从而使这些唐人文集在两宋社会有了广阔的生存空间，为这些文人文集的再编纂和广泛传播做出了积极贡献。

二 编书活动与文集的生成——以《西昆酬唱集》为例

北宋初期的大型类书编纂活动，不仅为后世积累了丰富的书籍（包

---

① 《全宋文》卷5120，第230册，第183—184页。

括文集）编纂经验，掀起了两宋时期书籍编纂的热潮，而且从更广阔和更深远的意义上而言，编纂活动对文学精英的会聚、对精英文学集团的形成以及由文学精英之间互相交流、彼此认可而共同推动的两宋文学风貌和文学精神的形成和变迁都有着重要的意义。从文人文集生成和传播的角度而言，两宋时期许多重要的文集就是在一些编书活动中产生并广泛传播开去，从而对两宋文学乃至整个中国文学都产生了积极而深远的影响。

北宋著名的《西昆酬唱集》就是杨亿、刘筠、钱惟演三人在宋真宗景德年间共同编纂《册府元龟》时，相互酬唱而形成的，杨亿《西昆酬唱集序》云：

> 余景德中，忝佐修书之任，得接群公之游。时今紫微钱君希圣、秘阁刘君子仪，并负懿文，尤精雅道，雕章丽句，脍炙人口，予得游其墙藩而咨其模楷。二君成人之美，不我遐弃，博约诱掖，置之同声。因以历览遗编，研味前作，挹其芳润，发于希慕，更迭唱和，互相切劘。而予以固陋之姿，参酬继之末。入兰游雾，虽货益以居多；观海学山，叹知量而中止。既恨其不至，又犯乎不韪，虽荣于托骥，亦愧乎续貂。间然于兹，颜厚何已！凡五、七言律诗二百四十七章，其属而和者又十有五人，析为二卷，取玉山策府之名，命之曰《西昆酬唱集》。①

正是大型书籍编纂活动提供的契机，使杨亿等人能够大量阅读朝廷的秘本藏书，能够“历览遗编，研味前作，挹其芳润，发于希慕”，把编书期间所见到的大量书籍内容，化成他们诗歌生产的原材料。这种从前人的现成作品中“挹其芳润，发于希慕”的诗歌创作方式，虽然缺乏真情实感，多少有点“组装”之嫌，因而常为人所诟病，但这种诗歌生产的方式在整个两宋文坛有深远的影响。

赵宋王朝用政府召集的方式，将大批文学精英用特定的书籍编纂

① 《全宋文》卷295，第14册，第391—392页。

任务组织起来，这虽然主观上是为了推动赵宋王朝的文化建设，但不可否认的是，这在客观上促进了文学精英的融合，推动了文学精英集团的产生。这些文学精英集团内部的彼此交流、学习、碰撞所推动的文学生产以及通过集团整体文学风貌所辐射和传达的文学信号、文学理念，对两宋文学精神的演进和文学风貌的变迁都起到了至关重要的作用。

第三节 科举与荐举对两宋时期文人文集传播的影响

一 两宋科举与荐举背景下的文集传播概况

科举制度从隋唐时期开始，一直是广大知识分子入仕的重要阶梯，两宋时期，对科举制度的实施进行了一系列的改革，采取“锁院”“糊名”“誊录”“殿试”等一系列措施，以期用更加严谨、公平的方式为广大读书群体开启进身之门。两宋时期，寒门知识分子通过科举考试进入上层社会的比例较唐代有了大幅度的提升，科举成了两宋时期大多数文人实现人生理想的最好通道。

在两宋时期，不仅科举录取的人数比唐代有了大幅度的增加，而且进士的待遇也比唐代有了一些改善，北宋文人张方平《选举论》云：

> 唐考贡士之制，专委有司，岁第殊鲜，虽升名王府，而未阶仕牒，再试于吏部，有屡斥焉。其中格者补畿赤丞尉尔；其不中格者，或例赴选曹之集，从事藩侯之府，必外效有著而真命始加。我太祖之初受命也，王略犹梗，人物盖希，进士登科，岁无十数，抑于时文法阔略，吏员简疏……爰及太宗，治致泰平，教风寖盛，丕冒出日，一统无外，且喜天下英俊尽入彀中，始亲御便殿，以临试贡士。博于采拔，务尽乎人材；待以不次，骤升乎美仕。兴国已降，遂为常规。然凡诸为士之民，惟此为干禄之路。儒术治国，诚王道之大经；文艺起家，固儒林之盛选。是以天下学士靡然向风，非惟道化所陶，抑由宠利所诱也……伏惟朝廷取贤敛才之方，故亦并开数路，

惟是进士最广而甚夷。鼎司台席之崇，玉署金闺之彦，更处乎馆殿，参布乎台省。国之纲纪，民之君师，百辟众官，其清涂要地者，何莫由斯而起欤?①

文中于“骤升乎美仕”一句下以小字注云：“国初，进士甲科授司寇，或幕职官。兴国之初，始授等甲京朝官，倅大郡，或即授直馆者。进士中第多至七百人，后遂为例至今。”进士一科中第者“多至七百人”，在唐代，这需要三十年左右的累积才能达到。今人王育济先生亦云：“唐代每科取士不过 20 人，而宋代太祖每科已达 90 人，太宗时每科 500 人以上，真宗时开科 9 次，取士 5000 人，仁宗时开科 13 次，取士超过万人。”② 因此，祝尚书先生在《宋代科举与文学》一书中不无感慨地说：“有宋一代开科一百十八榜，每榜取人约为唐代的五倍，元代的近三十倍，明、清两代的三至四倍，进士总数达十万至十一万之众。”③ 事实上，在科举制度影响下，两宋读书群体的数量更加庞大，正如祝尚书先生所说：“在（宋代）广大城乡，读书虽以应举为目标，但由于种种原因（比如学业不佳、财力不济等），未必凡读书皆应举，读书人数实际上远大于应举人数，估计有一两千万之众。”④ 不可否认，在科举制度直接或间接影响下，两宋社会形成了一个规模非常庞大的文学生产和消费的群体，群体成员之间的彼此互动和各种文学往来，为两宋社会构建了一个多层次、多空间、广覆盖、多功能的文学流通网路。此外，两宋科举制度所衍生的各类“副产品”，如进士行卷⑤，为应制科而准备

① 《全宋文》卷 808，第 38 册，第 52—53 页。

② 王育济：《北宋初期进士研究·序》，载徐红《北宋初期进士研究》，人民出版社 2009 年版，第 6 页。

③ 祝尚书：《宋代科举与文学·绪论》，中华书局 2008 年版，第 1—2 页。

④ 祝尚书：《宋代科举与文学·绪论》，中华书局 2008 年版，第 2 页。

⑤ 吴处厚《青箱杂记》卷六载：“王公随雅嗜吟咏，有宫词云：‘一声啼鸟禁门静，满地落花春日长。’又《野步》云：‘桑斧刊春色，渔歌唱夕阳。’皆公应举时行卷所作也。”（《唐宋史料笔记丛刊》本，李裕民点校，中华书局 1985 年版，第 61 页）据《宋会要辑稿·选举》二之四所载，王随于宋真宗咸平五年（1002）登进士第四名（中华书局 1957 年版，第 4247 页）。由此知北宋时期之进士行卷在客观上亦造成了文学作品的传播。

的“纳卷”[①]，地方官为举子应试饯行时的“鹿鸣宴赋诗”[②]，考官的“贡院唱和”[③]，同科登第者的“同年唱和”等，本就是两宋文学传播网路中的特色内容。

荐举和科举是两宋时期选拔人才的“双轨”，荐举又可称为“举荐”，包括“举士”与“举官”两类，两宋时期士子应制科考试，许多情况下是需要一些官员“荐举”的，当然，有时候也允许士子自荐。两宋时期，官员的改官、迁官，也大多需要得到荐举，特别是迁京朝官，必须经过荐举。而荐举的依据，就是士子或官员的人品与文章，这样，那些希望获得举荐机会的士子和官员们的创作或文集就成了很重要的评判依据，

---

① 苏颂《议贡举法》云：“旧制秋赋先纳公卷一副，古律诗、赋、文、论共五卷，预荐者仍亲赴贡院投纳，及于试卷头自写家状。”（《全宋文》卷1319，第61册，第8页）五卷的“古律诗赋文论”，已经相当于一个小型的文集了，这是北宋文人撰著集团性传播的一个典型例子。《宋会要辑稿·选举》一五之一一载：“八月十一日，权知开封府贾昌朝言：‘故事，举人秋赋纳公卷。’”（中华书局1957年版，第4501页）可见，文人著述以“公卷”的形式传播，曾在北宋流行过一段时间。但是此种撰著传播方式流传的时间不长，在仁宗庆历初即废止，《续资治通鉴长编》卷一三三“庆历元年八月丁亥”条即有“罢天下举人纳公卷”之语。（中华书局1979年版，第10册，第3162页）

② 宋代各地举子赴省试出发之前，地方长官或转运司往往要设“鹿鸣宴”饯行，宴会上往往有赋诗唱和的活动，有的唱和诗甚至“摹刻而传”，“鹿鸣宴赋诗”是宋代社会非常生动的文学生产和传播场景。北宋文人吕陶《鹿鸣宴诗序（二）》云：“成都诸进士既中有司之式度，则藩侯为之设燕，赋诗宠行，相与唱和，摹刻而传。循仍久之，号曰故事。”（《全宋文》卷1605，第73册，第362页）

③ 《苕溪渔隐丛话》前集卷二九《六一居士上》引《蔡宽夫诗话》云：“至嘉祐中，欧阳文忠公知举，梅圣俞作《莫登楼诗》，诸公相与唱和，自是遂为礼闱一盛事。”（廖德明校点本，人民文学出版社1962年版，第205页）欧阳修《归田录》卷二曾言及贡院唱和之场景，云：“余六人者，欢然相得，群居终日，长篇险韵，众制交作，笔吏疲于写录，僮史奔走往来，间以滑稽嘲谑，形于风刺，更相酬酢，往往烘堂绝倒，自谓一时盛事，前此未之有也。”（《唐宋史料笔记丛刊》本，李伟国点校，中华书局1981年版，第32页）唱和活动中，“笔吏写录，僮史往来”，呈现出非常生动的文学传播场景。欧阳修后来还将贡院中唱和的诗编成《礼部唱和诗集》三卷，将贡院唱和诗由贡院内的单篇传播变成贡院外的卷册传播，不仅扩大了传播的范围，也增强了传播的影响和效应。其《礼部唱和诗序》云：“嘉祐二年春，予幸得从五人者于尚书礼部，考天下所贡士，凡六千五百人。盖绝不通人者五十日，乃于其间时相与作为古律长短歌诗杂言，庶几所谓群居燕处言谈之文，亦所以宣其底滞而忘其倦怠也。故其为言易而近，择而不精。然绸缪反复，若断若续，而时发于奇怪，杂以诙嘲笑谑，及其至也，往往亦造于精微。夫君子之博取于人者，虽滑稽鄙俚犹或不遗，而况于诗乎……于是次而录之，得一百七十三篇，以传于六家……览者其必有取焉。”（《全宋文》卷716，第34册，第56页）欧阳修编这部诗集，用以“传于六家”，并且相信以后的观览者“必有取焉”，则其希望这部诗集能够传播之意非常明显。

这一方面促使士子和官员以非常认真的态度投入文学生产，力争创作出让“有司”和“执事者”称赏慨叹的佳作，另一方面，这些文学作品的结集进献或投递又形成了两宋时期非常生动的文集传播图景。

宋仁宗天圣七年（1029）闰二月二十三日颁布的《复制举六科增高蹈丘园等三科并置书判拔萃科及试武举诏》有如是之载：

> 令复置贤良方正能直言极谏、博通坟典明于教化……六科。应内外京朝官不带台省、馆阁职事，不曾犯赃及私罪轻者，并许少卿监已上上表奏举，或自进状乞应上件科目。仍先进所业策论五十首，诣阁门或附递投进，委两制看详细。如词理优长，具名闻奏，当降朝旨召赴阙，差官试论六首，以三千字已上为合格，即御试。又置高蹈丘园、沉沦草泽、茂才异等三科。应草泽及贡举人非工商杂类者，并许本路转运、逐处长吏奏举，或自于本贯投状乞应上件科目。州县体量实有行止、别无玷犯者，即令纳所业策论五十首，本州看详；委实词理优长，即上转运使覆实，审访乡里名誉，选有文学再行看详。其开封府委自知府审访行止，选有文学佐官看详。委实文行可称者，即以文卷送尚书礼部，委判官看详，选择词理优长者具名奏闻，当降朝旨召赴阙，差官试论六首，以三千字以上为合格，即御试。①

五十首策论上呈或投进的过程，其实就是文人文集传播的过程，特别是应“高蹈丘园”“沉沦草泽”“茂才异等”这三科的举子，等到正式应试的时候，五十首策论（编在一起就是一部文集）已历经了从本州地方官到转运使、再从转运使到礼部的多次传播，在文人文集的这类多次传播中，一些具有真才实学、文章（策论）确实写得精彩的举子，实际上在进入正式考试环节之前就已经名声大振了。

---

① 《全宋文》卷949，第44册，第157页。

二 两宋荐举背景下的文集投献

制科应试的荐举只是两宋时期众多荐举形式中的一个小类，虽然两宋时期的科举考试相较于前朝而言，为知识分子的进身入仕提供了更多的机会，但还是有不少读书人觉得通过科举进入仕途太辛苦，他们往往会选择直接以文学干谒权贵，以期获得荐举而直接入仕。为了增加获得荐举的机会，他们往往会精选自己最得意的作品，编纂成集，然后拿着文集，往来奔走，多方进献，这在客观上形成了两宋荐举背景下文集的抄本投献之风：

> 某叨冒元祐第，闭伏东西蜀二十年，始再游京国，徜徉四顾公卿士夫间，念无以文为意者，因口其心，景其时也……去年春，始以潼川城赏改官，用非稽古之力，家窭甚，藉太仓升斗以活，俛首外诸侯，借令深相知不过以一纸书荐诸朝而已……所业一编，副书以贽，幕为阁下取，则某之名声旦振。①

> 某山中白面，非能言时事者。今辄集旧所为文一编，求试之阁下，如有可收，下管云箫，揭为一声，求合节奏焉而后已。②

> 某生无有他好，不知琴音、射仪、弹棋、走马有余乐否，于古文亦不异世人好琴、好射、好弹棋、走马……闻阁下音声以洗簧耳，解胶舌而荡秽肠，其不幸亦汦汦也。旧文一编，为左右贽，玉麈一挥，请奉余教。③

> 某元丰太学生。居蜀荒陋，声迹伏匿，陆沈州县，三十许年，始以城役改官……所业一编，副书以贽，用言以求其志，庶几或收录焉。前辈之气味尽在是矣。④

---

① （宋）李新：《上李承旨书》，《全宋文》卷 2883，第 133 册，第 355—356 页。

② （宋）李新：《上徐提举书》，《全宋文》卷 2886，第 134 册，第 19 页。

③ （宋）李新：《上宇文修撰书》，《全宋文》卷 2886，第 134 册，第 20 页。

④ （宋）李新：《上郑枢相书》，《全宋文》卷 2886，第 134 册，第 21—22 页。

> 某窃自念有生二十九年，穷无他举，日造俚语以求售于时俗，而数以此穷……恭惟阁下以文章据巍科，以誉望振风俗，再将天子明命，持节蜀道，主盟善类，以先士林，而车辙久劳，几环天下，度所阅固多矣……旧文一篇，为左右赞，虽小道或有可观者焉。[①]

这是北宋诗人李新分别给“李承旨”“徐提举”“宇文修撰”“郑枢相”“孙运使”等人写的求荐信，随信一起上呈的是“旧文一编”或“所业一编”。所谓“旧文一编”“所业一编”，就是李新将自己平时所创作的作品经过选择后编纂而成的一部文集，伴随着多封求荐信发出，这部文集也得到了广泛传播。

三　两宋荐举约束制度对文集传播的影响

两宋的荐举制度规定荐举者对于荐举行为要负连带责任，若举荐的人才学不足或品德失当，举荐者主要负连带责任，有时甚至还会获罪。宋真宗大中祥符九年（1016）三月颁布的《不许举官陈首诏》就对此有规定：

> 顷者屡诏有位，各举所知，庶获干材，用委事任。而殊乖精择，莫副详延。虽失实以当辜，虑徇私之未革，爰敷明谕，庶叶至公。自今文武群臣，举官犯赃，举主同罪。不至追官及经恩原降者，仰审刑院具情理奏裁，当议量贬官秩，或降差遣；如前所举官间有贪浊，亦许陈首。自今必择廉能，乃形公举，更不在陈首之限。[②]

诏令要求“必择廉能，乃形公举”，“廉”和“能”是两宋朝廷考察被荐举者合格与否的两个基本维度，而“廉”的思想、“能”的表现，在没有更好的方式在短时间内加以了解的情况下，很大程度上要依赖于被荐举者平日里所撰写文章来考察，因为“人品文章”，常常是关联在一起的。

荐举行为要负连带责任。因此，举荐者在实施荐举行为之前，往往

---

① （宋）李新：《上孙运使书》，《全宋文》卷2886，第134册，第23页。

② 《全宋文》卷252，第12册，第354—355页。

慎之又慎，要对被举荐者的人品和文章进行多方面的仔细考量。一般而言，细读文集，是了解一个人学识及人品的好方法，士子应制举之前先进献五十首策论以备有司考量就是一个很好的例子。因此，许多举荐者在正式实行荐举行为之前，常常要对被举荐者的文学著述（包括文集）进行仔细品读，以减少举荐的风险。两宋时期，这方面的例子很多，例如，韩琦在治平二年（1065）荐举崔公度的时候，就说：

> 公度博学多闻守道，其所为文章雄奇瞻逸，当求比于古人，而时人未易得也。[①]

做出“文章雄奇瞻逸，当求比于古人”的评价，说明韩琦在举荐之前，对崔公度的文章曾进行过仔细品鉴。举荐者所资以考察的文集，有的是被荐举者主动上呈的，有的是则是举荐者通过索取或其他方式获得的，无论是被荐举者的主动呈献还是举荐者的索取，其结果都是实现了受举荐者文集的传播。有些受举荐者是在其文集得到广泛传播以后，被举主所知晓，进而获得荐举，从而成为文集传播的直接受益者。

第四节　文人聚书、藏书对文集编纂的影响

两宋时期，由于国家“崇文”的示范，许多文人都养成了聚书、藏书的习惯。两宋时期文人的聚书、藏书和后世的许多藏书家不一样，他们大多不是为了单纯藏书，而是为了阅读和做学问。举例而言，欧阳修号称“六一居士”，其中的一个“一”，就是藏书一万卷。欧阳修幼时家境贫寒，几乎没有藏书，这一万卷书就是他努力收聚的。两宋时期，像欧阳修这样注重聚书和藏书的文人还有很多，如范贻孙“性嗜群籍，家藏万卷，或手自缮写，或亲加校雠。缃素毕陈，敌秘书之副本；签题具列，同吴氏之西斋”[②]。李沆“性

---

① （宋）韩琦：《荐崔公度奏》，《全宋文》卷849，第39册，第295页。

② （宋）杨亿：《宋故主客员外郎直集贤院高平范公墓志铭（并序）》，《全宋文》卷299，第15册，第48页。

绝玩好，专聚图籍，孜孜缮写，躬自雠对”[①]。李继隆“多聚群书，仅余万卷，退食于公，手自刊校”[②]。李仲偃“平生藏书万余卷，皆亲加校正，多手抄者，日置斋中，阅古今治乱”[③]。杨崇勋“家有藏书积万余卷，修职之外，研味忘倦”[④]。张咏“聚书万卷，往往手自刊正”[⑤]。宋敏求“藏书三万卷，日集子孙讨论翻绎”[⑥]。此外，胡令仪“聚书数千卷”[⑦]，王质“畜书仅万卷”[⑧]，范雍“藏书仅万卷”[⑨]，滕宗谅“积书数千卷”[⑩]，李畸“购求群书，惟恐后时，所聚万余卷，博览者资焉”[⑪]，季晞颜“家藏书数千卷，皆手自雠校，亦有亲录者”[⑫]，赵鼎臣“家故所藏书满一大屋，读之累月，盖未能什一”[⑬]，等等。两宋文人利用自身丰富的藏书，往往“亲加校雠”“躬自雠对”“手自刊校”“手自雠校”，不仅丰富了学识，也由此衍生出许多研究性或学术类撰著。

丰富的藏书和广泛的阅读、校勘，对于提高宋人自身创作的水准和

---

① （宋）杨亿：《宋故推忠协谋佐理功臣光禄大夫尚书左仆射兼门下侍郎同中书门下平章事监修国史上柱国陇西郡开国公食邑三千八百户食实封一千二百户赠太尉中书令谥曰文靖李公墓志铭》，《全宋文》卷300，第15册，第65页。

② （宋）杨亿：《宋故推诚翊戴同德功臣山南东道节度管内观察处置桥道等使特进检校太尉同中书门下平章事使持节襄州诸军事行襄州刺史判许州军州事上柱国陇西郡开国公食邑一万四百户食实封三千二百户赠中书令谥曰忠武李公墓志铭》，《全宋文》卷301，第15册，第78页。

③ （宋）胡宿：《故朝散大夫太常少卿致仕李公墓志铭》，《全宋文》卷469，第22册，第239页。

④ （宋）宋祁：《杨太尉行状》，《全宋文》卷524，第25册，第69页。

⑤ （宋）韩琦：《故枢密直学士礼部尚书赠左仆射张公神道碑铭》，《全宋文》卷859，第40册，第125页。

⑥ （宋）范镇：《宋谏议敏求墓志铭》，《全宋文》卷873，第40册，第312页。

⑦ （宋）范仲淹：《宋故卫尉少卿分司西京胡公神道碑铭》，《全宋文》卷388，第19册，第20页。

⑧ （宋）范仲淹：《尚书度支郎中充天章阁待制知陕州军府事王公墓志铭》，《全宋文》卷389，第19册，第50页。

⑨ （宋）范仲淹：《资政殿大学士礼部尚书赠太子太师谥忠献范公墓志铭》，《全宋文》卷390，第19册，第60页。

⑩ （宋）范仲淹：《天章阁待制滕君墓志铭》，《全宋文》卷390，第19册，第66页。

⑪ （宋）邹浩：《李季侔墓志铭》，《全宋文》卷2846，第132册，第58页。

⑫ （宋）谢逸：《故朝奉大夫渠州使君季公行状》，《全宋文》卷2876，第133册，第249—252页。

⑬ （宋）赵鼎臣：《与刘季高书（二）》，《全宋文》卷2977，第138册，第164页。

丰富作品的数量都是大有必要的，藏书丰富的文人，往往其创作的数量比较多，文集的规模也比较大[①]。比如，王曙著有“文集四十卷，《两汉诏议》四十卷，《周书音训》十二卷，《唐书备问》三卷，《群牧故事》六卷，《庄子指归》三篇，《列子指归》一篇”[②]，欧阳修著有“《五代史》七十四卷，《易童子问》三卷、《诗本义》十四卷、《居士集》五十卷、《归荣集》一卷……《四六集》七卷、《集古录跋尾》十卷、杂著十九卷”[③]，宋敏求著有“《闱前集》二卷，《后集》六卷……文集若干卷，《东京记》三卷，《河南志》二十卷，《长安志》二十卷，《三川官下录》二卷，《春明退朝录》二卷，以韵类次《宗室名》五卷，自唐武、宣、懿、僖、昭、哀以来六朝实录百四十八卷”[④]，过源著有“《浩斋先生语录》二卷及文集十卷、《希圣三论》、《礼记刊驳》、《古乐元旨》、《君诰》十篇、《臣诰》十篇、《皇雅》百篇、《复古二十论》、《性善补偏五论》、《家范》二十篇”[⑤]，彭愈著有“《君子传》三卷，《字说拾遗》二卷，《循吏龟鉴议》十二卷，《治县法》十卷，《子产考异》一卷，《三柏年表》一卷，《杂说》三卷，文集二百卷，《贯道编》五卷，《圜府议》十二卷，《夏台议》十卷，《时议》三卷，《烛理集》六卷，《妙观笔记》五卷，《妙观论》三卷，《夺化归真内景论》二卷”[⑥]，等等。

值得注意的是，许多聚书、藏书比较丰富的文人，往往会利用自身的藏书优势，辑录或选编前代文人特别是唐人的文集，形成宋人辑录或选编唐集的独特现象，这是两宋时期的文人文集编纂中一个值得关注的问题。比如，仅宋敏求一人，就辑录了《颜鲁公集》十五卷、《孟东野

---

① 这是相对而言，并不代表没有藏书的文人撰著的种类不多或者文集规模不大。

② （宋）尹洙：《故推忠协谋同德佐理功臣枢密使金紫光禄大夫行尚书吏部侍郎检校太傅同中书门下平章事上柱国太原郡开国公食邑四千一百户食实封一千四百户赠太保中书令文康王公神道碑铭（并序）》，《全宋文》卷588，第28册，第55页。

③ （宋）韩琦：《故观文殿学士太子少师致仕赠太子太师欧阳公墓志铭》，《全宋文》卷859，第40册，第120页。

④ （宋）范镇：《宋谏议敏求墓志铭》，《全宋文》卷873，第40册，第313页。

⑤ （宋）谢逸：《浩斋过先生语录序》，《全宋文》卷2875，第133册，第228—229页。

⑥ （宋）彭愈：《连山子自志》，《全宋文》卷2911，第135册，第87页。按：“连山子”为彭愈的号。

集》十卷、《李卫公别集》十卷、《刘梦得外集》十卷，[①] 虽然目前尚不能肯定这些唐人别集的辑录和编纂是否完全依据其自身的藏书，但至少是和其丰富的藏书所提供的资源分不开的。

第五节　宋初的刻书活动对文集传播的推动

北宋前期大规模的书籍刊刻实践，不仅为此后文人文集的刊印积累了丰富的经验，而且还培养了一大批从事书籍刊印工作的技术人员，这就为两宋时期文人文集的刊刻传播奠定了技术基础。北宋前期大规模的书籍刊刻活动，首推成都的《大藏经》刊刻。宋太祖开宝四年（971），北宋朝廷“敕高品张从信往益州雕大藏经版”[②]，这次刊雕活动历经了十余年，一直到太平兴国八年（983）才算正式完工。这次刊刻的《大藏经》，也称为《开宝藏》或《蜀藏》[③]，共有“13 万版，凡 5048 卷，480 函”[④]。“经板刻成后，被运送汴京，在印经院印刷，装成卷轴本，分为 480 帙，以《千字文》为序，始于‘天’字，终于‘英’字。”[⑤]“《开宝藏》的雕印是宋初一次规模最大的刻书活动。这次雕版培养了大批刻书工匠，积累起组织大规模刻书的经验，使四川的刻书在原有基础上有了更大的进步，并发展成为全国刻书业的中心之一。”[⑥] 正是《大藏经》的大规模刊刻，为蜀地培养了大量擅长书籍刊印工作的技术人员，从而使蜀地成为两宋时期文集刊印传播的一个重要基地，很多文人的文集，都曾在这里刊印。兹举三例以为证：

张咏，字复之……每吏牍便文，久不得判，公率尔署决，人皆

① 参见（宋）范镇《宋谏议敏求墓志铭》，《全宋文》卷 873，第 40 册，第 313 页。

② （宋）志磐撰，释道法校注：《佛祖统纪校注》卷 44 “法运通塞志第十七之十・宋”，上海古籍出版社 2012 年版，第 1022 页。

③ 参见李致忠《古代版印通论》，紫禁城出版社 2000 年版，第 92 页。

④ 李致忠：《古代版印通论》，紫禁城出版社 2000 年版，第 92 页。

⑤ 朱迎平：《宋代刻书产业与文学》，上海古籍出版社 2008 年版，第 30—31 页。

⑥ 朱迎平：《宋代刻书产业与文学》，上海古籍出版社 2008 年版，第 31 页。

> 厌伏，罚既值罪，按无废情。蜀中喜事者，论次其词，总为《诫民集》，镂墨传布。①

> 韩氏（按：即韩愈）之文没而不见者二百年，而后大施于今……集本出于蜀，文字刻画颇精于今世俗本。②

无论是北宋本朝文人张咏的文集（《诫民集》），还是唐人韩愈的文集，宋初都曾在蜀地刊刻。而且，从韩愈文集“文字刻画颇精于今世俗本”的表述来看，蜀地所刊印的文集，质量颇佳，不可否认，这和蜀地良好的书籍刊印基础分不开。

北宋前期的大规模刊刻实践，除了蜀地《大藏经》的刊刻之外，在“经”“史”“子”等各类书籍及大型文集的刊印方面也多有建树。《玉海》卷四十二“艺文”项“唐五经正义·五经义训·义赞”条载：

> 宋朝端拱元年三月，司业孔维等校《五经正义》百八十卷，五月四日镂板颁行。③

同书卷四十三“端拱校五经正义”条亦载“端拱元年三月，司业孔维等奉敕校勘孔颖达《五经正义》百八十卷，诏国子监镂板行之”之言，由此可知，北宋前期对一百八十卷的《五经正义》进行了刊刻。④ 除了《五经正义》以外，《公羊传》也得到了刊印，宋真宗景德二年（1005）下发的《颁行公羊传敕》就有“宜从雕印，以广颁行”⑤ 之语。除了儒家的经典著作之外，道家的一些经典著述也在北宋前期得到了官方的刊

---

① （宋）宋祁：《张尚书行状》，《全宋文》卷525，第25册，第73—76页。

② （宋）欧阳修：《记旧本韩文后》，《全宋文》卷718，第34册，第86—87页。

③ 《文渊阁四库全书》本，台湾商务印书馆1986年版。

④ 又，李至淳化五年（994）上《乞令重校七经疏奏》云：“五经书疏已板行，惟二《传》、二《礼》、《孝经》、《论语》、《尔雅》七经疏未备……望令重加雠校，以备刊刻。”此亦可证北宋前期经部书籍的刊刻。《全宋文》卷131，第7册，第30页。

⑤ 《全宋文》卷226，第11册，第213页。

印，孙奭景德二年（1005）二月《乞雕印庄子释文及郭象注奏》云：

诸子之书，《老》、《庄》称首……唐陆德明撰《经典释文》三十卷，内《老子释文》一卷，《庄子释文》三卷，今诸经及《老子释文》共二十七卷并已雕印颁行，唯阙《庄子释文》三卷，欲望雕印，冀备一家之学。又《庄子》注本前后甚多……唯郭象所注，特会庄生之旨，亦请依《道德经》例，差官校定雕印。①

据此可知，《老子释文》《道德经》于景德二年（1005）之前就已经刊印。

北宋前期，史部文献的刊印，主要有《史记》、前后《汉书》等，《玉海》卷四十三“艺文”项“淳化校三史·嘉祐校七史”条载：

景祐元年四月丙辰，命宋祁等覆校南北史。九月癸卯，诏选官校正《史记》，前、后《汉书》，《三国志》，《晋书》。二年九月壬辰，诏翰林学士张观刊定《前汉书》，下胄监颁行。秘书丞余靖请刊正《前汉书》，因诏靖尽取秘阁古本对校，逾年，乃上《汉书刊误》三十卷，至是，改旧摹板。嘉祐六年八月，校梁、陈等书，镂板。②

据此可知，北宋前期曾进行《史记》等七史的刊印。此外，在北宋前期所编纂的“四大类书”中，《太平广记》编成三年后，就进行过刊印。《玉海》卷五十四《艺文·总集文章》“太平兴国《太平御览》、《太平广记》”条载：

（太平）兴国二年三月，诏（李）昉等取野史小说，集为五百卷，三年八月书成，号曰《太平广记》。六年，诏令镂版。③

---

① 《全宋文》卷193，第9册，第350页。

② 《文渊阁四库全书》本，台湾商务印书馆1986年版。

③ 《文渊阁四库全书》本，台湾商务印书馆1986年版。

由是知《太平广记》于太平兴国六年（981）就已经得到刊印。除此之外，北宋前期还广泛刊刻过医书①、韵书②、《编敕》③、《刑统》等。书籍刊印工作的全面铺开，使得北宋前期的书籍数量增长迅速，《宋史·邢昺传》载：

> 景德二年……夏，上幸国子监阅库书，问昺经版几何，昺曰："国初不及四千，今十余万，经、传、正义皆具。臣少从师业儒时，经具有疏者百无一二，盖力不能传写。今板本大备，士庶家皆有之，斯乃儒者逢辰之幸也。"上喜曰："国家虽尚儒术，非四方无事何以及此。"④

从宋初的"不及四千"，到景德二年（1005年）的"十余万"，在四十余年时间里，北宋的经版增加了二十五倍多，这种速度是令人惊叹的，这也说明了北宋前期书籍刊印的全面繁荣。此外，从"板本大备，士庶家皆有之"的话中，也可以体会到北宋前期图书传播事业的兴盛。北宋前期的书籍刊印工作虽然大部分由官方主持，但在"经""史""子""集"各方面的全面铺开，不可避免地为两宋文人文集的刊刻和传播开启了大好的局面。

---

① 太宗时期就刊刻过一百卷的《太平圣惠方》。宋太宗《太平圣惠方序》云："朕昔自潜邸，求集名方，异术玄针，皆得其要。兼收得妙方千余首，无非亲验，并有准绳，贵在救民，去除疾苦。并遍于翰林医官院各取到经手家传应效药方，合万余道，令尚药奉御王怀隐等四人，较勘编类……今编勒成一百卷，命曰《太平圣惠方》，仍令雕刻印版，遍施华夷。"《全宋文》卷78，第4册，第406—407页。

② 宋真宗景德四年（1007）十一月《颁校定切韵诏》载："四声成文，六书垂法，经籍资始，简册攸存。自吴楚辨音，隶古分体，年祀寖远，攻习多闻。偏旁由是差讹，传写以之漏落，讨论未备，教授何从？爰命刊修，务从精当。俾永代而作则，庶后学之无疑。宜令崇文院雕印，送国子监依九经书例施行。"可知北宋前期曾刊刻韵书。《全宋文》卷231，第11册，第331页。

③ 宋真宗咸平元年（998）十二月《颁编敕赦书德音诏》云："国家开创以来，诏令所下，年祀寖久，科条实繁。爰命有司，重定厥要，去其重复，分以部门，著为定规，允协中典。宜下颁诸路，与律、令、格、式、《刑统》同行。其雕造印板，委监馆阁书籍刘崇起管。"《全宋文》卷214，第10册，第374页。

④ （元）脱脱等：《宋史》，中华书局1977年版，第37册，第12798页。

第二章

两宋时期文人文集的类型

文集，就其性质而言，主要有别集和总集两类；然若从其特点着眼，则有“松散型”文集和“稳固型”文集、“临时性”文集和“成熟性”文集等不同的类别。

所谓“松散型”文集，是指文集中的作品以松散的形式集聚在一起，未经过严格的甄别、遴选、编纂等过程。一般而言，成熟文集的形成大多要经过作品的汇聚、整合、分类、编纂甚至刊刻等多个步骤，而“松散型”的文集大多仅仅是完成了作品的汇聚过程，也就是说，只是实现了作品的“集合”。而“稳固型”文集则是相对成熟、相对完善的文集形式，是文人的作品在经过汇聚、整理以后按照一定的标准编纂甚至刊印以后形成的定本。一般而言，“松散型”文集大多只是抄本，而“稳固型”文集则会有“抄本”和“刻本”（包括石刻本和版刻本）两种形式。值得注意的是，即使同样是“抄本”，“松散型”文集的抄本大多是临时形成的，是“即时性”的文本；而“稳固型”文集的抄本则是经过精心整理、编纂以后形成的文本，其成集的时间要比“松散型”文集长。

所谓“临时性”文集，是指出于特定目的、按照一定标准或者在某一特定时间、地点临时形成的文集。几乎所有的“松散型”文集都是“临时性”文集，但两者并不等同，有些“临时性”文集也可能是经过作者或他人精心整理和编纂过的相对“稳固”的文集，在两宋社会中，许多举子精心编纂的用于行卷或干谒的文集就是如此。从文集传播的角度而言，“临时性”文集是为了特定的传播目的而临时在一定范围内进行传播的文集，往往具有传播路径不长、传播范围不广、传播频次不高的特点。而“成熟性”文集则往往是经过精心整理、编纂甚至刊印的文集，包括成熟的别集和总集两类。一般而言，“成熟性”文集必定是“稳固型”文集，而“稳固型”文集则不一定都是“成熟性”文集。文集“稳固”与否主要着眼于其文本形式，一般而言，一定量的作品在集聚以后，经过抄录或初步编纂，在形式上形成一个相对固定的文本，就可以称为“稳固型”文集；而对于“成熟性”文集而言，文本的固定仅仅是其最基本的要求之一，除了“稳固”的文本形式以外，文集的内容、作品的编排方式、文本的质量等，也是衡量文集是否“成熟”的重要标准。

在两宋时期的文人文集中，无论是别集还是总集，上述几种类型的文集都存在。对于别集而言，举子出于各种目的向各类官员投献（包括用于行卷、干谒等）的作品集大多是“临时性”文集；文人在某一时间段或某一地域内所创作的作品的简单汇集，就形成了“松散型”文集①；而文人在对自己或他人的作品进行精选后加以编集，或者对个人作品全集精心整理、编纂后形成的定本文集则是“稳固型”文集和“成熟性”文集。对于总集而言，情况更为复杂，一则总集中的“松散型”文集、“稳固型”文集、“临时性”文集、“成熟性”文集数量和形式更为多样，二则“松散型”文集和“稳固型”文集、“临时性”文集和“成熟性”文集之间并非泾渭分明、难以转化。“松散型”文集如果经过整理和编纂，作品的编排有了一定的顺序甚至加上了文集的“序”，那么，它就变成了“稳固型”的文集（这种

① 例如，王安石《伴送北朝人使诗序》云：“某被敕送北客至塞上，语言之不通，而与之并辔十有八日，亦默默无所用吾意。时窃咏歌，以娱愁思，当笑语。鞍马之劳，其言有不足取者，然比诸戏谑之善，尚宜为君子所取。故悉录以归示诸亲友。”（《全宋文》卷1398，第64册，第274页）其将十八天所写的作品“悉录”下来，其实就形成了一部“松散型”的文集。又，强至《龙图阁直学士朝散大夫给事中充同群牧使兼知审官东院权发遣开封府事上柱国陇西郡开国侯食邑一千二百户实封四百户赐紫金鱼袋李公行状》云：“公讳中师，字君锡，姓李氏……长于歌诗，顷使契丹，往还得诗百篇，当时殆为绝唱。”（《全宋文》卷1455，第67册，第165—167页）则与王安石相似，李中师出使契丹，往还所得的“诗百篇”也是一部“松散型”文集。

现象在两宋文坛上经常出现）[①]；“临时性”文集在经过多次传播、获得普遍认可以后，就有可能成为“成熟性”文集[②]。正因为有这样的复杂性和多变性，为免烦琐，在接下来对文人文集类型的考察中，不再对文集的特点（即“松散型”“稳固型”“临时性”“成熟性”等）一一进行辨析，而重点着眼于对不同文集类型风貌的考察。

第一节　两宋时期文人别集的分类

存在于两宋社会的文人别集，根据作者生活年代的不同，可以分为宋前文人别集和两宋文人别集两类。而根据收录作品数量的多寡，又可以分为“全集类”别集（即“全部作品类文集”）和“非全集类”别集（即“部分作品类文集”）两类。在“非全集类”别集中，又包括了作品选集和阶段性作品集两个小类。

一　宋前别集与两宋别集

所谓宋前别集，就是宋代以前的历朝历代的文人别集。在两宋社会中，前人文集特别是唐人的文集有较多保存。从晁说之《与张明仲书》“彼何男子，虽家不藏书，宁无数策唐人文集可检乎？”[③]《送王性之序》

---

① 例如，杨亿《群公赠行集序》云：“予至道三年十一月，受诏修先朝国书，越明年八月，书成奏御。既而以太夫人有桑梓之恋，求典近郡，因奉甘旨，九月诏领缙云郡事。拜命之翌日，复留不遣，再疏恳激，得请而行。公卿巨儒，台阁髦士，僚寀之际，朋从之间，相率赠言，以宠行迈者，凡三十八人……巍巍圣朝，英俊咸集。爵里鳞布，颂声奋发。览之者足以知多士在位，周室以宁，七子赋诗，郑志斯见……既铨次成编，辄敷述其事，盖取夫卜商作序，以冠二《雅》之首，用无愧焉。”（《全宋文》卷294，第14册，第380—381页）朋友间的一次为饯行而集体赋诗，三十八人的创作至少有38首，汇聚在一起就形成了一部临时性的“松散型”文集，但杨亿对其进行了“铨次”，且为文集作了“序”，这样一来，这部原本“松散型”的“赠行集”就变成了一部“稳固型”文集了。

② 张方平的十卷文集《刍荛论》“浃日”而成，可以视作一部“临时”编成的文集，但其在传播的过程中获得认可，进而作为其代表文集广泛传播，事实上使其成为“成熟性”文集。王巩《文定张公乐全先生行状》云：“公讳方平，字安道……公因人事之间，采掇当世之得失，浃日成《刍荛论》五十篇十卷，蒋公批阅不能释手，椟而上之。”（《全宋文》卷1841，第84册，第353—354页）

③《全宋文》卷2803，第130册，第42页。

"唐以来稗官野史暨夫百家谱录、正集、别集、墓志、碑碣、行状、别传，幸多存而不敢少忽也"[①]，翁彦深《乞秘书省收藏本朝名臣文集奏》"契勘三馆、秘阁、集贤库唐人文集至多"[②]，许顗"家有魏晋文章及唐诗人集，仅三百家"[③] 等语，可知唐人文集在两宋社会的广泛存在，在这些唐人文集中，大量的是文人的别集。

此外，不少唐人的别集在两宋社会还得到了不同程度的编纂甚至刊刻，一些著名文人（如：李白、杜甫、韩愈、柳宗元、白居易等）的别集在两宋时期更是得到了多次编纂、重编甚至刊刻。例如，李白的文集在两宋时期就有多个版本，宋敏求《李太白文集后序》云：

> 唐李阳冰序李白《草堂集》十卷，云当时著述，十丧其九。咸平中，乐史别得白歌诗十卷，合为《李翰林集》二十卷，凡七百七十六篇。史又纂杂著为别集十卷。治平元年，得王文献公溥家藏白诗集上中二帙，凡广二百四篇，惜遗其下帙。熙宁元年，得唐魏万所纂白诗集二卷，凡广四十四篇。因裒《唐类诗》诸编，洎刻石所传、别集所载者，又得七十七篇，无虑千篇。沿旧目而厘正其汇次，使各相从。以别集附于后，凡赋、表、书、序、碑、颂、记、铭、赞文六十五篇，合为三十卷。[④]

据宋敏求所言，北宋时期的李白文集至少存在"《草堂集》十卷本""乐史编《李翰林集》二十卷本""乐史编杂著十卷本""王溥家藏本""唐魏万编李白诗集二卷本""宋敏求编李白文集三十卷本"等多个版本。杜甫的文集也是一样，王洙《杜工部诗集序》云：

> 甫集初六十卷，今秘府旧藏、通人家所有称大小集者，皆亡逸之余，人自编摭，非当时第叙矣。搜裒中外书，凡九十九卷。（按：

---

① 《全宋文》卷2804，第130册，第61页。
② 《全宋文》卷3346，第156册，第13页。
③ （宋）许顗：《彦周诗话序》，《全宋文》卷3402，第158册，第70页。
④ 《全宋文》卷1114，第51册，第284页。

> 原文中小字注云："古本二卷，蜀本二十卷，《集略》十五卷，樊晃序小集六卷，孙光宪序二十卷，郑文宝序《少陵集》二十卷，别题小集二卷，孙仅一卷，杂编三卷。"）除其重复，定取千四百有五篇，凡古诗三百九十有九，近体千有六。起太平时，终湖南所作，视居行之次与岁时为先后，分十八卷。又别录赋、笔、杂著二十九篇，为二卷。合二十卷。①

文中所提到的"古本二卷，蜀本二十卷，《集略》十五卷，樊晃序小集六卷，孙光宪序二十卷，郑文宝序《少陵集》二十卷"者，都是北宋时期存在过的杜甫文集的不同版本。

此外，韩愈、柳宗元等人的文集在两宋时期也曾得到过多次编纂，存在多个版本：

> 仆尝得祥符中所刊杭本四十卷，其时犹未有《外集》，今诸集之所谓旧本者此也。既而得蜀人苏溥所校刘、柳、欧、尹四家本，此本嘉祐中尝刊于蜀，故传于世。继又得李左丞汉老、谢参政任伯所校秘阁本。李本之校阁本最为详密，字之误者皆标同异于其上，故可得以为据。大抵以公文石本之存者校之阁本，常得十九，杭本得十七，而蜀本得十五六焉。今只以三本为定。其诗十卷则校之唐令狐氏本，碑志祭文则以南唐保大本兼订焉。其赵德父录《文苑英华》、姚宝臣《文粹》字之与旧本合者，亦以参校。诸本所不宜而理犹未通者，然后取之校本焉……今之监本已非旧集，然校之潮、袁诸本，犹为近古。②

这是韩愈文集的情况，据文中所言，韩愈文集在两宋时期至少有"杭本""蜀本""阁本""监本""潮本""袁本"等多个版本，且明言"杭本"和"蜀本"是刊本，由此可见韩愈文集在两宋时期编纂与刊刻的

① 《全宋文》卷478，第23册，第12页。
② （宋）方崧卿：《韩集举正序》，《全宋文》卷5817，第258册，第408—409页。

兴盛状态。

再来看柳宗元文集在两宋的编纂和刊刻情况，据北宋沈晦《四明新本河东先生集后序》记载，至少到北宋政和年间，柳宗元文集就已经有“大字四十五卷本”“小字三十三卷”“曾丞相家本”“晏元献家本”四个版本在流传：

> 国初文章，承唐末五代之弊，卑弱不振。至天圣间，穆修、郑条之徒唱之，欧阳文忠、尹师鲁和之，格力始回，天下乃知有韩、柳。韩文屡经名士手，顷余又为雠勘，颇完悉。唯柳文简古雅奥，不易刊削。年大来试为䌷绎，两阅岁，然后毕见。凡四本：大字四十五卷所传最远，初出穆修家，云是刘梦得本；小字三十三卷，元符间京师开行，颠倒章什，补易句读，讹正相半；曰曾丞相家本，篇数不多于二本，而有邢郎中、杨常侍二行状，《冬日可爱》、《平权衡》二赋，共四首，有其目而亡其文；曰晏元献家本，次序多与诸家不同，无《非国语》。四本中，晏本最为精密。柳文出自穆家，又是刘连州旧物。今以四十五卷本为正，而以诸本所余作《外集》。参考互证，用私意补其阙……凡漫乙是正二千处而赢。又厘革《京兆请复尊号表》，增入《请听政第二表》、《贺皇太子笺》、《省试庆云图诗》，总六百七十四篇。锓木流行，购逸拾遗，犹俟后日。政和四年十二月望，胥山沈晦序。①

沈晦在这四个版本的基础上，重新编纂柳宗元集，形成新的柳集版本——《四明新本河东先生集》。据南宋张敦颐所言，沈晦此次编纂柳宗元集费力颇多，在对现有四个柳集版本“参考互证”的基础上，共订正错误两千余处，编成的《四明新本河东先生集》共45卷，编成后，又在四明进行了刊刻：

> 给事沈公晦尝用穆伯长、刘梦得、曾丞相、晏元献四家本参考

① （宋）沈晦：《四明新本河东先生集后序》，《全宋文》卷3796，第174册，第71—72页。

互证，凡漫乙是正二千余处，往往所至称善，今四明所刊四十五卷者是也。①

据沈晦《四明新本河东先生集后序》“小字三十三卷，元符间京师开行”所言，《柳宗元集》“小字三十三卷本”元符年间曾在京师刊刻，加上沈晦编纂后在四明刊刻的《四明新本河东先生集》，可知北宋期间柳宗元文集至少存在五个版本，其中至少有两个刊本。

到了南宋，柳宗元文集又出现了“音释本”“音义本”等，版本情况更加多样，也更加复杂。

柳文简古不易校，其用字奥僻或难晓。给事沈公晦尝用穆伯长、刘梦得、曾丞相、晏元献四家本参考互证，凡漫乙是正二千余处，往往所至称善，今四明所刊四十五卷者是也。惟音释未有传焉。余再分教延平，用此本篇次撰集，凡二千五百余字。其有不用本音而假借佗音者，悉原其来处；或不知来处，而诸韵、《玉篇》、《说文》、《类篇》亦所不载者则阙之。尚虑肤浅，弗辨南北语音之讹，其间不无谬误，赖同志者正之。绍兴丙子十月，新安张敦颐书。②

韩、柳文章齐驱，当代学士大夫之所宗师。其为文高古，用字聱牙，读者病之，而柳尤甚。纬典教群舒，郡侯陆先生命之为二集训释。偶见江山祝季宾《经进韩文音》善本，不复增损，因放以音子厚之文。又见建宁本近少讹舛，乃依其卷次，先之以诸韵《玉篇》定其音，次之以《尔雅》、《说文》训其义，而又参之以经传子史，究其用字之源流。庶几观其书者，难字过目，无复含糊嗫嚅之态……乾道丁亥腊月，云间潘纬书。③

---

① （宋）张敦颐：《韩柳音释序》，《全宋文》卷4120，第187册，第266—267页。

② （宋）张敦颐：《韩柳音释序》，《全宋文》卷4120，第187册，第266—267页。

③ （宋）潘纬：《柳文音义序》，《全宋文》卷4970，第224册，第157—158页。

在对文人的文集进行编纂的基础上再加以笺注、音释等工作，这是两宋文集编纂中值得关注的现象。这种“注释”“音义”类文集文本，在南宋尤其普遍，这实际上已经超出了传统的文集编纂的范围，而进入了文集的“加值编纂”和“加值传播”。

除了李白、杜甫、韩愈、柳宗元这些在两宋文坛最受关注的唐代文人以外，其他唐代文人，如高适、李贺、陆龟蒙等人的文集，也在两宋文坛上以各种方式传播：

> 唐高常侍有诗名，尝为彭州刺史，今太守赵公裒其诗文二百四十篇，厘为十卷，刻之板。谨按《唐史》，高适字达夫，沧州渤海人，仕至左散骑常侍……赵公名子浞，字彦清，善属文，诗尤清丽，有江左唐人之风，而仕亦不遇。其为彭州，与适相望三百余年，乃广其诗文而传之，将追适而与之友，则亦适徒也。[①]

此为王赏作于靖康元年（1126）四月的《高常侍文集序》中的话，知北宋末期，彭州太守赵子浞曾刊印高适诗集，推动了高适诗集在两宋的传播。

再来看李贺、陆龟蒙的文集：

> 右李贺逸诗凡五十二首。案唐李公藩尝缀贺歌诗，为之叙，未成间，知贺有外兄，与贺有笔研旧，召见，托以搜采放失……贺章什流传者少，今世行杜牧所叙贺歌诗篇才四耳。此集所载，岂非李藩所藏之一二乎？政和元年三月望，黄某长睿父从赵来叔借传于河南右军官舍。[②]

> 世所传《(笠泽) 丛书》多舛谬。裒既至其邑，想其遗风，因求善本校证，刻之于版，俾览者非独玩其辞而已矣，于其志节将取焉。

① （宋）王赏：《高常侍文集序》，《全宋文》卷3128，第145册，第230页。
② （宋）黄伯思：《跋昌谷别集后》，《全宋文》卷3357，第156册，第191页。

政和改元季夏四月，毘陵朱衮记。[1]

北宋政和年间，李贺的《昌谷别集》和陆龟蒙的《笠泽丛书》都在文坛上传播，而且《笠泽丛书》还得到了刊刻。

除了这些较为知名的诗人以外，两宋时期文坛上传播的唐人文集，还有一些是不甚知名的诗人的别集，施肩吾的文集就是一个代表：

> 右唐《施肩吾集》，其诗无虑五百篇，有肩吾自叙冠焉。而陈倩所序才六十二篇，盖未尝见完书也。今合为一集，以杂笔三篇附于后。肩吾隐豫章西山，莫知其终，江右人至今传以为仙。观其《三住铭》，论气神形之指甚微，真得道者之言与。其诗格韵虽若浅切，然时有过绝人语，颇可观览。政和丁酉岁十一月十二日，武阳黄某长孺父于京路舟中校之。[2]

除了唐人的别集之外，五代时期的文人别集和唐代以前的文人别集也都是两宋时期流通的文人别集的重要组成部分，五代文人的别集可以徐夤的《钓矶文集》为例：

> 正字讳夤，字昭梦。按《五代史·闽世家》称正字唐时以进士名依王审知仕宦。《九国志》列传：正字，莆田县人。乾宁初举进士，礼部试《止戈为武赋》，一烛才尽，已就……按《崇文总目》：正字赋五卷、《探龙集》一卷，题曰伪唐徐某撰。正字实未尝仕伪唐也。师仁家故有赋五卷、《探龙集》五卷，正字自序其后。又于蔡君谟家得《惟道机要》一卷，又访于族人及好事者，得五言诗并绝句合二百五十余首，以类相从，为八卷，并藏焉……正字之文不独行于当时，名于后世，亦播于异域也……建炎三年三月序。[3]

---

① （宋）朱衮：《笠泽丛书跋》，《全宋文》卷3014，第140册，第64页。

② （宋）黄伯思：《跋施真人集后》，《全宋文》卷3359，第156册，第241页。

③ （宋）徐师仁：《唐秘书省正字先辈徐公钓矶文集序》，《全宋文》卷3323，第154册，第327—328页。

两宋时期文坛上传播最为广泛、最知名的唐前文人别集，则是陶渊明的文集。学界所熟知的苏轼随行带着《陶渊明集》且对陶诗一一赋和的例子，就是陶渊明文集在两宋时期传播的最好例子。[①] 此外，北宋葛胜仲、黄伯思，南宋陆游、潘畤等人，也都曾见过《陶渊明集》[②]，亦可证陶渊明文集在两宋文坛的广泛传播。

总之，在两宋时期广泛传播的大量唐人文集、五代文集和唐前文人的文集，构成了两宋时期文人文集的一个重要分支。

对于两宋文坛传播的文人别集而言，除了前人别集外，就是两宋别集。所谓两宋别集，就是指两宋文人的个人文集。据笔者不完全统计，仅两宋时期曾经编纂或刊刻的两宋别集就有数千部，这些别集就编纂者而言，既有作者本人，也有他人（包括作者的子嗣、族人、友人、门人、追慕者以及地方官员，等等）；就编纂时间而言，既有作者生前编纂的，也有作者殁后编纂的；就编纂的步骤而言，既有分时编纂的、分地编纂的，也有一时一地编纂的；就编纂的时长而言，有几天、几个月甚至几年的。众多的两宋别集，是两宋时期文集的“市场”中数量最多、品种最为丰富的一类。

需要指出的是，两宋时期编纂或刊印的文人别集，除了绝大部分为两宋本朝文人的文集之外，还有极少数外国文人的文集。释元照《高丽李相公乐道集序》中提到的《乐道集》就是当时外国人的文集：

> 予昔见海东使臣经从吾乡，名山胜概率多题咏，观其格致，则与夫大国文轨颇同。后见僧统所留篇什，语句平易，思味幽远，复

---

① 苏轼《与程全父（一〇）》云：“随行有《陶渊明集》。陶写伊郁，正赖此尔。”（《全宋文》卷1906，第88册，第131页）《与程全父（一一）》云：“惟陶渊明一集，柳子厚诗文数策，常置左右，目为二友。”（《全宋文》卷1906，第88册，第132页）《与程正辅（一一）》云：“某喜用陶韵作诗，前后盖有四五十首。”（《全宋文》卷1904，第88册，第89页）

② 参葛胜仲《书渊明集后（一）》《书渊明集后（二）》《书渊明集后（三）》，《全宋文》卷3071，第142册，第346—349页；黄伯思《跋陶渊明集后》，《全宋文》卷3357，第156册，第201页；黄伯思《跋陶征士集后》，《全宋文》卷3358，第156册，第221页；陆游《跋渊明集》，《全宋文》卷4937，第223册，第9页；潘畤《月林堂记》，《全宋文》卷4993，第225册，第111页。

> 知僧统又知诗之深者。比以朝辞回杭舣舟，府亨忽持李相国诗集为示。发卷一览。爱其学赡而识远，辞直而理诣，大率稽于释典，宗于理性，皆超拔物外之论，非所谓世俗文笔也。处富贵而慕真寂，故以《乐道》命其题；居尘染而守清节，故以“婆塞”标其号……然彼国文士能诗者甚众，而僧统独爱此集，将命镂板，流通于世，向所谓僧统知诗之深为不诬矣。[①]

这部《乐道集》的作者为高丽人，文集编成于北宋境内，编成后“将命镂板，流通于世”，想必在当时产生了一定的影响。像这类在两宋境内编纂乃至刊印传播的外国人的文集虽然不多，但作为两宋时期文集的一种特殊现象，值得关注。

二　“全集类”别集与“非全集类”别集

所谓“全集类”别集，就是“全部作品类别集”，是指收录作者全部存世作品的文集，即作者的作品全集。这是两宋时期文人别集的最主要形式。一般而言，作者卒后由他人所编定的别集通常是作者的“全集类”别集（即“全部作品类别集”），而作者生前自己编纂的文集则基本上是作者的“非全集类”别集（即“部分作品类别集”）。

所谓“非全集类”别集，就是“部分作品类别集”，是指收录作者一部分作品的文集，不管收录作品的数量有多少，只要不是将作者的全部存世作品悉数收录的，都属于“非全集类类”别集（即“部分作品类别集”）。根据所收录作品的不同特征，“非全集类别集”又可以分为“作品选集”和“阶段性作品集”两个小类。

（一）作品选集

所谓“作品选集”，就是依据一定的标准对某一作者的作品进行遴选以后再编纂而成的文集，这类文集的编纂，也可以称为作者文集的“选编”。“选编”工作可以在作者的“全集”还未编定之前，也可以在作者的“全集”已经编定之后。杨崇勋选编的《白氏编年集》，就是在已经编

① 《全宋文》卷2432，第112册，第314页。

定完成的白居易全集——《白翰林集》的基础上重新加以遴选、编纂而成的：

> 杨崇勋，字宝臣……尤嗜《白翰林集》，公因诠次乐天自未三十岁至七十五所著歌诗凡八十一篇，目之曰《白氏编年集》。公自制序，手写其集，传诸好事。①

而叶梦得编选程俱的近体诗选集《北山律式》，则是在程俱的全集编定之前：

> （程）致道《北山集》四十卷，既为之序，人皆知致道之文，而不知其诗；即知其诗，亦仅知其古风，而不知其律诗之妙。及门郑晦，系致道同里人，初学韵语，予谓其何舍近而求远也。因选录致道近体诗二卷，名曰《北山律式》。②

“程致道”即程俱。程俱，字致道，号北山，其集名《北山集》。然《北山集》并不是程俱个人的全集，因为叶梦得编选《北山律式》的时候，程俱尚在世，仍然在从事文学创作，所以，这个时候不可能有全集编定。

北宋范阳书肆曾编定并刊刻苏轼的《大苏小集》，其也是在苏轼的个人“全集”编定之前。王辟之《渑水燕谈录》卷七“歌咏”项云：

> 张芸叟奉使大辽，宿幽州馆中，有题子瞻《老人行》于壁者。闻范阳书肆亦刻子瞻诗数十篇，谓《大苏小集》。③

“张芸叟”即张舜民。据《宋史·张舜民传》载，张舜民“字芸

---

① 《全宋文》卷524，第25册，第65—70页。按：宋祁《杨太尉墓志铭》亦云杨崇勋“嗜唐白居易诗，比次后先，号《白氏编年》，自为题辞，传于世。”（《全宋文》卷529，第25册，第153页）

② （宋）叶梦得：《北山律式序》，《全宋文》卷3181，第147册，第301页。

③ 《唐宋史料笔记丛刊》本，中华书局1981年版，第89页。

叟……使辽，加直秘阁、陕西转运使，知陕、潭、青三州。元符中，罢职付东铨”①。则其出使辽国当在元符（1098—1100）之前，此时，苏轼仍在世（按：苏轼卒于建中靖国元年，即1101年），苏轼个人之“全集”还未编纂，所以，《大苏小集》是在苏轼个人的“全集”编定之前编成的。

两宋时期许多文人在编纂个人别集的时候，并不是把所有作品都收录进去，而是先精挑细选，把一些自认为不太优秀或不甚精工的作品剔除出去，然后再编纂。从这一层面而言，两宋许多文人的“全集”实际上也是“选集”。王禹偁的《小畜集》就是如此：

> 咸平二年守本官知齐安郡，年四十有六，发白目昏，居常多病，大惧没世而名不称矣，因阅平生所为文，散失焚弃之外，类而第之，得三十卷……集曰《小畜》。②

既言“焚弃”，则必经过遴选，把那些自认为不够优秀的作品在文集编纂之前加以剔除。因此，从这一层面而言，《小畜集》实际上是一部作品“选集”。

两宋时期，像这类“焚稿”以后再进行编集的情况很多，形成了众多值得关注的“焦尾集”现象，北宋黄庭坚、南宋韩元吉都曾编纂过这类文集：

> 鲁直旧有诗千余篇，中岁焚三之二，存者无几，故自名《焦尾集》。③

> 予时所作歌词，间亦为人传道，有未免于俗者，取而焚之，然犹不能尽弃焉，目为《焦尾集》，以其焚之余也。淳熙壬寅岁，居于

① （元）脱脱：《宋史》卷347，中华书局1977年版，第31册，第11005页。

② （宋）王禹偁：《小畜集序》，《全宋文》卷154，第8册，第34页。

③ 叶梦得《避暑录话》卷二“俞澹”条引黄元明语，《宋元笔记小说大观》本，第3册，上海古籍出版社2001年版，第2619页。

南涧，因为之序。①

黄庭坚、韩元吉都编纂自己的作品为“焦尾集”，而陆游则编纂过苏轼文集的“焦尾本”：

> 此本（按：即《东坡集》）藏之三十年矣，嘉泰甲子岁十二月，遗烬几焚之，予缉成编，比旧本差狭小，乃可爱，遂目之曰焦尾本云。十四日，山阴陆某书。②

“予缉成编，比旧本差狭小”，是因为此为“选集”之故。

两宋时期，还存在由于外力损毁部分作品而造成所编纂的文集收录不全，客观上为“选集”的现象。朱淑真的《断肠集》就是如此：

> 比往武陵，见旅邸中好事者往往传诵朱淑真词。每窃听之，清新婉丽，蓄思含情，能道人意中事，岂泛泛者所能及，未尝不一唱而三叹也……其死也，不能葬骨于地下，如青冢之可吊，并其诗为父母一火焚之。今所传者，百不一存，是重不幸也。呜呼冤哉！予是以叹息之不足，援笔而书之，聊以慰其芳魂于九泉寂寞之滨，未为不遇也。如其叙述始末，自有临安王唐佐为之传，姑书其大概为别引云，乃名其诗为《断肠集》。③

朱淑真的被其父母“一火焚之”，造成“今所传者，百不一存”的现象。因而，魏仲恭搜集、整理、编纂的《断肠诗集》，客观上也是一部“选集”，只不过这个“选”不是文集编纂者的主动遴选而已。

北宋文人程俱的作品也是由于外力损毁而造成文集收录不全：

---

① （宋）韩元吉：《焦尾集序》，《全宋文》卷4793，第216册，第104页。

② （宋）陆游：《跋东坡集》，《全宋文》卷4939，第223册，第42页。

③ （宋）魏仲恭：《断肠诗集序》，《全宋文》卷6269，第277册，第108—109页。

尝裒次平生所为文，欲属余为序，会兵兴不果。后遇火，焚弃殆尽。稍复访集，尚得十四五，而益以近所著，为四十卷。①

由于作品“遇火，焚弃殆尽”，“稍复访集，尚得十四五”，程俱的四十卷文集也不是收录全部作品的“全集”，而是一部“选集”。

两宋时期，一些文人在编纂他人的别集时，也会对作品加以斟酌和遴选，从而让所编纂的文集客观上成为一部“选集”。欧阳修为好友苏舜钦编纂文集时，就是如此。其《与梅圣俞书（二五）》云：

近为子美编成文集十五卷，凡述作中人可及者，已削去之，留其警绝者，尚得数百篇。后世视之，为如何人也！朋友之间可以为慰尔。②

据题下所注，此信写于仁宗皇祐五年（1053），此时苏舜钦已卒（按：苏舜钦卒于庆历八年，即1048年），则欧阳修所编本应为苏舜钦作品之“全集”。然据欧阳修自己所言，“凡述作中人可及者，已削去之，留其警绝者”，则苏舜钦的所有作品并没有全部编入其文集，从这一点上来说，欧阳修所编纂的苏舜钦文集实则为苏氏作品之“选集”。

（二）阶段性作品集

所谓“阶段性作品集”，就是指将作者在某一阶段所创作的作品收集、整理、编纂在一起而形成的文集。“阶段性作品集”可以是作者在某一时段内作品的编集，也可以是作者创作于某一地域内的作品的汇集。这种编纂阶段性作品成集的做法，在两宋时期的文人那里广泛存在，是两宋时期文人文集编纂的一种重要方式。

1. 北宋时期的阶段性作品集

北宋时期阶段性作品编集的现象，早在北宋初期就已经存在。王禹

① （宋）叶梦得：《程致道集序》，《全宋文》卷3181，第147册，第300页。

② 《全宋文》卷710，第33册，第325页。

偁《孟水部诗集序》中所提到的孟宾于的“阶段性作品集”就是创作在不同时间段的作品的编集：

> 水部讳宾于，字某，生于连州，其先太原人……有《金鳌集》者，应举时诗也；《湘东集》者，马氏幕府诗也；《金陵集》者，李氏诗也；《玉笥集》者，吉州诗也；《剑池集》者，丰城诗也。总五百五首，今合为一集，以官为名。①

除了“分时段”的“阶段性作品集”之外，两宋时期还有不少“分地域”的“阶段性作品集”。两宋许多文人都有一个习惯，即任职一地期满了以后，就将创作于该地的作品汇聚在一起，编成一集，从而形成典型的“一官一集”的现象。北宋文人余靖《宋太博尤川杂撰序》中所提到的宋贯之的几部文集，就是如此：

> 康定建元之明年，岁在实沉，广平贯之以奉常博士移刺琼管，途由曲江，因出文稿四编示，其一曰《剑池编》，次曰《龟城集》，次曰《尤川杂撰》，次曰《永平录》，皆一官所成之集也。②

“一官所成之集”，这种“阶段性作品”编集的方式，在两宋时期大量存在，黄庭坚编纂任叶县尉时创作的诗为一卷，就属于这类编集方式：

> 旧诗一卷，皆叶县尉时所作，亦漫点定，并去年所送一册同往。十绢写不肖旧诗，不足观也。③

此外，杨亿《温州聂从事云堂集序》与《温州聂从事永嘉集序》中

---

① 《全宋文》卷154，第8册，第29—30页。

② 《全宋文》卷567，第27册，第22页。

③ （宋）黄庭坚：《答王观复（三）》，《全宋文》卷2295，第105册，第281页。

所提到的《云堂集》和《永嘉集》也属于典型的“一官一集”：

> 《云堂集》者，永嘉从事聂君茂先试吏括苍日所赋诗也……所赋凡二百篇。东瓯山水之清丽，缙云谣俗之朴古，佛刹玄祠之标概，讼庭官舍之形胜，见于题咏之什矣。一郡人物之选，一时僚佐之盛，林谷高蹈之士，吴楚薄游之贤，备于赠答之作矣。名邦风物之美，通人吏隐之适，齐诋富寿之乐，居上神明之化，形于倡和之篇矣。①

> 河东聂君，昔从事缙云日，赋诗二百篇，予既序之矣。及随牒永嘉，再见闰月，所得弥广，凡七百章。会秩满北归，假道敝邑，又示予以新集，且征辞焉。②

从“东瓯山水”“缙云谣俗”“一郡人物”“名邦风物”的表述中，可知《云堂集》与《永嘉集》乃是典型的“分地域”的“阶段性作品集”，由于作品的题材和视角分别围绕“括苍”“缙云”“永嘉”等不同地域的风土人情展开，因而具有很强的地域色彩。

“一官一集”的阶段性作品编集方式，在南宋时期更加大放异彩，许多著名文人都曾编纂过这种类型的文集。在南宋“一官一集”的编纂队伍中，最值得注意的是杨万里。他几乎每到一地任职，都要将在任职地创作的作品汇聚、编集，从而形成了众多的“阶段性作品集”，诸如《荆溪集》《南海集》《江西道院集》《江东集》等，不一而足：

> 其夏之官荆溪，既抵官下，阅讼牒，理邦赋，惟朱墨之为亲，诗意时往日来于予怀，欲作未暇也。戊戌三朝时节赐告，少公事，是日即作诗，忽若有寤，于是辞谢唐人及王、陈、江西诸君子，皆

---

① （宋）杨亿：《温州聂从事云堂集序》，《全宋文》卷294，第14册，第376页。

② （宋）杨亿：《温州聂从事永嘉集序》，《全宋文》卷294，第14册，第379页。

不敢学，而后欣如也……明年二月晦，代者至，予合符而去，试汇其稿，凡十有四月，而得诗四百九十二首。①

后三年，予落南，初为常平使者，复持宪节。自庚子至壬寅，有诗四百首，如《竹枝歌》等篇，每举示友人尤延之，延之必击节，以为有刘梦得之味，予未敢信也。潮阳刘涣伯顺为清远宰时，尝为予求所谓《南海集》四百首者。②

某昔岁四月上章丐补外，寿皇圣帝有旨畀郡，寻赐江西道院，盖山水之窟宅，诗人之渊林也。既抵官下，二百有八旬有四日，皇上诏令奉计诣北阙，骏奔道涂，逾月乃至修门。道中得诗可百许首，乃并取归涂及在郡时诗录之，凡二百有五十首，析为三卷，目曰《江西道院集》。③

绍熙庚戌十月，予上章丐外，蒙恩除江东副漕。辞行诸公间，参政胡公笑劳曰："诚斋老子是行，天不以其欠《江东集》耶？"予谢不敢当也……既抵官下，再见夏时，因集在金陵及行部广德、宣、池、徽、歙、饶、信、南康、太平诸郡所作，得诗五百首，乃命曰《江东集》以寄刘炳先、继先伯仲。④

除了将在任职地所创作的作品编纂成集之外，杨万里还将赴任途中或谢任归朝途中所创作的作品编纂成集，形成了另一种类型的"阶段性作品集"，其《西归集》《朝天续集》等诗集就属于这种类型：

予假守毘陵，更未尽三月，移官广东常平使者。既上二千石印绶，西归过姑苏，谒石湖先生范公，公首索予诗。予谢曰："诗在山

① （宋）杨万里：《诚斋荆溪集序》，《全宋文》卷5321，第238册，第219页。
② （宋）杨万里：《诚斋南海诗集序》，《全宋文》卷5321，第238册，第220—221页。
③ （宋）杨万里：《诚斋江西道院集序》，《全宋文》卷5321，第238册，第222页。
④ （宋）杨万里：《诚斋江东集序》，《全宋文》卷5321，第238册，第225页。

林而人在城市，是二者常巧于相违，而喜于不相值。某虽有所谓《荆溪集》者，窃自薄陋，不敢为公出也。”既还舍，计在道及待次凡一年，得诗仅二百首，题曰《西归集》，录以寄公。①

昔岁自江西道院召归册府，未几而有迎劳使客之命。于是始得观涛江，历淮楚，尽见东南之奇观。如渡扬子江二诗，余大儿长孺举似于范石湖、尤梁溪二公间，皆以为余诗又变，余亦不自知也。既竣事归报，得诗凡三百五十余首，目之以《朝天续集》。②

第二节　两宋时期总集的类型

两宋时期的“总集”，按照时代划分，可以分为“前人总集”和“两宋总集”两类。在“两宋总集”之中，除了《宋文鉴》《续文章正宗》等大型总集以外，还包括文人之间的“酬唱集”“赠行集”“赋物集”“追奠集”等形式多样、内容丰富多彩的小型总集。

一　前代总集

两宋时期所编纂的前代总集，规模最大、最为知名的当属一千卷的《文苑英华》：

太平兴国七年，诏翰林学士承旨李昉、翰林学士扈蒙、给事中直学士院徐铉、中书舍人宋白……等阅前代文集，撮其精要，以类分之，为《文苑英华》。续命翰林学士苏易简、中书舍人王佑、知制诰范杲、宋湜与宋白等共成之。雍熙三年上之，凡一千卷。③

① （宋）杨万里：《诚斋西归诗集序》，《全宋文》卷5321，第238册，第220页。

② （宋）杨万里：《诚斋西归诗集序》，《全宋文》卷5321，第238册，第224页。

③ （宋）程俱撰，张富祥校证：《麟台故事校证》卷二，《唐宋史料笔记丛刊》本，中华书局2000年版，第47页。

由于是北宋最高统治者下令编纂，人力、物力都有非常充分的保障，所以从太平兴国七年（982）到雍熙三年（986），仅仅用了三年多的时间，一千卷的《文苑英华》就编纂完成了。相较而言，个人编纂总集则要费时费力得多，姚铉编纂一百卷《唐文粹》，用了十年时间：

> 大中祥符纪号之四祀，皇帝祀汾阴后土之月，吴兴姚铉集《文粹》成。《文粹》谓何？纂唐贤文章之英粹者也……铉不揆昧懵，遍阅群集，耽玩研究，掇菁撷华，十年于兹，始就厥志。得古赋、乐章、歌诗、赞、颂、碑铭、文论、箴、议、表奏、传录、书序，凡为一百卷，命之曰《文粹》。①

"十年于兹，始就厥志"，可见编纂工作之不易。姚铉的《唐文粹》编成于"大中祥符纪号之四祀"，也就是大中祥符四年（1011）。二十八年后，即宝元二年（1039），临安人孟琪对其加以刊刻②，"载毫荸笔，穷山刊木，摸刻其文字，布于天下，以为后进式"③，从而推动了《唐文粹》在北宋文坛的广泛传播：

> 故姚右史纂唐贤之文百卷，用意精博，世尤重之。然卷帙繁浩，人欲传录，未易为力。临安进士孟琪，代袭儒素，家富文史，爰事摹印，以广流布。观其校之是，写之工，镂之善，勤亦至矣……宝元二年嘉平月，殿中侍御史吴兴施昌言叙。④

---

① （宋）姚铉：《唐文粹序》，《全宋文》卷268，第13册，第281—283页。

② 对于孟琪刊刻的《唐文粹》，时人评价颇高，施昌言《唐文粹后序》所云可见一斑："故姚右史纂唐贤之文百卷，用意精博，世尤重之。然卷帙繁浩，人欲传录，未易为力。临安进士孟琪，代袭儒素，家富文史，爰事摹印，以广流布。观其校之是，写之工，镂之善，勤亦至矣……今是书也，积之不盈几，秘之不满笥，无烦简札而坐获至宝，士君子有志于学，其将舍诸？若夫述作之旨，悉于前序，此不复云。宝元二年嘉平月，殿中侍御史吴兴施昌言叙。"（《全宋文》卷392，第19册，第101页）

③ （宋）石介：《上赵先生书》，《全宋文》卷619，第29册，第198页。

④ （宋）施昌言：《唐文粹后序》，《全宋文》卷392，第19册，第101页。

两宋时期编纂的前代总集中，颇为知名的还有《唐百家诗选》，此《诗选》乃王安石在宋敏求所藏的“百余编”唐诗的基础上选编而成，对于这部诗选，王安石颇为自负，其《唐百家诗选序》云：

余与宋次道同为三司判官，时次道出其家藏唐诗百余编，诿余择其精者，次道因名曰《百家诗选》。废日力于此，良可悔也！虽然，欲知唐诗者，观此足矣。①

“宋次道”即宋敏求，“次道”是敏求之字。文中“欲知唐诗者，观此足矣”之言，虽不免有些夸大，但《唐百家诗选》确实是两宋时期所编纂的前代诗歌总集中的佼佼者，加之王安石又是文坛名家，“名人效应”增加了《唐百家诗选》的声誉。所以，在整个两宋时期，这部诗选有着广泛的传播，北宋文人黄伯思和南宋文人李纲都曾见到：

王公所选，盖就宋氏所有之集而编之，适有百余家，非谓唐人诗尽在此也。其李、杜、韩诗可取者甚众，故别编为四家诗，而杨氏谓不与此集，妄意以为有微旨，何陋甚欤！②

子美之诗，非无文也，而质胜文；永叔之诗，非无质也，而文胜质。退之之诗质而无文，太白之诗文而无质。介甫选四家之诗而次第之，其序如此。又有《百家诗选》，以尽唐人吟咏之所得。③

这部诗选在两宋时期还得到了多次刊刻。首次对《唐百家诗选》进行刊刻的是北宋时期的杨蟠，刊刻的具体时间是哲宗元符元年（1098）七月。且看其《刻王荆公百家诗选序》所云：

---

① 《全宋文》卷1398，第64册，第275页。

② （宋）黄伯思：《跋百家诗选后》，《全宋文》卷3357，第156册，第184页。

③ （宋）李纲：《书四家诗选后》，《全宋文》卷3749，第172册，第42页。

> 夫自古风骚之盛无出于唐，而唐之作者不知几家。其闲篇目之多或至数千，尽致其全编，则厚币不足以购写，而大车不足以容载。彼幽野之人，何力而致之哉！丞相荆国王公，道德文章天下之师，于诗尤极其工。虽嬰以万务而未尝忘之，是知诗之为道也，亦已大矣。公自历代而下无不考正，于唐选百家，特录其警篇，而杜、韩、李所不与，盖有微旨焉。噫！诗系人之好尚，于去取之际，其论犹纷纷，今一经公之手，则帖然无复以议矣。合为二十卷，号《唐百家诗选》。得者几希，因命工刻板以广其传，细字轻帙，不过出斗酒金而直挟之于怀袖中，由是人之几上往往皆有此诗矣……元符戊寅七月望日，章安杨蟠书。①

“元符戊寅”即元符元年（1098）。“细字轻帙，不过出斗酒金而直挟之于怀袖中，由是人之几上往往皆有此诗矣”，由此可见，杨蟠对于《唐百家诗选》的推广和传播做出了重要贡献。至南宋乾道五年（1169），倪仲傅再次对这部诗选进行刊刻，又一次大力推动了《唐百家诗选》的广泛传播。其《唐百家诗选序》云：

> 音有妙而难赏，曲有高而寡和，古今通然，无惑乎《唐百家诗选》之沦没于世也。予自弱冠肄业于香溪先生门，尝得是诗于先生家藏之秘，窃爱其拔唐诗之尤，清古典丽，正而不冶，凡以诗鸣于唐，有惊人语者，悉罗于选中。于是心惟口诵，几欲裂去夏课而学焉。先生知之，一日而钥诸笥。越至于今，不复过目者有年矣。顷有亲戚游宦南昌，因得之于临川以归，首以出示。发卷数过，不啻如获遗珠之喜。惜其道远难致，且字画漫灭，近世士大夫嗜此诗者，往往不能无恨。故锓板以新其传，庶几丞相荆国公铨释之意有所授于后人也。雅德君子傥于三冬余暇玩索唐世作者用心，则发而为篇章，殆见游刃余地，运斤成风矣。乾道己丑四月望日，倪仲傅序。②

---

① 《全宋文》卷1045，第48册，第242—243页。
② 《全宋文》卷5394，第241册，第329—330页。

“乾道己丑”即孝宗乾道五年（1169），距杨蟠首次刊印的元符元年（1098）已有七十多年的时间，在《唐百家诗选序》几乎“沦没于世”的时候，倪仲傅的再次刊印无疑又使其焕发了新的生机。

两宋时期另一部有广泛影响的唐人诗选是南宋著名文人洪迈编选的《万首唐人绝句》：

> 淳熙庚子秋，迈解建安郡印归，时年五十八矣。身入老境，眼意倦罢，不复观书，惟时时教稚儿诵唐人绝句，则取诸家遗集，一切整汇，凡五七言五千四百篇，手书为六帙。起家守婺，赍以自随。逾年再还朝，侍寿皇帝清燕，偶及宫中书扇事。圣语云：“比使人集录唐诗，得数百首。”迈因以昔所编具奏，天旨惊其多，且令以元本进入，蒙置诸复古殿书院。又四年，来守会稽间，公事余分，又讨理向所未尽者。唐去今四百岁，考《艺文志》所载，以集著录者几五百家，今仅及半，而或失真。如王涯在翰林，同学士令狐楚、张仲素所赋宫词诸章，乃误入于《王维集》；金华所刊杜牧之续、别集皆许浑诗也；李益“返照入闾巷，愁来与谁语”一篇，又以为耿湋；崔鲁“白首成何事，无欢可替愁”一篇，又以为张蠙；以薛能“邵平瓜地入吾庐”一篇为曹邺；以狄归昌“马嵬坡下柳依依”一篇为罗隐，如是者不可胜计。今之所编，固亦不能自免，然不暇正。又取郭茂倩《乐府》与稗官小说所载仙鬼诸诗，撮其可读者合为百卷，刻板蓬莱阁中，而识其本末于首。绍熙元年十一月戊午，焕章阁学士、宣奉大夫、知绍兴军府事、两浙东路安抚使、魏郡公洪迈序。①

南宋时期，唐人诗集由于战乱等各方面原因，损毁较多。《新唐书·艺文志》所载录的“五百家”诗集，仅存其半，而且有颇多混淆失真之处。所以，洪迈编纂《万首唐人绝句》，一方面起到了保存唐人诗歌作品的作用，另一方面也起到了对唐人诗歌去伪存真的作用，功莫大焉！

---

①（宋）洪迈：《万首唐人绝句诗序》，《全宋文》卷4916，第222册，第45—46页。

《万首唐人绝句》编成以后，洪迈将其进献朝廷，大获肯定，洪迈本人得到了丰厚的奖赏：

> 得圣旨宣谕臣，比观向所进《唐诗绝句》，选择甚精，备见博洽，今赐茶一百夸，清馥香一十贴，熏香二十贴，金器一百两。臣实时出城迎拜还家，望阙谢恩祇受讫……顷因心好于唐文，辄尔手编于诗律。尝蒙宣索，每恨疏芜。比岁旁搜，遂及万篇之富；成书上奏，幸尘乙夜之观。敢觊华褒，更加异宠?①

> 臣逖远威颜，忽焉六载……罢越还家，杜门屏迹，自去春投进唐诗，一伸奏牍之后，不敢妄以孤远姓名复尘渊几。诚不自意，恩从天来，颛降使车，颁之珍赐，玉音褒谕，金宝烂然，荣光非常，道路骇瞩，盖自鄱阳有郡以来所未之见。陛下脱屣北宫，遗物离人而立，于独予以驭，幸寥寥弗闻。臣独何人，邈在千里之外，乃拜殊渥？焚香望阙，尽室欢呼，捧玩之余，感极以泣。②

由于洪迈编选的《万首唐人绝句》“选择甚精，备见博洽”，所以，甚得孝宗皇帝喜欢③，赏赐之丰，出乎洪迈的意料。“颛降使车，颁之珍赐，玉音褒谕，金宝烂然，荣光非常，道路骇瞩，盖自鄱阳有郡以来所未之见”，为此，洪迈“焚香望阙，尽室欢呼，捧玩之余，感极以泣”，激动之情溢于言表。

洪迈《万首唐人绝句》编定后不久，就进行了刊刻，只不过未能一次性刊刻完成：

---

① （宋）洪迈：《进唐诗绝句获赐谢表》，《全宋文》卷4913，第221册，第375页。

② （宋）洪迈：《进万首唐人绝句别奏札子》，《全宋文》卷4913，第221册，第376页。

③ 按：洪迈《谢南内奏状》云：“臣伏蒙至尊寿皇圣帝圣恩，特降专使秉义郎、重华宫祗应耿柟，以三月一日至饶州，赍霍汝弼等白札子，传圣旨宣谕，以臣向所进《唐诗绝句》，赐臣茶一百夸，清馥香一十贴，熏香二十贴，金器一百两，臣已实时出州城迎拜，还家望阙祗受讫。上件异数，出自圣恩，臣无任感天荷圣激切屏营之至，谨录奏谢以闻”（《全宋文》卷4913，第221册，第377页），“至尊寿皇圣帝”即孝宗，由此可知，洪迈进献《万首唐人绝句》后，获得了孝宗皇帝的嘉奖与赏赐。

越府所刻七言至二十六卷，五言至二十卷。而奉祠归鄱阳，惟书不可以不成，乃雇婺匠续之于容斋，旬月而毕。二年十一月戊辰，迈题。①

由此可知，《万首唐人绝句》一部分刊刻于“越府”（绍兴），另一部分刊刻于鄱阳，这种不同时段、不同地域共同刊刻完成一部书的情况，在两宋时期并不多见。

两宋时期所编纂的前代总集，除了上述几部较为知名的以外，还有众多不甚知名的：

说之曾大父文庄公，少因文元公而行辈高，与一时文士周旋……公于学则微悉密致，与瘫儒等。尝以《文选》、《续文选》、《艺文类聚》、《初学记》、《文苑英华》、南北朝洎隋唐人之文集，美字粹语，分百七十有四门，十卷，名之曰《文林启秀》，玩之发人藻思。②

润州，《春秋》所书朱方也……前世之徜徉于斯者，不知几人也。其欢悲感发，志见于言，而磨灭之余者犹在也……旼乃采于诸家之集，始自东汉，终于南唐，凡得歌、赋、诗、赞五百余篇，厘为十卷，名之曰《润州类集》。③

仆由庆历至今四入蜀，凡蜀中利害情伪，风俗好恶，了然见之不疑。尝谓前世之士编摭记述，不失于疏略，则失于漫漶；不失于鄙近，则失于舛杂。向治平末，因取《续耆旧传》而修正之。去年，陈和叔翰林以书见贻，俾仆著古集今，别为一书。此固仆之夙心，而未有以自发也。由此参访旧老，周咨硕生，缉以事类，成三十卷。不始乎蚕丛，而始乎《牧誓》之庸蜀，从经也……终之以代蜀，使万世之下，知蜀之终不可以苟窃也。④

① （宋）洪迈：《容斋续刻万首唐人绝句题记》，《全宋文》卷4916，第222册，第46页。
② （宋）晁说之：《文林启秀序》，《全宋文》卷2804，第130册，第75页。
③ （宋）曾旼：《润州类集序》，《全宋文》卷2236，第102册，第274—275页。
④ （宋）赵抃：《成都古今集记序》，《全宋文》卷888，第41册，第273页。

《文林启秀》《润州类集》《成都古今集记》这些不甚知名的总集和前文所述的那些知名的总集一起，共同呈现出两宋时期热闹非凡的“前代总集”的编纂状况。

需要指出的是，两宋时期有些文人在编纂前代总集的时候，在以前代文人作品为主的前提下，偶尔也会有意识或无意识地掺入一些本朝文人的作品，从而形成“品种不纯”的“前代总集”。王安石选编李白、杜甫、韩愈诗歌时，加入本朝欧阳修的诗歌而形成《四选》，就是如此：

> 元丰间，王文公在江宁，尝删工部、翰林、韩文公、欧阳文忠诗，以杜、李、欧、韩相次，通为一集，目曰《四选》。①

除此之外，赵概所编的一百二十卷《谏林》②、朱长文所编的二十卷《吴门总集》③、滕宗谅集刻宋代以前及两宋时期文人吟咏岳阳楼的作品④等也是如此。严格意义上来说，这类总集不能称为“前代总集”，而只能称为“跨代总集”，但其毕竟还是以前代文人作品为主，所以姑且将其放

---

① （宋）华镇：《题杜工部诗后》，《全宋文》卷2649，第123册，第26页。

② 苏轼《赵康靖公神道碑》（代张文定公作）云：“公讳概，字叔平……集古今谏争为《谏林》一百二十卷，奏之。”《全宋文》卷1994，第92册，第41—43页。

③ 朱长文《吴郡图经续记序》云：“长文自念屏迹陋巷，未尝出庭户，于访求为艰……于是参考载籍，探摭旧闻，作《图经续记》三卷……其古今文章，别为《吴门总集》云。”（《全宋文》卷2024，第93册，第149页）又，其子朱发《都讲书寄叔父弟侄》云朱长文“集古今文章诗咏为《吴门总集》二十卷”（朱长文《乐圃馀稿·附编》，《文津阁四库全书》本，商务印书馆2005年版）。张景修《朱长文墓志铭》亦云长文“类古今章句为《吴门总集》，以备史官采录”（《全宋文》卷2029，第223页）。

④ 滕宗谅《岳阳楼诗集序》云：“东南之国富山水，惟洞庭于江湖名最大……中惟岳阳楼最绝。古今才人巨公，登临寄傲，流叹声藻，散在编简。或传诵于人口者，才不过一二。惟唐相张燕公文字最著……遂用崇新基址，遍索墙堵，间及本朝诸公歌诗古赋，纪以时代，次以岁月，不以官爵贵贱为升降，俾镵石置于南北二壁中，庶几他日有闻韶忘味君子知仆之志也。”（《全宋文》卷396，第19册，第187—188页）其《求记书》亦云：“窃以为天下郡国，非有山水环异者不为胜，山水非有楼观登览者不为显，楼观非有文字称记者不为久，文字非出于雄才巨卿者不成著……吕衡州诗云：‘襟带三千里，尽在岳阳楼。’此粗标其大致。自是日思以宏大隆显之，亦欲使久而不可废，则莫如文字。乃分命僚属，于韩、柳、刘、白、二张、二杜逮诸大人集中摘出登临寄咏，或古或律，歌咏并赋七十八首，暨本朝大笔如太师吕公、侍郎丁公、尚书夏公之作，榜于梁栋间。”（《全宋文》卷396，第19册，第186—187页）

入“前代总集”名下。

二　两宋总集

两宋时期编纂的本朝总集，较为知名的有吕祖谦选编的《宋文鉴》、真德秀选编的《续文章正宗》等。

《宋文鉴》是吕祖谦在江佃《圣宋文海》的基础上修订编纂而成的，具体编纂过程，吕乔年《太史成公编皇朝文鉴始末》言之甚详：

> 淳熙丁酉，孝宗因观《文海》，下临安府，今委教官校正毕刊行。其年冬十一月，翰林学士周公必大夜直奏事，语次及之。因奏曰：“此书乃近时江佃类编，殊无伦理。书坊刊行可耳，今降旨校正刻板，事体则重，恐难传后。莫若委馆阁别加诠次，以成一代之书。”上大以为然。一日，参知政事王公淮、李公彦颖奏事，上顾两参，道周公前语，俾举其人。李公首以著作佐郎郑鉴为对，上默然，顾王公曰：“如何?”淮对：“以臣愚见，非秘书郎吕祖谦不可。”上以首肯之，曰：“卿可即宣谕朕意，且令专取有益治道者。”王公退如上旨，召太史宣谕。太史承命不辞，即关秘书集库所藏，及因昔所记忆，访求于外。所得文集凡八百家，搜检编集，手不停披，至次年十月书乃克成……上甚喜，曰：“朕欲见诸臣奏议，庶有益于治道。卿可谕令进来。”王公即使其从具宣圣谕，久之乃以其书缴申三省投进……既而赐名《皇朝文鉴》，且令周公必大为之序，下国子监板行。有媢者密奏云：“《文鉴》所取之诗，多言田里疾苦之事，是乃借旧作以刺今。又所载章疏，皆指祖宗过举，尤非所宜。”于是上亦以为邹浩《谏立刘后疏》语讦，别命他官有所修定，而锓板之议遂寝。①

吕祖谦《进编次文海札子》一文也对其编纂《宋文鉴》的缘起和具体编纂方式作了详细说明：

---

①《全宋文》卷6940，第304册，第94—95页。

某先于淳熙四年十一月内承尚书省札子："勘会已降指挥，令临安府校正开雕《圣宋文海》。十一月九日，三省同奉圣旨：委吕某专一精加校正。"某窃见《文海》元系书坊一时刊行，名贤高文大册尚多遗落，遂具札子，乞一就增损，仍断自中兴以前铨次，庶几可以行远。十一月十五日，三省同奉圣旨依。某寻将秘书省集库所藏本朝诸家文集，及于士大夫家宛转假借，旁采传记他书，虽不知名氏而其文可录者，用文选古诗十九首例，并行编类。凡六十一门，为百五十卷，目录四卷。某窃伏自念本朝文字之盛，众作相望，诚宜采掇英华，仰副圣意。而某学问荒浅，知识卑陋，不足以知前辈作述之指。黾勉承命，今已经年，简牍浩繁，纂辑缪戾，加以缮写才毕，偶婴末疾，尚恐疏略抵牾，未敢遽以投进。今月二十四日，伏蒙辅臣具宣圣谕，缘某已除外任，俯询所编次第。自惟稽缓，不胜震惧。所有编次到《圣宋文海》一部，共一百五十四册，并临安府元牒到御前降下《圣宋文海》旧本一部，计二十册，并用黄罗夹复，封作七复，欲望特与敷奏缴进。某不胜惶惧俟罪之至。①

吕祖谦编纂完成后，仍以《圣宋文海》之名进献朝廷。获得孝宗皇帝的认可，赐名为《皇朝文鉴》，并让周必大作序，周必大又在序文中对这部文集的收录内容和编纂原则作了一番说明：

盖建隆、雍熙之间其文伟，咸平、景德之际其文博，天圣、明道之辞古，熙宁、元祐之辞达。虽体制互异，源流间出，而气全理正，其归则同。嗟乎！此非唐之文也，非汉之文也，实我宋之文也，不其盛哉！皇帝陛下天纵将圣如夫子，焕乎文章如帝尧。万几余暇，犹玩意于众作，谓篇帙繁夥，难于遍览，思择有补治道者表而出之。乃诏著作郎吕祖谦发三馆四库之所藏，裒搢绅故家之所录，断自中兴以前，汇次来上。古赋诗骚则欲主文而谲谏，典策诏诰则欲温厚

① （宋）吕祖谦：《进编次文海札子》，《全宋文》卷5869，第261册，第40—41页。

而有体。奏疏表章取其谅直而忠爱者，箴铭赞颂取其精悫而详明者。以至碑记论序书启杂著，大率事辞称者为先，事胜辞则次之；文质备者为先，质胜文则次之。复谓律赋经义，国家取士之源，亦加采掇，略存一代之制。定为一百五十卷。规模先后，多本圣心。承诏于淳熙四年之仲冬，奏御于六年之正月，赐名《皇朝文鉴》，而命臣为之序。①

皇帝亲自过问，名臣进行编纂，重臣作序推广，朝廷赐予集名，这样的文集编纂实例在整个两宋时期是不多见的。《宋文鉴》进献朝廷以后，原本国子监要进行刊印，但由于有人提出意见，认为“《文鉴》所取之诗，多言田里疾苦之事，是乃借旧作以刺今。又所载章疏，皆指祖宗过举，尤非所宜”，孝宗皇帝也认为文集之中有不妥之处，所以，未能在第一时间刊印。然此后不久，《宋文鉴》就得到了多次刊印，南宋文人沈有开《刊皇朝文鉴序》云：

《皇朝文鉴》一书，诸处未见有刊行善本。惟建宁书坊有之，而文字多脱误，开卷不快人意。新安号出纸墨，乃无佳书，因为参校订正，锓板于郡斋。嘉泰甲子重阳日，郡守梁溪沈有开。②

“嘉泰甲子”即宁宗嘉泰四年（1204），这一年，作为郡守的沈有开在新安刊印了《宋文鉴》，距吕祖谦编纂完成的淳熙五年（1178）不到三十年的时间。据沈有开所言，在其刊印之前，《宋文鉴》已经“建宁书坊有之”，则书坊刊印《宋文鉴》的时间更早。

宁宗嘉定十五年（1222）、理宗端平元年（1234），赵彦适、刘炳又分别对《宋文鉴》进行了刊印：

新安郡斋旧有《文鉴》木本，予每惜其脱略谬误，莫研精华，

① （宋）周必大：《皇朝文鉴序》，《全宋文》卷5121，第230册，第194页。
② 《全宋文》卷5800，第258册，第132页。

> 如涉蓬山而阻弱水，隔云雾而索豹章……郡博袁君尝加订证，暨嘉定辛巳冬，予领郡事，一日，吏部喻君贻书，以东莱吕文公家本来寄。余喜而不寐，亟并取袁君所校以相参考，易其谬误、补其脱略凡三万字，命工悉取旧板及漫裂者刊而新之，遂为全书……嘉定十五祀壬午夏五月上澣，郡守开封赵彦适跋。①

> 前辈之文粹然出正，盖累朝涵养之泽，而师友渊源之所渐也。此书会稡略尽，真足以鸣国家之盛。惜夫锓木之始，一付之刀笔吏，欠补亡刊误之功，后虽更定讹缺，犹未能免。思欲就正有道，恨吕成公之不可作也。近于东莱家塾得证误续本，命郡录事刘君崇卿参以他集而订正之，凡删改之字又三千有奇，与刓缺不可读者百余板，并新之，其用心勤矣，其有补于此书多矣。既迄役，将如京，因语之曰："夫校雠工夫，如拂几上尘，旋拂旋生，去后寻绎，当更有得，录以见寄，抑以观子日进之学。"端平初元清明，郡守四明刘炳书于黄山堂。②

短时期内的多次刊印，而且又有书坊商业刊印的加入，让《宋文鉴》在南宋中后期产生了深远的影响。

南宋时期另一部有重要影响的本朝总集是真德秀编纂的《续文章正宗》，在南宋当时也叫《国朝文章正宗》，是真德秀编纂的大型"通代"总集《文章正宗》的"续集"：

> 国朝东都之盛，诸儒述作，实经纬之，此西山先生辑之成书，以续《文章正宗》也。③

《续文章正宗》编纂于真德秀晚年，度宗咸淳二年（1266），倪澄曾

---

① （宋）赵彦适：《端平重修皇朝文鉴跋》，《全宋文》卷7310，第318册，第415—416页。

② （宋）刘炳：《皇朝文鉴序》，《全宋文》卷7665，第333册，第69页。

③ （宋）郑圭：《续文章正宗跋》，《全宋文》卷8159，第352册，第454页。

于处州（今浙江丽水）将其刊印：

《国朝文章正宗》，西山真文忠公晚岁所续也。宗簿梁公亲见公手泽本，而录其目及文之经标识者。澄倚席栝山，与增教郑君啬费裒赢，议刊书以惠后学。梁公出示此编，如获拱璧，遂定议。索诸集类，入之门目，次叙间有未的，必反复绎公初意。稍加整比，皆取正于梁公。穷日夜力翻校，郑君亦分其劳。凡三月而稿具，又四月而工毕，厘为二十卷。仅有其目者，则虚寘于末。一代之文，粲然略备……咸淳丙寅正月上日，后学金华倪澄拜手谨识。①

“咸淳丙寅”即咸淳二年（1266），文中有“澄倚席栝山”之言，“栝山”在处州，知此次刊印乃在处州完成。

两宋时期编纂的本朝总集，除了《宋文鉴》《续文章正宗》这类颇为知名者外，还有许多不甚知名的。比如，曾慥编纂了《百家诗选》：

慥顷尝编集本朝名士《百家诗选》，仍为传引，载其出处，苏养直亦与焉。②

再比如，杨冠卿编纂了《群公词选》，并进行了刊印：

---

① （宋）倪澄：《续文章正宗跋》，《全宋文》卷8088，第349册，第463—464页。按：是文有“宗簿梁公亲见公手泽本”之言，“宗簿梁公”乃时任处州知州的梁椅，梁椅有《国朝文章正宗跋》文，亦言及倪澄刊印《续文章正宗》之事：“椅曩从事江阃，真文忠公之子、今度支少监为参议官，公余扣异闻，得《国朝文章正宗》，盖公晚年所纂辑也。甫笔受，少监别去，仅录篇目与公批点评论处，携归山中，友朋争传写。郡博士倪君渊道见而悦之，乃谋诸郑君瑞卿，裒全文刊之学官，字字钩校，几无毫发遗恨”（《全宋文》卷8023，第347册，第204页），文中有“录篇目与公批点评论处，携归山中，友朋争传写”之语，知《续文章正宗》刊印前，其篇目与评点内容曾被抄写传播。

② （宋）曾慥：《跋苏养直词翰》，《全宋文》卷4228，第192册，第91页。按：据孙觌《与曾端伯书》所言，曾慥选编的《百家诗选》有五十九卷，并有《拾遗诗话》一卷：“某又蒙驰赐《百家新选》一集，发函开读，每得所未闻，则拊髀爵跃，读之惟恐尽也……某自拜赐，凡六日，读尽所著五十九卷，与《拾遗诗话》一卷”（《全宋文》卷3429，第159册，第54—56页），按：文中“《百家新选》”当为“《百家诗选》”之误。

若夫骚人墨客以篇什之余寓声于长短句，因以被管弦而谐宫徵，形容乎太平盛观，则又莫知其几。名章俊语，前无古人。盛丽如游金、张之堂，妖冶如揽嫱、施之袪，幽洁如屈、宋，悲壮如苏、李，盖不但一方回而已也。温陵曾端伯虽加裒集，遗逸尚多。况自绍兴迄于今，阅岁浸久，贤豪述作，川增云兴，绝妙好辞，表表在人耳目者，不下数十百家，湮没于时，岂不甚可惜？余漂流困踬，久客诸侯间，气象萎苶，时有所撄拂，则取酒独酌，浩歌数阕，怡然自适，似不觉天壤之大、穷通之为殊涂也。羁旅新丰，既获其助，遂掇拾端伯雅词未登载者，厘为三秩，名曰《群公词选》，锓木寓室，以广其传。①

除了以上那些具有“成熟性”“稳定型”的总集以外，在两宋时期所编纂的本朝总集中，还有许多不够成熟的“松散型”“临时性”文集。

两宋时期，社会文化氛围浓郁，文人之间宴饮集会、诗酒唱和、酬答寄赠等活动大量存在。在这些活动中，文人们创作了不少文学作品，而这些文学作品的汇集，在客观上就形成了一部部别开生面、各具特色的文学总集。在两宋的文学生产中，各种类型的总集占了很大的比重，若将其加以细致分类，则有“酬唱集”“赠行集”“赋物集”“追奠集”等不同类型。

（一）酬唱集

两宋社会有着比较好的文化氛围，文人们经常聚会在一起，进行各类赋诗酬唱的活动。这类酬唱活动广泛存在于君臣之间、同僚之间、朋辈之间、举子之间，与之相对应，就产生了大量不同类别的酬唱文集。

1. 君臣酬唱集

两宋时期的君主，大多数热爱文学，热衷于创作。他们常常将自己创作的诗歌下赐给臣子，让他们进行唱和，于是在最高统治者的带领之下，一场场轰轰烈烈的文学生产活动在两宋社会开展起来：

① （宋）杨冠卿：《群公乐府序》，《全宋文》卷6124，第271册，第164页。

> 于时淳化之年，暮春之月……乃召侍臣，爰开曲燕……忽宣奇韵，俾赋新诗。既奉诏以援毫，各争妍而构思……越明日，复出御制《赏花》之什十五章，五章章八句，十章章四句，首示辅臣，次传近位……亦君唱而臣和。让章虽上，宸旨弗移。况两制、三馆之臣，幸当文理；美千载一时之盛，宁寝颂声？各进数章，共成一集……其间有燃箕欲速，既醉成篇，或体律未谐，或风骚无取，上咸令甄录，曾不弃捐。①

> 奭，字宗古……在内阁也，真宗赐歌诗俾之次韵，公屡辞，不听，乃有《赓载集》。②

> 公讳藻，字彦章，姓汪氏，饶州德兴县人……代还，至京师，会徽宗亲制《君臣庆会阁诗》，群臣和进，喜事者集录为一大卷。③

在这些活动中，臣子们迫于君主的压力，勉强创作（宋真宗赐诗给孙奭，“俾之次韵，公屡辞，不听”，就是明证）、缺乏真情实感，因而很难产生杰出之作，“或体律未谐，或风骚无取”，即使这样，君主仍然“咸令甄录，曾不弃捐”，可见，在这些活动中所产生的文学总集，质量是很难保证的。这类总集在具体编纂方式上，主要采取“群彦之什，附一人之诗”④ 的方式，编集的目的也往往只是“焕此昌期，传为嘉集。俾夫千古而下，六义孔昭，且知文物之大兴，君臣之相合也”⑤，显然，歌功颂德的政治目的远远大于文学自身的目的。

---

① （宋）王禹偁：《诏臣僚和御制赏花诗序》，《全宋文》卷154，第8册，第21—22页。

② （宋）宋祁：《孙仆射行状》，《全宋文》卷524，第25册，第60—64页。按：宋祁《仆射孙宣公墓志铭》云：“奉和两朝圣制，著《赓载集》”（《全宋文》卷527，第25册，第124页），则孙奭《赓载集》不独为次韵真宗之作，然是集属于“君臣酬唱集”，则无疑。

③ （宋）孙觌：《宋故显谟阁学士左太中大夫汪君墓志铭》，《全宋文》卷3488，第161册，第13—14页。

④ （宋）王禹偁：《中书试诏臣僚和御制雪诗序》，《全宋文》卷154，第8册，第15—16页。

⑤ （宋）王禹偁：《中书试诏臣僚和御制雪诗序》，《全宋文》卷154，第8册，第16页。

2. 友朋酬唱集

与君臣唱和相比，文人朋辈（包括同僚）之间的交游唱和更为普遍。举凡迎来送往、贺寿庆生、迁官贬谪等，许多朋辈文人往往会聚在一起，或宴饮，或畅谈。在这些场合，文人们往往会赋诗酬唱，或表祝贺，或抒劝慰，或叙离情。此外，文人们在共同做一项工作（如书籍编纂、贡院科考等）的闲暇之时，相互之间往往也会进行诗词酬唱。文人不同类型的酬唱形成了不同类型的酬唱文集。根据酬唱所持续的时间进行分类，“友朋酬唱集”可以分为“即时酬唱集”和“历时酬唱集”。所谓“即时酬唱集”，就是指文人们在同一个时间段（比如：一次宴集、一次饯行，等等）酬唱所形成的文集。由于同一个时间段的酬唱活动往往只有一次，所以，“即时酬唱集”又可以称为“一次酬唱集”。所谓“历时酬唱集”，就是指文人们在不同的时间段、在相同或不同的地域进行多次酬唱所形成的文集，因此，“历时酬唱集”又可以称为“多次酬唱集”。

（1）即时酬唱集

即时酬唱大多发生在宴饮、饯别、同行等场合，熙宁三年（1070）三月，钱纯老出守婺州，三馆秘阁同舍之士为之饯行，席间唱和，形成了一部“即时酬唱集”：

> 熙宁三年三月，尚书司封员外郎、秘阁校理钱君纯老出为婺州，三馆秘阁同舍之士相与饮饯于城东佛舍之观音院，会者凡二十人。纯老亦重僚友之好，而欲慰处者之思也，乃为诗二十言以示坐者。于是在席人各取其一言为韵，赋诗以送之。纯老至州，将刻之石。①

参加饯别宴饮的有二十人，每人一首诗，汇聚在一起就是一部小型的“饯别酬唱集”，钱纯老到达婺州以后，将这二十首诗刻石，从而形成了一部名副其实的石刻诗集。

南宋名臣洪皓与张邵、朱弁出使归来途中唱和而形成的《輶轩唱和集》也是一部典型的“即时酬唱集”：

① （宋）曾巩：《馆阁送钱纯老知婺州诗序》，《全宋文》卷1253，第58册，第12页。

> 右《辅轩唱和集》三卷，绍兴癸亥六月庚戌，先君及张公邵、朱公弁自燕还，途中相倡酬者。中兴以来，出疆者几三十辈，或留或亡，得生渡卢沟而南者三人而已……先君字光弼，饶州人。张公字才彦，和州人。朱公字少章，徽州人。①

在“即时酬唱集”中，还有一类是文人同游一地的时候，或写景，或抒怀，相互酬唱而形成的文集。在两宋时期的“即时酬唱集”中，这类“同游酬唱”占了很大比重。访幽探胜、登高怀远是中国文人重要生活方式之一，两宋时期的文人自然也不例外，在彼此呼朋引伴的游览中，相互酬唱，以诗助兴，由此产生了许多同游酬唱之作，北宋文人王霁等人的海云寺唱和就是典型的例子：

> 成都风俗，岁以三月二十一日游城东海云寺，摸石于池中，以为求子之祥。太守出郊，建高旄，鸣笳鼓，作驰骑之戏，大燕宾从，以主民乐……渤海吴公下车期月，简肃无事，从俗高会于海云。酒既中，顾谓僚属曰：“一觞一咏，古人之乐事也。”首作七言诗以写胜赏，席客亦有以诗献者，更相酬和，得一十三篇，乃命幕下吏会稽王霁为之序。②

这些游览过程中酬唱，作品往往是游览者在同一时间、同一地点即兴创作而成，作品有共同的主题或者相同的抒写方向，以松散的方式汇聚在一起，从而形成了“松散型”的“即时酬唱集”。当然，如果这些“松散型”的“即时酬唱集”刻石或者刊印，那么，就会由“松散型”文集转变成“稳固型”文集。

（2）历时酬唱集

除了“即时酬唱集”以外，在两宋时期的文坛上，还存在着不少的“历时酬唱集”。和“即时酬唱集”大多是不成熟或不完善的“松散型”

---

① （宋）洪适：《题辅轩唱和集》，《全宋文》卷4739，第213册，第310页。

② （宋）王霁：《游海云寺唱和诗序》，《全宋文》卷1793，第82册，第301页。

文集不同，“历时酬唱集”由于有相对较长的时间可以进行整理和修缮，因而，大多属于经过精心编纂以后的“稳固型”文集，也正因为如此，历时酬唱集大多会有一个较为明确的文集名称，比如，著名的《西昆酬唱集》就是一部典型的“历时酬唱集”。关于《西昆酬唱集》的具体编纂过程，在第一章第二节“编书活动与文集的生成——以《西昆酬唱集》为例”一部分中已言之颇详，此不赘述。

两宋文坛上的“历时酬唱集”很多，北宋名臣李昉编纂的《二李唱和集》、欧阳修编纂的《礼部唱和诗》都属于典型的“历时酬唱集”。首先来看《二李唱和集》：

> 端拱戊子岁春二月，予罢知政事，蒙恩授尚书右仆射。宗人天官侍郎顷岁自给事中参知政事，上章谢病，拜尚书礼部侍郎，旋改吏部侍郎兼秘书监。南宫师长之任，官重而身闲；内府图书之司，地清而务简。朝谒之暇，颇得自适，而篇章和答，仅无虚日，缘情遣兴，何乐如之！贰卿，好古博雅之君子也，文章大手，名擅一时，睠我之情，于斯为厚，凡得一篇一咏，未尝不走家僮以示我。慵病之叟，颇蒙牵率，若抽之思，强以应命，所谓策疲兵而当大敌也。日往月来，遂盈箧笥。淳化辛卯岁九月，余再承纶绋之命，复登廊庙之位，自兹厥后，无暇唱酬。昨发箧视之，除蠹朽残缺之外，存者犹得一百二十三首，因编而录之。他人亦有和者，咸不取焉，目为《二李唱和集》。昔乐天、梦得有《刘白唱和集》，流布海内，为不朽之盛事。今之此诗，安知异日不为人之传写乎?①

这是李昉《二李唱和集序》中所言，所谓“二李”，即是指宋初诗人李昉与李至，两人的酬唱自“端拱戊子”（即端拱元年，988）二月至“淳化辛卯”（即淳化二年，991）九月，时间跨度三年多，因而，是不折不扣的“历时酬唱”。李昉希望这部收录二人一百二十三首作品的“酬唱集”能够像“流布海内”的《刘白唱和集》一样，“异日为人所传写”，

① （宋）李昉：《二李唱和集》，《全宋文》卷47，第3册，第161—162页。

因而，对其进行“编而录之”，有理由相信，其编纂工作一定是精心而审慎的。这是《二李唱和集》作为“成熟性”“稳固型”文集和一般的“即时酬唱集”的不同之处。

欧阳修于嘉祐年间编纂的《礼部唱和诗》也是一部典型的“历时酬唱集”，其《礼部唱和诗序》云：

嘉祐二年春，予幸得从五人者于尚书礼部，考天下所贡士，凡六千五百人。盖绝不通人者五十日，乃于其间时相与作为古律长短歌诗杂言，庶几所谓群居燕处言谈之文，亦所以宣其底滞而忘其倦怠也。故其为言易而近，择而不精。然绸缪反复，若断若续，而时发于奇怪，杂以诙嘲笑谑，及其至也，往往亦造于精微。夫君子之博取于人者，虽滑稽鄙俚犹或不遗，而况于诗乎……于是次而录之，得一百七十三篇，以传于六家。①

宋代科举考试，实行严格的“锁院”制度，“朝廷任命的权知举、权同知举及其他考官名单一经公布，就须马上到贡院住宿，不得与外界接触，这叫‘锁院’，又称‘锁宿’”②。欧阳修《序》中所说的“绝不通人者五十日”，就是“锁院”的时间。在五十天的时间里，欧阳修等六人为了“宣其底滞而忘其倦怠”，以诗酬唱，经过“绸缪反复”，最终形成了一百七十三篇的酬唱之作，欧阳修将这些作品编纂成《礼部唱和诗》。由是可知，《礼部唱和诗》也是一部“历时酬唱”而成的文集。欧阳修编纂这部酬唱集，其目的是“传于六家”。言语之中希望文集能够传播之意非常明显，正因为如此，他对这部酬唱集的编纂是非常用心的：

唱和诗编次得成三卷，共一百七十三首，亦有三两首不齐整者，且删去。其存者，皆子细看来，众作极精，可以传也。盛哉盛哉！

① （宋）欧阳修：《礼部唱和诗序》，《全宋文》卷716，第34册，第56页。

② 祝尚书：《宋代科举与文学》第六章《宋代科举的省试》，中华书局2008年版，第175页。

然其中亦有一时乘兴之作，或未尽善处，各白诸公修换也。内刑部《竹》诗，欲告公仪更修改令简少为幸，缘五篇各不长故也。①

不齐整的作品删去，不尽善处要求“诸公修换”，由此可以见出欧阳修对这部酬唱集的看重，这也恰好说明了《礼部唱和诗》不是临时性的“即时酬唱集”，而是一部经过精心编纂的较为成熟、稳定的文集。

需要指出的是，这类“历时酬唱集”有时候并不冠以“酬唱”或“唱和”之名，若不仔细辨别，会误认为作者个人的别集。北宋文人苏世美编纂的《颍川诗集》就是如此：

故人苏世美佐颍川幕府既阅岁，余始承乏泮宫，与世美皆江都尉田承君友……非公家事挽人，则深衣藜杖，还相宾主，间或浮清淇、款招提，谈经议史，揖古人于千百岁之上，有物感之，情与言会，落于毫楮，先后倡酬，以是弥年裕如也。世美秩满且行矣，用刘、白故事，裒所谓倡酬者，与众自为之者，与非同盟而尝与同盟倡酬者，共得若干篇，名之曰《颍川集》。②

由“裒所谓倡酬者”可知，《颍川诗集》是一部酬唱集，又，据文中“先后倡酬，以是弥年裕如也”之语可知，这部酬唱集的作品非作于一时，亦是一部典型的“历时酬唱集”。

3. 同门酬唱集

在两宋时期，文人的酬唱圈子中，有一个较为特殊的群体，那就是“同门”。处在同一师门的文人，一般来说，相互交往的机会比较多，彼此之间的酬唱也往往比平常的朋友更为频繁。因此，由“同门酬唱”而生成文集，也是两宋时期“总集”的一种重要生产方式。在两宋时期的“同门酬唱”中，最典型、最知名的应当是苏轼门下诸人的酬唱了。南宋光宗绍熙元年（1190），邵浩曾对苏轼及苏门弟子的酬唱作品进行了搜集

① （宋）欧阳修：《与梅龙图书》，《全宋文》卷709，第33册，第307页。
② （宋）邹浩：《颍川诗集叙》，《全宋文》卷2836，第131册，第255页。

和整理，编纂了一部《坡门酬唱集》，从而使东坡门下诸人酬唱的文集形成了一个成熟的“稳固型”的定本。《坡门酬唱集》从一个侧面体现出两宋时期文人“同门酬唱”的一些情况：

绍兴戊寅，浩年未冠，乃何幸得肄业于成均，朝齑暮盐，知有科举计耳，古文诗章未暇也。隆兴癸未，始得第以归，有以诗篇来求和者，则藐不知所向。于是取两苏公之诗读之，因得窃窥两公少年时交游未甚广，往往自为师友，兄唱则弟和，弟作则兄酬，用事趁韵，莫不字字稳律，或隐去题目读之，则不知其孰为唱、孰为酬，盖无纤毫斧凿痕迹。其妙如此，浩心焉好之，为之讽诵谛绎，至忘寝食者几年，始仅能与人相应和，为韵语。既又念两公之门下士黄鲁直、秦少游、晁无咎、张文潜、陈无己、李方叔，所谓六君子者，凡其片言只字，既皆足以名世，则其平日属和两公之诗与其自为往复，决非偶然者，因尽摭而录之，曰《苏门酬唱》。独恨方叔有酬无唱，盖其晚出，相与游从之日浅也。无事展卷，则两公六君子之怡怡偲偲，宛然气象在目，神交意往，直若与之承欢接辞于元祐盛际，岂特为赓和助耶！淳熙己酉，浩官于豫章，临江谢公自中丞迁尚书，均逸来归，浩出此编，公喜甚，为作序，且曰：“谓之《苏门酬唱》，则两公并立，不如俾老仙专之，更曰《坡门酬唱》，何如?”浩曰：“唯唯。”绍熙庚戌四月一日，金华邵浩引。[①]

这部酬唱集编纂后不久[②]，永嘉人张叔椿就对其进行了刊印，从而推动了《坡门酬唱集》在南宋文坛的广泛传播。张叔椿《坡门酬唱集序》云：

诗人酬唱，盛于元祐间。自鲁直、后山宗主二苏，旁与秦少游、

---

① （宋）邵浩：《坡门酬唱集引》，《全宋文》卷6212，第274册，第401页。

② 按：据邵浩《坡门酬唱集引》所言，《坡门酬唱集》编纂于“绍熙庚戌”（即绍熙元年，1190）四月；又，据张叔椿《坡门酬唱集序》所载，是集于绍熙元年（1190）五月即“锓木”，从编成到刊刻，前后仅相距一月有余。

晁无咎、张文潜、李方叔驰骛相先后，萃一时名流，悉出苏公门下。嘻，其盛欤！余少喜学诗，尝泛观众作，因之泝流寻源，窃恨坡公诗有唱而无和，或和而不知其唱。每开卷虽凝思遐想，茫无依据。至搜取他集，才互见一二，复恨不获睹其全也。将类聚俾成一家，辄局于官守，且未暇。岁在己酉，竭来豫章，机幕邵君叔义实隆兴同升，出示巨编，目曰《坡门酬唱》，乃苏文忠公与其弟黄门，偕鲁直而下六君子者，迭为往复，总成六百六十篇。幸矣，余之嗜乡偶与叔义同，而精敏不逮远矣。夫以数十年玩味之余，与欲为而未即遂者，一旦欣快，所遇若可矜而振之也。乌知无复有同志者兴不可得见之叹？遂命工锓木，以广其传。绍熙元年五月二十四日，永嘉张叔椿书于观风堂。[①]

需要说明的是，虽然“坡门酬唱”文集的成熟性、“稳固型”的定本到南宋才形成，但这并不能否定两宋时期苏轼门下文人的酬唱活动所形成的其他“临时性”“松散型”酬唱文集的存在。事实上，只要有文人酬唱活动的存在，就会有酬唱作品的产生，而所酬唱的作品只要经历过哪怕一次的简单汇集（不管是否经过编纂），都足以证明同门酬唱文集的存在。同门文人共同酬唱的现场就是各自的酬唱作品首次汇合成集的场合。因此，从一定意义上来说，只要有集体酬唱活动的存在，就一定会有酬唱文集的产生。

当然，“坡门酬唱”所形成的酬唱文集只是两宋时期众多“同门酬唱集”中的一个部分，除了“坡门”以外，“钱（钱惟演）门”“欧（欧阳修）门”等著名文人门下也常常会有不同形式的酬唱活动，由此也会产生不同的“同门酬唱集”，这些文集共同推动了两宋时期“同门酬唱集”这一独特总集的形成与发展。

两宋时期的文人酬唱集，除了“君臣酬唱集”“友朋（同僚）酬唱集”“同门酬唱集”之外，还有“举子酬唱集”“亲属酬唱集”等。

北宋文人吕陶《鹿鸣燕诗序（二）》所提到的成都府举子“鹿鸣宴酬唱”而形成的文集就是典型的“举子酬唱集”：

① 《全宋文》卷6354，第280册，第269页。

成都诸进士既中有司之式度，则藩侯为之设燕，赋诗宠行，相与属和，摹刻而传。循仍久之，号曰故事。今年秋，府帅刘公谓旧礼之不可废也，既燕之，遂以诗赠之，且述前人题柱夺标之事而劝励焉。盖好贤乐善之心，发于咏歌，则教存其间也。自天章李公洎僚属宾从及其诸生相继而赋，凡若干篇，士林夸尚，光辉一时。昔王起三领贡籍，周墀作诗以贺，起亦答之。时一榜进士卢肇而下二十二人，尽能赓唱。后世好事者摭其本末，纪为美谈，有以知朝廷文化之盛，多士逢辰之荣。想味馀风，良可爱慕。然则鹿鸣唱和之传也。亦可以见西州学俗之美，而礼文之有足观者。①

“鹿鸣燕”即“鹿鸣宴”，是指举子在发解省试以前，所在州郡的长官或者转运司为举子饯行而举办的宴会。在鹿鸣宴上，按照惯例，是要赋诗的，州郡或转运司的长官赋诗饯行，表达良好的祝愿；而举子们则赋诗以表达感谢，彼此酬答往来，“既荣座主之提衡，又庆门生之得路”②，形成颇为热闹的“鹿鸣宴酬唱”场景。据吕陶文中所言，鹿鸣宴上，“赋诗宠行，相与属和，摹刻而传”是“故事”，也就是说，鹿鸣宴上赋诗唱和并将作品刊刻传播是惯例。由此可见，两宋时期众多的“鹿鸣宴酬唱”必然会形成众多的“举子酬唱集”，从而成为两宋时期文人酬唱的一道亮丽风景。

两宋时期，同一家庭中往往会有多位文学家，他们平日彼此唱和，从而形成独特的“亲属酬唱集”，北宋苏轼、苏辙兄弟就经常唱和：

取两苏公之诗读之，因得窃窥两公少年时交游未甚广，往往自为师友，兄唱则弟和，弟作则兄酬，用事趁韵，莫不字字稳律，或隐去题目读之，则不知其孰为唱、孰为酬，盖无纤毫斧凿痕迹。③

然而这种亲属之间的酬唱由于常常比较随机，所以作品往往比较零

---

① 《全宋文》卷 1605，第 73 册，第 362 页。

② （宋）方泽：《鹿鸣宴》，《全宋文》卷 1829，第 84 册，第 162 页。

③ （宋）邵浩：《坡门酬唱集引》，《全宋文》卷 6212，第 274 册，第 401 页。

散，编纂成集的情况不太多。南宋文人李权于嘉定年间编纂的《李氏棣华酬唱集序》算是这类“亲属酬唱集”的一个代表：

晋二陆，本朝苏长公、少公，同气之间，更唱迭和，金玉锵鸣，真可陵轹谢氏，而使子美之弟愧死。然两公之家自伯仲外他无兄弟，故古今兄弟唱酬之盛，未有若曲周李氏者。忠愍公大节与日月并明，其兄大参与诸弟立朝则主国论，在外则著民庸，或位非通显，亦足以表见。凡我有宋，纲常所以复立，天地所以重开，宗社所以再安，系李氏兄弟是赖，则发之声诗，盖馀事尔。今特以侍郎公之孙朝奉郎、分差镇江府诸军司粮料院权裒其先世唱酬集，俾为之序，故云。嘉定甲申小至后十日，漫塘叟刘某序。①

“嘉定甲申”即嘉定十七年（1224），据文中所言，《李氏棣华酬唱集》乃“李氏兄弟”酬唱作品的结集，属于典型的“亲属唱和集”。

（二）赠行集

朋友远行，赋诗相赠、表达离情、送出祝福，这是中国文人长久以来的习惯，两宋时期的文人当然也不例外。在两宋社会中，文人们为送友人或同僚远行而集体赋诗相赠的现象非常普遍。北宋文人曾巩就曾说：“有出使于外者，则其僚必相告语，择都城之中广宇丰堂、游观之胜，约日皆会，饮酒赋诗，以叙去处之情，而致绸缪之意。历世浸久，以为故常。其从容道义之乐，盖他司所无。而其赋诗之所称引况谕，莫不道去者之美，祝其归仕于王朝，而欲其无久于外。”② 这些“赋诗赠行”的活动，在体现朋友之间的深情的同时，客观上也为两宋文坛“生产”了许多“赠行文集”：

故枢密刘公，通经学古，以圣贤为师……公之子唐稽，字林宗，少年时已能嗣守家学……出佐闽舶于泉南，官闲事少，益务记览，博极群书；文辞烨然，与古作者并。所与交一时名人善士举集焉无

① （宋）刘宰：《李氏棣华酬唱集序》，《全宋文》卷6838，第300页，第21—22页。
② （宋）曾巩：《馆阁送钱纯老知婺州诗序》，《全宋文》卷1253，第58册，第12页。

一不如己者……岁满代归，囊中无南方一物，独有诸公饯行诗文数十家。集而录之，为一编，号《泉山赠言》……隆兴岁次甲申，四月日，左朝奉郎、充敷文阁待制致仕孙某书。①

康定元年，尚书外郎陈君以殿中丞出贰福州，于时朝中群公故人，咸作诗以美之……陈君既之官，且侈群公之有是言也，刻之石，凡七十二篇，今枢密直学士蔡公为之序……由康定距于今凡十七年，而职未尝一迁焉。而前者赠诗之群公，则蛟翔虎跃，尽为伟人……陈君以谓己虽穷而群公之奋厉如此，是亦足以为己荣者矣。则又掇其著者二十篇，再斫石刻之，其官次悉用其旧而以新秩高下焉，存其本而大其显也。②

湘衡之郊，梵侣尤盛，游方而归，主盟禅席，得之岳麓珪师焉。昔游云水，名动京师，息以南还，逾十稔矣。一日，出诸公送行诗一轴，率今之名贤，因其言旋，继成雅咏，师皆摸其墨迹，勒之翠琰。③

值得注意的是，“赠行集”不同于前文所说的“饯别酬唱集”，虽然两者都是在送别朋友的时候形成的文集，但“饯别酬唱集”一般是在饯别宴集时互相酬唱而形成的文集，而“赠行集”的形成则不需要宴集与酬唱，它是送行者直接创作作品（常常是赋诗）送行，作品的接收者（被送别者）将所接到的作品汇集、编纂而形成的文集。为了珍藏朋友的深厚情谊、表达对朋友送行的感激之情，或者借朋友送行之语来显示自己的品德、身份或者地位，那些赠行之作的接收者（被送别之人）常常会将所收到朋友之作编纂成集，并进行传播。“赠行集”的传播方式，常常是刻石，在以上所引材料中，“刻之石，凡七十二篇”“再斫石刻之”之言，就是赠行集刻石传播的证明。

---

① （宋）孙觌：《书泉山赠言后》，《全宋文》卷3477，第160册，第323—324页。
② （宋）郑獬：《朝贤送陈职方诗序》，《全宋文》卷1476，第68册，第109页。
③ （宋）余靖：《朝贤送宝珪诗序》，《全宋文》卷567，第27册，第21页。

（三）赋物集

在两宋时期，文人所建造的亭台楼阁，往往会成为朋友雅集的重要场所，而文人们在雅集的时候，总不忘对这些雅集的场所进行描述或者歌咏，这些描述或歌咏的作品，编纂在一起就形成了两宋文坛上独特的一类文集。由于这类文集中的作品所描摹或书写的主要对象是“亭台楼阁”这类外在的“物”，所以，我们不妨称之为“赋物集”。在两宋时期，文人“雅集赋物”的活动时常存在，由此产生的“赋物集”也有不少。苏轼在《墨妙亭记》中所提到的孙莘老收集前人赋咏墨妙亭的作品数百篇，编纂成为《吴兴新集》，就是一个典型的例子：

熙宁四年十一月，高邮孙莘老自广德移守吴兴。其明年二月，作墨妙亭于府弟之北，逍遥堂之东，取凡境内自汉以来古文遗刻以实之……而莘老益喜宾客，赋诗饮酒为乐，又以其馀暇，网罗遗逸，得前人赋咏数百篇，以为《吴兴新集》，其刻画尚存而僵仆断缺于荒陂野草之间者，又皆集于此亭。①

孙觌《竹亭诗序》言及的《竹亭诗》、《巢凤亭诗序》中提到的《巢凤亭诗》也都是典型的“赋物集”：

胥君泽民游太学十年，试有司不合，弃去，家于临川之宜黄……而怀奇负气，耻于自售，乃放浪山水闲。舍旁植巨竹千挺，引水环之，美荫可藉，将葺茅竹为亭，与客饮酒吟啸其上，以终老焉。于是各赋诗一章，以徯其成。泽民岂终隐者乎？锥处囊中，其末立见，此功名富贵之所迫逐而不赦者也。诗成，联成大轴，属余为序。②

大卿闾丘公熙宁中以文辞擢高第，仕三朝，光显矣。子孙蝉联，冠盖相望，为东州大族……县囿团圃，有亭屹然，在林簿间。叔智

① 《全宋文》卷1967，第90册，第391—392页。

② （宋）孙觌：《竹亭诗序》，《全宋文》卷3476，第160册，第313页。

下车之初，聚书延宾友，命其子肄举子业于其中。于是胡公即其处名之曰“巢凤”，坐客皆赋诗以侈大其传，而嘱予为序。岁次壬戌，五月日，晋陵孙某序。①

“赋物”之作汇聚、编纂在一起，并且还有文人为其作序，已经形成了典型的文集。在两宋文坛上，像这类“赋物”的文集还有不少，这类总集是两宋时期总集的一个重要分支，值得关注。

（四）追奠集

在两宋时期，一些著名文人或者有突出地位、突出贡献的臣子逝世以后，君王、同僚、友人往往会以各种不同形式的作品表达追念或进行祭奠，而逝者的子嗣则往往会将这些追念与祭奠的作品汇聚、编纂，或珍藏以传，或摹刻使播。这样做，一方面是为了表达纪念，另一方面是为了显示先人的文德武功。这类主要由表达追念或进行祭奠的作品汇聚而成的文集，可以称为“追奠集”。北宋文人范纯仁《完美集序》中所提到的《完美集》，就是两宋时期“追奠集”的一个典型代表：

康节张公，以清德直道，奋于寒儒，历职试位，由河东转运使入为御史知杂，正色抗论，以肃朝政。仁宗从谏知臣，眷公甚厚……公之勋烈，辉映万世。乃退身养道，十有余年，康宁寿考，薨于正寝。而朝廷赠有诰，谥有议；士大夫慕公之德者，哀有词，祭有文。及铭于圹，纪于碑，而状于太史者，皆所以述公之功德……嗣子虞部君集公之赠诰、谥议、哀辞、祭文、行状、碑志为上下二卷，以藏于家，以传于世，盖孝子继志述事之一端矣，属某名其集而为之序。某以先君文正公有同榜之契，而知公行事为详，义不得辞，请名其集曰《完美》，因以公之大节而叙其说云。②

所谓“康节张公”，就是两宋名臣张士逊。据《序》文所言，《完美集》

① （宋）孙觌：《巢凤亭诗序》，《全宋文》卷3477，第160册，第322—323页。

② （宋）范纯仁：《完美集序》，《全宋文》卷1554，第71册，第281—282页。

为“上下二卷”，所载录的作品是“赠诰、谥议、哀辞、祭文、行状、碑志”，大抵属于追念、祭奠之类的作品，因而是一部名副其实的“追奠集”。

有些朝廷重臣或知名文人卒后，后人追念与祭奠的作品汇聚形成的文集可能不止一部，北宋时期的重臣韩琦卒后，对其进行“追奠”的作品集就有《追荣集》和《考德集》两部。

元绛《追荣集序》云：

> 维忠献韩公以永兴节度、司徒兼侍中薨下邺，上震悼置朝，变服制，以尚书令告于第，又以配英宗庙食告于朝……宸笔为制文以诏神道，而篆其首曰“两朝顾命定策元勋之碑”。其孤忠彦侈上之赐，□以其御制碑铭，及册谥遣奠等文，摹刻方牍，题曰《追荣集》。①

强至《考德集序》云：

> 熙宁八年六月甲寅，魏国忠献韩公薨。讣闻，皇帝震悼，追荣送终，皆轶旧典。既葬，亲为制文，刻石以褒大之，所以哀宠之意甚厚……而公所素厚者，则皆匍匐会哭于其堂。或不得往，则瞻望歔欷，寓使人以祭。将葬，又皆为诗，以抒其衷。于是其孤戴上之施，且荣卿士大夫之能尽于公也。既类次上赐，录而为集，又裒卿士大夫所为文、诗，以属公之故吏强某而序之。谨名其集曰《考德》……是集作者非一人，述者非一辞，合而观之，巨细悉备。后世窥公之全者，由斯文以求之，不为无补，则名曰“考德”，其有不可者乎?②

韩琦卒后，谥为“忠献”，因此，两文中的“忠献韩公”就是韩琦。据两《序》所言，《追荣集》主要收录君主的“御制碑铭，及册谥遣奠等文”，且加以刊刻传播（“摹刻方牍”）；而《考德集》则收录“卿士大夫所为文、诗”。一人拥有两部“追奠集”，可见韩琦在北宋王朝地位之

① 《全宋文》卷929，第43册，第207页。

② 《全宋文》卷1454，第67册，第148—149页。

高、身份之重。《追荣》《考德》这两部“追奠集”，若从文集的性质来说，《考德集》由于“作者非一人，述者非一辞”，属于“总集”无疑；而《追荣集》只收录皇帝一人的作品，因此，从严格意义上来说，不能算作是“总集”，不可以放入“两宋总集”下加以论述。但为了说明两宋时期“追奠集”类型的多样性，故而放之于此，略加说明。

以上只是两宋时期总集的几个主要类型，除此以外，两宋文坛还有通过“众咏一事”[①]“摘录众集”[②]“汇聚荐词”[③]等方式或途径形成的各类总集，也存在着一定量的“家族总集”[④]，类型多样，丰富多彩。

---

① “众咏一事”成集的现象可以石介《与君贶学士书》中所言及的“众臣同咏皇帝耕种籍田”一事和文同《种柳诗序》所言及的多人同咏杨灏种柳一事为例。石介《与君贶学士书》云：“明道二年，皇帝举数十年已坠之典，绍神宗丕赫之盛礼，躬行东郊耕籍田。典籍之臣、翰墨之士，逮天下濡毫奋英称文人者，属属接踵，趋丹凤门上，长幅巨轴，游扬歌颂今上之休烈伟identy者，千有馀篇。殿中第其次，状元君在第一。”（《全宋文》卷622，第29册，第238—239页）“千有馀篇”的作品经过编纂（“第其次”）以后，在客观上就形成了臣子同咏皇帝耕种籍田之事的文学总集。文同《种柳诗序》云：“杨君灏巨川为令之明年，暇日乘高窥临，笑此童秃曰：‘宜物之术，人常与天地相比假，宁有施力颛致不可欤？’遂种柳殆千根，表络诸道……乃作三诗记其事，且欲俾后人相增成。和者连章，以至大轴，巨川携入都下示余，属以序。”（《全宋文》卷1103，第51册，第101页）“和者连章，以至大轴”，形成了多人同咏“杨灏种柳”的诗歌总集《种柳诗》。

② “摘录众集”而形成总集的现象可以黄裳《诸家诗集序》中所言为证：“季文集诸家诗，摘其佳什，可以留人齿牙间者，合为一集，累二十卷焉。”（《全宋文》卷2249，第103册，第87页）

③ “荐词”是指荐举者在举荐人才时所写的推荐语，有些文人在不同时期曾受到不同官员的多次举荐，因而在客观上形成了多篇荐词，为了纪念或者表达感恩之情，这些文人有时会把这些荐词编纂成集，从而形成了独特的“荐词集”，北宋名臣邹浩的《怀恩录》就是这方面的一个代表：“余以元丰五年进士赐第，获缀仕版，自惟其分，未尝求荐于人，然所至荐者辄倍同列。既无德行、文学、政事之实，又无家世、朋友、气力之助，其取而论之，使名声品秩因以遭遇于时，宜必有误其知者而不可知也。夫惟公心直道，为天子求贤能以辅太平之治，固不以此为私恩。然恩之所被，自非兼忘天下之人，则岂不知所怀哉？客谓信陵君曰：‘人有德于公子，公子不可忘也。公子有德于人，愿公子忘之也。’余尝三覆斯言，夙夜黾勉，思有以称其万一。又虑岁月浸久，或失其详，于是集荐词而编次之，谓之《怀恩录》。盖非特自怀其恩而已，又将使子子孙孙怀之而不忘也。怀之而不忘，则见其子孙如见其父祖焉。”（邹浩：《怀恩录序》，《全宋文》卷2836，第131册，第251—252页）

④ 孙觌《宋故端明殿学士左朝散大夫致仕安定郡开国侯食邑一千户赐紫金鱼袋赠左中大夫胡公行状》中所提到的胡交修编纂的《四世丝纶集》就是一部典型的“家族总集”：“公胡氏，讳交修，字已楙，常州晋陵县人……自文恭、修简相继掌内外制，一时以为盛事。及是，世将又踵文恭入赞书命、直学士院，父子祖孙，皆以文章翰墨为邦国之华。公悉裒聚纪次为书，号《四世丝纶集》，以侈一门感遇之荣。近世所未有也。”（《全宋文》卷3485，第160册，第443—448页）

三 通代总集

除了前代总集和两宋总集以外，两宋时期所编纂的总集中，还有一类合前人与当代文人作品于一体的总集，我们称之为“通代总集”，这类总集数量虽然不多，但也是值得关注的。

两宋时期，知名的“通代总集”有南宋著名文人真德秀编纂的《文章正宗》：

> 正宗云者，以后世文辞之多变，欲学者识其源流之正也。自昔集录文章者众矣，若杜预、挚虞诸家，往往堙没弗传，今行于世者惟梁昭明《文选》、姚铉《文粹》而已。由今视之，二书所录果皆得源流之正乎？夫士之于学，所以穷理而致用也，文虽学之一事，要亦不外乎此。故今所辑以明义理切世用为主，其体本乎古、其指近乎经者，然后取焉，否则辞虽工亦不录。其目凡四：曰辞命，曰议论，曰叙事，曰诗赋。今凡二十余卷云。绍定执徐之岁正月甲申，学易斋书。[①]

《文章正宗》收录先秦《左传》《国语》以下，一直至唐末的各类作品，分为“辞命”“议论”“叙事”“诗赋”四类，是南宋时期一部颇具影响力的“通代总集”。

《文章正宗》编纂后不久，就得到了刊刻传播，刘克庄《跋文章正宗》云：

> 西山先生真文忠公遗书，曰《西山读书记》、曰《诸老集略》者，纲目详，篇帙多，其间或未脱稿。曰《文章正宗》者，最为全书。既成，以授汤巾仲能、汉伯纪，某与焉。晚使岭外，与常平使者李鉴汝明协力锓梓，以淑后学。是书行，《选》《粹》而下皆可束之高阁，犹恨南中无监书，而二汤在远，不及精校也。[②]

---

① （宋）真德秀：《文章正宗纲目序》，《全宋文》卷7170，第313册，第176—177页。

② 《全宋文》卷7574，第329册，第217页。

刘克庄说《文章正宗》刊印传播以后，《文选》《唐文粹》之类的总集“皆可束之高阁”，虽不免夸大其词，但《文章正宗》对于保存和传播宋以前的一些较为重要文学作品，确实有重要的贡献。

两宋时期的“通代总集”除了《文章正宗》以外，北宋文人郑彦国于大观年间编纂的《临川集咏》、南宋文人蒲积中于绍兴年间编纂的《古今岁时杂咏》、龚立道于嘉定年间编纂的《昆山杂咏》及《昆山杂咏续编》都是这方面的例子，首先来看《临川集咏》：

> 山川之胜，风物之美，有目者皆可见，有口者皆可言。至于声之笔舌，曲尽其妙，垂于后世而传之者无穷，非工于诗者不能也。临川在江西虽小邦，然濒汝水为城，而灵谷、铜陵诸峰环列如屏障，四顾可挹。昔有王右军、谢康乐、颜鲁公之为太守，故其俗风流儒雅，喜事而尚气；有晏元献、王文公之为乡人，故其党乐读书而好文词，皆知尊礼绅士大夫。自古至今，游是邦者不知其几人矣，皆湮灭无闻，独形于篇什者可考而知也。郡人郑彦国得其诗数百首，编为五卷，名之曰《临川集咏》。后之君子欲知此邦山川之胜、风物之美，不必登临周览，展卷可知也。大观四年九月十五日序。[①]

临川人郑彦国将北宋之前与北宋期间游览临川的文人所创作的作品汇聚在一起，编成《临川集咏》五卷，算是为乡邦文化做出了贡献，由于《临川集咏》是“自古至今，游是邦者……形于篇什者可考而知”的作品汇集，因而是一部不折不扣的“通代总集”。

南宋文人蒲积中于绍兴年间编纂的《古今岁时杂咏》是南宋时期通代总集的一个代表：

> 《岁时杂咏》，宋宣献公所集也，前世以诗雄者俱在选中，几为绝唱矣。然本朝如欧阳、苏、黄与夫荆公、圣俞、文潜、无己之流，

① （宋）谢逸：《临川集咏序》，《全宋文》卷2875，第133册，第225页。

逢时感慨，发为词章，直造风雅，藩阃端不在古人下。予因隙时，乃取其卷目，而择今世之诗以附之，名曰《古今岁时杂咏》，鸠工镵板，以海其传。非惟一披方册而四时节序具在目前，抑亦使学士大夫因以观古今骚人用意工拙，岂小益哉！绍兴丁卯仲冬日，眉山蒲积中致和序。①

“绍兴丁卯”即绍兴十七年（1147），“宋宣献公”即宋绶，北宋名臣，谥“宣献”。宋绶曾选取宋以前诗歌，按照一年四季的时令编纂成《岁时杂咏》：

盖闻宣献宋公在中书第三阁，手编古诗及晋、宋、齐、梁、北齐、周、隋、唐人岁时章什一千五百有六，总十有八卷，名曰《杂咏》。②

《岁时杂咏》二十卷。右皇朝宋绶编。宣献公昔在中书第三阁，手编古诗及魏、晋迄唐人岁时章什一千五百有六，厘为十八卷，今溢为二十卷。③

蒲积中《古今岁时杂咏》乃是在宋绶《岁时杂咏》的基础上，“择今世之诗以附之”，编纂成了自汉魏至宋代的“通代总集”。

《古今岁时杂咏》以“岁时”为依据，而龚立道的《昆山杂咏》及《昆山杂咏续编》则以地域为枢纽：

① （宋）蒲积中：《古今岁时杂咏自序》，《全宋文》卷4432，第200册，第367页。

② （宋）毕仲游：《岁时杂咏诗序》，《全宋文》卷2399，第111册，第54页。

③ （宋）晁公武撰，孙猛校证：《郡斋读书志校证》，上海古籍出版社1990年版，第1066—1067页。按：北宋后期，宋绶之孙宋刚叔曾选取北宋文人之诗，编成《续岁时杂咏》，晁补之《续岁时杂咏序》云：“宋氏自宣献公益大，德行文章语世族者，必先之……宋氏藏诗曰《岁时杂咏》者，盖宣献公所集唐以前诗人之作……宋氏故多贤，而宣献公之孙曰刚叔，尤笃志于学，不愧其先人，又尝集宋诗人之所为，为《续岁时杂咏》，以成其祖之意，盖若干篇。”（《全宋文》卷2721，第126册，第108—109页）毕仲游《岁时杂咏诗序》云：“宣献公之孙有刚叔者，复次本朝公卿大夫、高才名士，与其家内外先世之作，诗歌、赋颂、吟词、篇曲，三千三十有五，以续前编甚备……刚叔之二十卷，用力多矣。”（《全宋文》卷2399，第111册，第54—55页）由是可知，宋刚叔编纂的《续岁时杂咏》共二十卷，收录作品3035篇，多于宋绶编纂的《岁时杂咏》。

昆山虽处海隅，素号壮县，古迹今事，接于闻见者不一。若人物习俗、文章论议，系治乱，关风教者盍有志焉。此书既阙，遂使一邑之事湮没无传，予每以为恨。友人龚君立道裒次古今诗，分为三裒，曰《昆山杂咏》，又得百篇，号《续编》……予嘉立道之志，故为书之篇首云。嘉定改元十二月初吉。①

将古今吟咏昆山的诗歌编纂在一起，不仅形成了地域文学总集，而且也是典型的“通代总集”。

① （宋）范之柔：《昆山杂咏序》，《全宋文》卷6354，第280册，第273页。

第三章

模式与方法:宋人对唐集的编纂

两宋时期所编纂的文人文集中，有许多前人的文集，其中除了一小部分是唐代以前文人的文集以外，大量的是唐人的文集。深入探讨唐人文集在两宋时期编纂和传播的具体情况，有利于深入了解两宋文人的文学接受与文学成长，对于深入探讨影响两宋文坛生态和文风变迁的深层次原因，也是有一定价值的。

两宋时期对唐人文集的编纂，主要通过“辑编”“重编”“选编”三种模式。所谓“辑编”，就是“辑录”加“编纂”，是指文集的编纂者首先从各类史料和典籍中将与所要编集的某一位或某几位作家的相关作品辑录出来，然后再对收集的作品加以整理并按照一定的原则编纂成集。所谓“重编”，就是在已有文集的基础上，重新对作品进行调整、修订或增删，然后再重新编纂成新的文集。所谓“选编”，就是从已有的文集中按照一定的标准选择一部分作品，然后再将其编纂成集。在这三种编纂模式中，“辑编”的难度最大，但其对唐人作品的保存和传播的贡献也最大。而“重编”和“选编”则在一定程度上体现了编纂者的编纂思想和文学观念，对于全面了解两宋时期的文集编纂理念和图书编纂生态，也具有重要的参考价值。

第一节　两宋时期唐人文集的辑编

两宋时期，在印刷技术的推进下，书籍的获得变得比以往任何一个时代都更为容易。许多文人都拥有一定数量的藏书，他们在对所藏书籍进行阅读、校勘的基础上，辑录了许多前代文人特别是唐代文人的作品，他们将所辑录的作品加以编纂，从而形成了许多唐人文集。北宋前期是唐人文集辑编的一个高峰时期，许多文人都参与到唐人文集的辑编中。在众多的辑编者中，宋敏求是典型的代表，唐代许多著名文人的文集，比如李白、颜真卿、刘禹锡、李德裕等人的文集，宋敏求都进行过辑编。且看苏颂《龙图阁直学士修国史宋公神道碑》所云：

> 公讳敏求，字次道，宣献公讳绶之长子也……公生十年而承家学，摛辞据古，早有过人者。自经、传所载，师儒所传，靡不旁通而浃洽，而于唐世及本朝尤为练达。礼乐之因革，官阀之迁次，朝士大夫之族系，九流百家之略录，悉能推本其源流，而言其归趣……纂唐文章之散逸、卷部不伦者，有《李翰林集》三十卷、《李北海集》十五卷、《颜鲁公集》十五卷、《刘宾客外集》十卷、《孟东野集》十卷、《李卫公别集》五卷、《百家诗选》二十卷。复采晋、唐人诗歌见于石者，作《宝刻丛章》三十卷……家书数万卷，多文庄、宣献手泽与四朝赐札，藏秘惟谨，或缮写别本，以备出入。退朝则与子侄翻雠订正，故其收藏最号精密。平生无他嗜好，惟沉酣简牍以为娱乐，虽甚寒暑，未尝释卷。①

宋敏求自己拥有丰富的藏书②，且勤于阅读，其不仅个人著述多③，而且在平日的阅读中，辑录出大量唐人作品，分纂成集。可以这么认为，宋敏求是两宋时期第一位大量辑编唐人文集的人，对于唐代文人作品的

---

① 《全宋文》卷1341，第62册，第20—25页。

② 范镇《宋谏议敏求墓志铭》云宋敏求“家藏书三万卷，日集子孙讨论翻绎，以为娱乐”（《全宋文》卷873，第40册，第312页）。按：宋敏求家藏唐人文集及作品颇多，仅诗歌就有“百馀编”，王安石编纂的《唐百家诗选》，就是在宋敏求所收藏的唐人诗歌基础上“择其精者”选编而成。关于这一点，王安石《唐百家诗选序》说得很明白：“余与宋次道同为三司判官，时次道出其家藏唐诗百馀编，诿余择其精者，次道因名曰《百家诗选》……欲知唐诗者，观此足矣。”（《全宋文》卷1398，第64册，第275页）

③ 宋敏求著有“《闱前集》二卷，《后集》六卷，《西垣制词》四卷，文集若干卷，《东京记》三卷，《河南志》二十卷，《长安志》二十卷，《三川官下录》二卷，《春明退朝录》二卷”，此外，还有“以韵类次《宗室名》五卷，自唐武、宣、懿、僖、昭、哀以来六朝宝录百四十八卷”。参见（宋）范镇《宋谏议敏求墓志铭》，《全宋文》卷873，第40册，第313页。

保存及在两宋时期的传播，做出了重要贡献。

值得注意的是，两宋时期文人对于唐代文集的辑编，存在两种基本模式。一种是在已有唐人“旧集”或“残集”的基础上，辑录散佚的作品，然后将辑录的作品与先前的“旧集”或“残集”汇集在一起，重新进行编纂，从而形成新的唐人文集①；另一种是在没有“旧集”或“残集”的情况下，完全依靠编纂者辑录全部作品而编纂成“全新”的文集。

一 有“旧集”基础的辑编

两宋特别是北宋时期，由于去唐不远，许多唐人文集都还在文坛上传播。即使一些唐人文集已经残损，仍然会为辑编工作提供许多便利，宋敏求辑编李白等人的文集就在很大程度上得益于这种便利。且看其《李太白文集后序》所云：

> 唐李阳冰序李白《草堂集》十卷，云当时著述，十丧其九。咸平中，乐史别得白歌诗十卷，合为《李翰林集》二十卷，凡七百七十六篇。史又纂杂著为别集十卷。治平元年，得王文献公溥家藏白诗集上中二帙，凡广二百四篇，惜遗其下帙。熙宁元年，得唐魏万所纂白诗集二卷，凡广四十四篇。因裒《唐类诗》诸编，洎刻石所传、别集所载者，又得七十七篇，无虑千篇。沿旧目而厘正其汇次，使各相从。以别集附于后，凡赋、表、书、序、碑、颂、记、铭、赞文六十五篇，合为三十卷。②

宋敏求在乐史编纂的李白文集③、王溥家藏李白诗集和传承下来的唐

---

① 这一点类似于唐人文集的“重编”，但“重编”是在原有文集的基础上对作品进行重新编次，没有“辑录遗逸作品”这一环节。

② 《全宋文》卷1114，第51册，第284页。

③ 乐史对李白文集的编纂，亦属于辑编一类。其《李翰林别集序》云：“李翰林歌诗，李阳冰纂为《草堂集》十卷，史又别收歌诗十卷，与《草堂集》互有得失，因校勘排为二十卷，号曰《李翰林集》。今于三馆中得李白赋、序、表、赞、书、颂等亦排为十卷，号曰《李翰林别集》。”（《全宋文》卷52，第3册，第257页）乐史“别收”的十卷李白诗歌与从三馆中得到的李白十卷“赋、序、表、赞、书、颂等”，就是乐史辑录所得。

人魏万编纂的李白诗集的基础上，加上自己所辑录的七十七篇李白作品，编纂形成新的《李太白文集》。这种辑编唐人文集的模式，虽然有良好的“底本”作为基础，但编纂者毕竟进行了一定的“辑佚”，文集的最终成型和编纂者的辑录之功是分不开的[①]，因此，笔者把这类唐人文集的编纂模式归入辑编一类。

宋敏求对中唐诗人孟郊诗集的编纂，也属于有“底本”的辑编，其《题孟东野诗集》云：

> 东野诗，世传汴吴镂本五卷一百二十四篇，周安惠本十卷三百三十一篇，别本五卷三百四十篇，蜀人蹇浚用退之赠郊句纂《咸池集》二卷一百八十篇，自馀不为编帙，杂录之，家家自异。今总括遗逸，擿去重复，若体制类者得五百一十一篇，厘别乐府、感兴、咏怀、游适、居处、行役、纪赠、怀寄、酬答、送别、咏物、杂题、哀伤、联句十四种，又以赞书二系于后，合十卷。嗣有所得，当次第益诸。[②]

在宋敏求编纂以前，孟郊诗集存在着“汴吴镂本”、“周安惠本”、《咸池集》等多个文本。这些文本的存在，给宋敏求的编纂工作带来了很大的便利，宋敏求在这些已有文本的基础上，经过“总括遗逸，擿去重复”，重新对孟郊的诗集进行了编纂。既然有“总括遗逸”的工作，就说明宋敏求曾对孟郊遗逸的作品进行过辑录，因此，其最终编纂完成的《孟东野诗集》，应当也属于辑编类文集。值得注意的是，宋敏求“嗣有所得，当次第益诸”之言，说明孟郊诗集编纂完成以后，其辑录工作仍在继续，随着新的作品被不断辑录出来，文集也必然会被不断重编，从而形成一种开放的、“不断完善”的文集辑编模式。

---

① 李白文集原收录作品七百六十篇，经过宋敏求的辑编以后，所收作品增加至一千余篇，曾巩《李白诗集后叙》云：“《李白诗集》二十卷，旧七百七十六篇，今千有一篇，杂著六十篇者，知制诰常山宋敏求字次道之所广也”（《全宋文》卷1252，第57册，第349页），由此可见，宋敏求对于李白文集的辑编，其贡献是卓著的。

② 《全宋文》卷1114，第51册，第287页。

两宋时期辑编的唐人文集，以“旧集或残集基础上的辑录再编”这一模式为最多，除了上述宋敏求的唐集编纂以外，田概对杜牧文集的编纂、黄伯思对杜甫诗集的编纂，都是如此。首先来看田概编纂杜牧文集的情况：

集贤校理裴延翰编次牧之文，号《樊川集》者二十卷，中有古律诗二百四十九首。且言牧始少得恙，尽搜文章阅千百纸，掷焚之，才属留者十二三，疑其散落于世者多矣。旧传集外诗者又九十五首，家家有之。予往年于棠郊魏处士野家得牧诗九首，近汶上卢讷处又得五十篇，皆二集所逸者。其《后池泛舟宴送王十秀才》诗，乃知外集所亡，取别句以补题。今编次作一卷，俟有所得更益之。①

从“往年于棠郊魏处士野家得牧诗九首，近汶上卢讷处又得五十篇”之言可以看出，在田概编纂杜牧《樊川文集》之前，也有一番辛苦的辑录工作，《樊川文集》的编纂完成，也是属于辑编的成果。

再来看黄伯思对杜甫诗集的编纂：

杜子美诗，古今绝唱也。旧集古律异卷，编次失序，不足以考公出处及少壮老成之作。余尝有意参订之，特病多事，未能也。故秘书郎黄长睿父博雅好古，工于文辞，尤笃喜公之诗，乃用东坡之说，随年编纂，以古律相参，先后始末皆有次第，然后子美之出处及少壮老成之作灿然可观。盖自天宝太平全盛之时，迄于至德、大历干戈乱离之际，子美之诗凡千四百三十余篇，其忠义气节、羁旅艰难、悲愤无聊一见于诗，句法理致老而益精……公之述作行于世者未为多，遭乱亡逸又不为少。加以传写谬误，寖失旧文，乌三转而为马者不可胜数。长睿父官洛下，与名士大夫游，裒集诸家所藏，是正讹舛，又得逸诗数十篇参于卷中。及在秘阁，得御府定本校雠，益号精密，非世所行者之比。长睿父没后十七年，余始见其亲校定集卷二十有二于其家，朱黄涂改，手迹如新，为之怆然，窃叹其博

① （宋）田概：《樊川文集序》，《全宋文》卷1759，第80册，第377页。

学渊识，而有功于子美之多也……故因序其集而及之，使观者知公遇事不苟，非特言语文章妙天下而已。绍兴四年甲寅六月朔序。[1]

文中“黄长睿”即黄伯思，“长睿”乃伯思之字。据文中所言，黄伯思的编纂是在“裒集诸家所藏”的基础上，又辑录了“逸诗数十篇”，显然是属于有“旧集”基础的辑编。

二　无“旧集”基础的辑编

两宋时期唐人文集的另一种“辑编”模式就是在没有“旧集”或“残集”提供基础的情况下，文集的编纂者通过辑录所有遗逸作品，进行“全新”的编集，这是一项带有创造性的工作，所编纂完成的文集也是“全新”的文集。

所谓“全新”包含两种情况，一是所编纂的唐人作品是首次成集，以前未曾结集；二是所编纂的作品以前曾经结集，只不过文集已经散佚或者不存，此次虽然是重新编纂成集，但与此前的文集没有任何关系，因此，也可以视作“全新”的文集。

相对于有前期“底本”作基础的辑编而言，这类无“旧集”基础的辑编需要付出的时间更多，要作出的努力也更大，但对于唐代作品的保存以及唐人文集的传播而言，这类辑编的价值更大，影响也更深远。刘敞《颜鲁公文集序》提及的吴兴沈氏编纂颜真卿文集，就属于这一类型：

鲁公极忠不避难，临难不违义。是尘垢糠粃，犹袛饰而诵习之，将以劝事君，况其所自造之文乎？然鲁公没且三百年，未有祖述其书者。其在旧史，施之行事，盖仅有存焉。而杂出传记，流于简牍，则百而一二；铭载功业，藏于山川，则十而一二。非好学不倦，周流天下，则不能遍知而尽见。彼简牍者有尽，而山川者有坏，不幸而不传，则又至于千万而一二，未可知也。吴兴沈侯，哀鲁公之忠，而又佳其文，惧久而有不传，与虽传而不广也，于是采掇遗逸，辑

① （宋）李纲：《重校正杜子美集序》，《全宋文》卷3748，第172册，第21—22页。

而编之，得诗、赋、铭、记凡若干篇，为五十卷，学者可观焉。盖君子多见，则守之以约。沈侯好学，喜聚书，至三万卷，若是多矣，然犹常汲汲而不足者。至其集鲁公之文，使必传于天下，必信于后世，可谓守之以约，而尚友者乎。①

由“采掇遗逸，辑而编之”的表述可知，沈氏对颜真卿文集的编纂属于典型的“辑编”。《四库全书总目提要·颜鲁公集》云：“唐颜真卿……其集见于《艺文志》者有《吴兴集》十卷，又《庐州集》十卷，《临川集》十卷。至两宋皆亡。有吴兴沈氏者，采掇遗佚，编为十五卷。刘敞为之序。但称沈侯而不著名字。”② 颜真卿虽曾有《吴兴集》《庐州集》《临川集》等文集，但到了北宋时期，皆已不存，沈氏编纂颜真卿文集，其实并无底本可依，算得上是“白手起家”。其对于颜真卿文集的成功编纂，归功于丰富的藏书以及“常汲汲而不足”的阅读精神。两宋时期文人依靠丰富的藏书和广泛的阅读而形成的学者型人格、丰富的著述以及对于文献整理的杰出贡献，是值得关注的一个重要问题。

此外，宋初文人张景对于柳宗元文集的编纂、北宋后期彭州刺史赵子浞对于高适文集的编纂、南宋童宗说对于卢肇文集的编纂，也都属于这种类型，首先来看张景对柳宗元文集的编纂：

先生之道，非常儒可道也；先生之文，非常儒可文也……然其生不得大位，不克著之于事业，而尽在于文章。文章，盖空言也，先生岂徒为空言哉？足以观其志矣。今缉其遗文，得共九十六首，编成十五卷，命之曰《河东先生集》。③

从“缉其遗文，得共九十六首，编成十五卷”之言可以看出，张景的辑编工作显然不是在旧本基础上的“增编”，而是典型的“散篇辑录，

① 《全宋文》卷1285，第59册，第205页。
② （清）纪昀：《四库全书总目提要》卷149，河北人民出版社2000年版，第3860页。
③ （宋）张景：《河东先生集序》，《全宋文》卷271，第13册，第352页。

汇编成集”的辑编模式。

再来看赵子湜对于高适文集的“裒编”：

> 唐高常侍有诗名，尝为彭州刺史，今太守赵公裒其诗文二百四十篇，厘为十卷，刻之板……赵公名子湜，字彦清，善属文，诗尤清丽，有江左唐人之风，而仕亦不遇。其为彭州，与适相望三百余年，乃广其诗文而传之，将追适而与之友，则亦适徒也。予故备载之云。靖康元年四月十七日，眉山王赏序。[1]

《新唐书·艺文志》载录《高适集》二十卷[2]，北宋王尧臣《崇文总目》卷五“别集类一”亦载“《高适文集》十卷”[3]，然查考北宋时期文人的各类著述，在赵子湜之前，几乎没有高适文集的传播，故赵氏之编纂，很难找到现成“底本”作为参考。又，文中明言赵子湜在高适文集编纂之前，做了“裒其诗文二百四十篇”的工作，一个“裒”字，就已经明白无误地指出了此次文集编纂是在散篇辑录基础上的汇编，亦即无“旧集”基础的辑编。

南宋童宗说对卢肇《文标集》的编纂也是在旧集亡佚、无所依凭的情况下，经过辛苦搜罗而进行的一次全新的辑编：

> 子发讳肇，姓卢氏，宜春人，子发字也。唐武宗会昌三年，以词赋魁天下，仕至集贤院学士、歙州刺史。殁后三百年，郡人许衷集其遗文仅百篇，目曰《文标集》。传笔日久，序存而集亡，《文粹》所载《海潮赋》、《汉堤诗》、《新兴寺碑铭》、《上王仆射书》四篇而已，其余如《通屈赋》、《注大统赋》志在艺文者，学者亦罕见之。自建中靖国辛巳迄绍兴庚辰又六十年矣，会建安邵公来守是邦，崇乡化以厚风俗，谓宗说搜缀阙文，子职也。既授以《云台编》广其

---

① （宋）王赏：《高常侍文集序》，《全宋文》卷3128，第145册，第230页。

② （宋）欧阳修、（宋）宋祁：《新唐书》卷60，中华书局1975年版，第5册，第1603页。

③ 《丛书集成初编》本，商务印书馆1937年版，第343页。

传，又俾求子发遗书，得古律诗二十六篇于刘松《宜阳集》，得《阅城碑》、《震山记》于古庙嵌岩中，得《剑赞》于清江玉虚观，合赋序图状四十有二篇，分为上中下三卷，名从其初，序取其旧，附以成应元举榜、祖择之、梅圣俞诸公卢石题咏，锓木于郡庠，以贻永久，又论其出处之大概而尾诸集焉。①

卢肇，晚唐诗人，卒于唐僖宗中和二年（882），据童宗说所言，“殁后三百年，郡人许衷集其遗文仅百篇，目曰《文标集》”，卢肇“殁后三百年”则当在北宋徽宗时期，又，据“自建中靖国辛巳迄绍兴庚辰又六十年矣”之言，则知“建中靖国辛巳”（即建中靖国元年，1101）宜春人许衷就已经编纂过卢肇的《文标集》，但是，仅过了六十年，就已经“序存而集亡”了，于是，童宗说奉郡守之命，“搜缀阙文”，重新编纂了一部《文标集》，并且“锓木于郡庠”，实现了卢肇文集的刊印传播。

第二节　两宋时期唐人文集的重编

文集的重编和辑编不同，虽然一些辑编的文集也是在原有文本的基础上重新加以编纂而成的，但在新生成的文集中，必然会有编纂者新辑录的作品。换言之，在原有文集基础上经过辑编而形成的新文集，其作品数量一定会比原来的文集多。而重编则是将原有文集中的作品按照某些标准重新进行编排，一般而言，作品数量并不会增加（至少不会由于编纂者的刻意辑录而增加）。有些重编的文集是在对原有文集进行校订的基础上重新加以编纂的，在经过去伪存真以后，作品的数量不但没有增加，还会有所减少。因此，在文集编纂以前，编纂者是否刻意做过作品的辑录工作，文集在重新编纂以后，作品的数量是否增多，这是区分辑编与重编的重要标准。

两宋时期，由于印刷技术的推动，书籍的获得相对比以前更为容易，而宋王朝崇文抑武的国策，又推动了文人对各类书籍包括唐人文集的广泛阅读。两宋时期的文人，大多兼具学者的气质，他们在阅读典籍的过

① （宋）童宗说：《文标集序》，《全宋文》卷4758，第214册，第238页。

程中，常常喜欢从学者的角度来进行审视，因此，两宋时期文人的阅读，常常会融入“审”“辨”“校”“注”等工作，体现出学者层面的综合性、学术性阅读，这可以从两宋文人的墓志或行状对文人阅读习惯的描述中知晓。两宋时期文人浓厚的学者气质，会让他们在编纂唐人文集的时候，不自觉地将“学者视角”放入编纂工作中。根据两宋时期文人知识结构和编纂习惯的不同，可以将两宋时期的唐人文集重编分成“在多个底本的基础上详加校勘后重新编纂”“在一个文本内根据一定的标准对作品重新编排后再编纂”“融作品与注释为一体的重新编纂”三种基本模式。

一 在多个底本基础上详加校勘后重新编纂

如果说辑编大多是从文学的角度来关注文集中作品数量的完备与否，那么，重编则是更多地从文献学的角度来关注文集本身的质量，文集重编的一个重要目的就是将版本质量不高的文集或多个不同版本的文集重新编纂形成一个质量较好的版本，以利于传播。因此，重编的文集，大多会经历一个作品校勘的过程。两宋时期对唐人文集的重编，很多都是在校勘以后再进行编纂。苏溥重编韩愈文集、曾巩重编鲍溶诗集、王钦臣重编韦应物集，都是如此：

> 益部所雕《昌黎先生集》，虽传行久矣，文字脱烂，实难披阅，唯余杭本稍若完正。庆历辛巳岁，溥求荐王府，时从兄涣以小著宰鄢陵，因即观之。语及古学，且谓：“退之文自轲、雄没，作者一人而已。予近获河东先生所修正本，虽甚惜之，于子无所隐耳。比之杭、蜀二本，其不相类者十三四。”越明年，从兄改秘书丞，倅南隆，复以故龙图烨所增修本为示。又且正千余字，并获集外三十八篇。又得嘉州李推官诩传欧、尹二本重加校勘。溥既拜厚赐，不敢藏于家，期与好古之士共之，乃募工镂板，备于流行。[1]

① （宋）苏溥：《昌黎先生文集后序》，《全宋文》卷938，第43册，第368页。按：北宋政和年间，沈晦撰《四明新本河东先生集后序》，有“韩文屡经名士手，顷余又为雠勘，颇完悉”（《全宋文》卷3796，第174册，第71页）之言，说明韩愈文集在北宋时期曾经历了多次重编。

《鲍溶诗集》六卷，史馆书旧题云《鲍防集》五卷，《崇文总目》叙别集亦然。知制诰宋敏求为臣言，此集诗见《文粹》、《唐诗类选》者，皆称鲍溶作。又防之《杂感》诗最显，而此集无之，知此诗非防作也。臣以《文粹》、《类选》及防《杂感》诗考之，敏求言皆是。又得参知政事欧阳修所藏《鲍溶集》，与此集同，然后知为溶集决也。史馆书五卷，总二百篇。欧阳氏书无卷第，才百余篇。然其三十三篇，史馆书所无，今别为一卷，附于后，而总题曰《鲍溶诗集》六卷……正其误谬，又著其大旨以传焉。①

韦苏州，唐史不载其行事……有集十卷，而缀叙猥并，非旧次矣。今取诸本校定，仍所部居，去其杂厕，分十五总类，合五百七十一篇，题曰《韦苏州集》。②

从“重加校勘”“正其误谬”“取诸本校定”“去其杂厕”这些话中，我们可以清楚地知道这些文集的重编都是在校勘的基础上进行的。

南宋绍兴年间，由多人编纂而成的《杜工部集》也是典型的“在多个底本基础上详加校勘后重新编纂”而形成的文集。且看吴若《杜工部集后记》所言：

右《杜集》，建康府学所刻板也。初教授刘亘常今，当兵火瓦砾之馀，便欲刻印文籍，得府帅端明李公行其言，继而枢密赵公不废其说。未几，赵公移帅江西，常今亦以病丐罢，属府倅吴公才德充、察推王闓伯言嗣成之。德充、伯言为求工外邑，付学正张巽、学录

---

① （宋）曾巩：《鲍溶诗集目录序》，《全宋文》卷1252，第57册，第348—349页。

② （宋）王钦臣：《韦苏州集序》，《全宋文》卷1580，第72册，第314—315页。按：据王钦臣《序》，此集编纂于嘉祐元年（1056）。又，熙宁年间，葛蘩也曾重编韦应物集，其《校刻韦应物集后序》云：“权知吴县事葛蘩等所校雠《唐苏州韦刺史集》凡十卷，以相校除，定著五百五十九篇，皆以辨析，可缮写……由贞元逮今，三百馀年，而刺史之文传于世者，寥寥不知其几也。熙宁九年，天子命度支郎中昌黎韩公出知苏州事……得晁文元公家藏韦氏《全集》，俾僚属宾佐参校讹谬，而终之于蘩，始命镂板，将以传之于后世。”（《全宋文》卷1762，第81册，第39页）由此可知，葛蘩不仅重编了韦应物的文集，还将其刊刻，从而促进了韦应物文集的传播。

李鼎，要以必成。踰半年，教授钱寿朋耆朋来，乃克成焉。盖方督府宣帅鼎来，百工奔走，趍命不暇，刀板在手，夺去者屡矣。一集之微，更岁历十余君子始就。呜呼，事业之难兴如此！常今初得李端明本，以为善；又得抚属姚宽令威所传故吏部鲍钦止本，校足之；末得若本，以为无恨焉。凡称樊者，樊晃小集也；称晋者，开运二年官书也；称荆者，介甫四选也；称宋者，宋景文也；称陈者，陈无已也；称刊及一作者，黄鲁直、晁以道诸本也。虽然，子美诗如五谷六牲，人皆知味，而鲜不为异馔所移者，故世之出异意、为异说以乱杜诗之真者甚多。此本虽未必皆得其真，然求不为异者也。他日有加是正者重刻之，此学者之所望也。绍兴三年六月，荆溪吴若季海书。①

据文中所言，是集的编纂，“更岁历十余君子始就”，颇为不易。而具体的编纂过程，乃是在“李端明本”“鲍钦止本”“吴若本”“樊晃小集本”等十余个杜甫诗集版本的基础上“校足之”，然后编纂而成，属于典型的“在多个底本基础上详加校勘后重新编纂”的文集。

二 在一个文本内根据一定的标准对作品重新编排后再编纂

两宋时期，除了“在多个底本的基础上详加校勘后重新编纂”这一唐人文集的重编模式以外，在一个文本内根据一定的标准对作品重新编排后再加以编纂，是两宋时期唐人文集重编的另一种模式。曾巩在宋敏求所编纂完成的李白诗集的基础上，按照作品创作时间的先后次序重新编排后再进行编纂，就属于这种文集重编方式。其《李白诗集后叙》云：

《李白诗集》二十卷，旧七百七十六篇，今千有一篇，杂著六十篇者，知制诰常山宋敏求字次道之所广也。次道既以类广白诗，自为序，而未考次其作之先后。余得其书，乃考其先后而次第之。②

---

① （宋）吴若：《杜工部集后记》，《全宋文》卷3990，第182册，第141—142页。

② 《全宋文》卷1252，第57册，第349页。

文中“考其先后而次第之”之言，明确说明了“重编”文集的具体方式。

南宋绍兴年间，鲁訔编纂杜甫诗集，也属于“在一个文本内重新编排作品后再编纂”的情况。且看其《编次杜工部诗序》所言：

> 骚人雅士，同知祖尚少陵，同欲模楷声韵，同苦其意律深严难读也。余谓少陵老人初不事艰涩索隐以病人，其平易处，有贱夫老妇所可道者。至其深纯宏远，千古不可追迹……名公巨儒，谱叙注释，是不一家，用意率过，异说如猬。余因旧集略加编次，古诗近体，一其先后……绍兴癸酉五月晦日，丹丘泠斋鲁訔序。[①]

按：“绍兴癸酉”即高宗绍兴二十三年（1153）。据鲁訔文中所言，其对这部诗集的具体编纂的方法是“因旧集略加编次”，也就是说，在原有文集的基础上，对作品再加以编次，重新进行编纂。很显然，这属于一个文本内部的作品重编，是典型的重编文集。

三 融作品与注释为一体的重新编纂

两宋时期，一些文人在面对唐人文集的时候，为了体现自己的学识，经常喜欢对文集加以注释，他们将作品和注释汇集在一起，重新对文集进行编纂，这样就形成了新的文集重编模式。两宋时期，随着“百家注李”“千家注杜”等为唐集注释风气的兴起，大量唐集注本涌现。“增注”类的文集重编在两宋也成为一种风气。北宋王得臣编《增注杜工部诗集》、南宋文谠编《详注昌黎先生文集》、董居谊编《黄氏补注杜诗》等，都是这方面的显例。首先来看王得臣的编集工作：

> 逮至子美之诗，周情孔思，千汇万状，茹古含今，无有端涯；森严昭焕，若在武库，见戈戟布列，荡人耳目。非特意语天出，尤工于用字，故卓然为一代冠，而历世千百，脍炙人口。予每读其文，

① （宋）鲁訔：《编次杜工部诗序》，《全宋文》卷4250，第193册，第47页。

窃苦其难晓。如《义鹘行》“巨颡拆老拳”之句，刘梦得初亦疑之。后览《石勒传》，方知其所自出。盖其引物连类，掎摭前事，往往而是。韩退之谓“光焰万丈长”，而世号“诗史”，信哉！予时渔猎书部，尝妄注缉，且十得五六。宦游南北，因循中辍。投老家居，日以无事，行乐之暇，不度芜浅，既次其韵，因旧注惜不忍去，搜考所知，再加笺释。又不幸病目无与乎简牍之观，遂命子澂洎孙端仁，参夫讨绎，俾之编缀，用偿夙志焉耳……按郑文宝《少陵集》，张逸为之序，又有蜀本十卷。自王原叔内相再编定杜集二十卷，后姑苏守王君玉得原叔家藏于苏州进士何瑑丁修处，及今古诸集，相与参考。乃曰：义有兼通者，亦存而不敢削。故予之所注，以苏本为正云。时洪宋八叶政和纪元之三禩下元日序。①

按：“政和纪元之三禩”即政和三年（1113）。据文中所言，王得臣对于杜甫诗集“每读其文，窃苦其难晓”，所以通过“渔猎书部”进行注释。这部诗集虽然编纂完成于政和三年（1113），但从王得臣“宦游南北，因循中辍。投老家居……再加笺释”之言可以看出，其编注的过程，其实是经历了相当长的一段时间。

值得注意的是，王得臣对杜甫诗集的注释和编纂，是联合其子王澂和其孙王端仁一起完成的。祖孙三代人共同参与到杜集的注释与编纂中，这是北宋杜甫诗集编纂史上值得关注的现象。家族成员共同参与杜集编纂，这是杜甫诗歌在宋代被“家族式”集体认可与接受的表现，对于扩大杜甫诗歌在两宋文坛的影响以及杜诗精神在两宋时期的传承，都具有非常重要的价值和意义。

再来看文谠对韩愈文集的注释与编纂：

韩子不可得而见之矣，得见其遗文斯可矣……其书由唐而来已逾数百载矣，宜其文次殽乱，传写鱼鲁。以欧阳子之博洽，固尝参考而质正之，然而论者尚谓其以“昌乐”为“乐昌”，“秋鹤与飞”

① （宋）王得臣：《增注杜工部詩集》，《全宋文》卷1833，第84册，第230—231页。

为“秋与鹤飞”，未免如斯之误，况其下者欲以私臆而遂订之乎？说虽不敏，自幼及壮景仰于韩，恨不得与之同时，亲辱其熏炙。故于萤雪之下，探求其意，采摭其事，推演其说，强为之注。日积月储，寖以成编。其间或可疑者尚疑之以俟，然而食芹自美而已。顾今之世，志圣人、行古道者谁欤？且韫椟而藏之，以为来师韩者之筌蹄云。绍兴己巳孟春序。①

按：“绍兴己巳”即宋高宗绍兴十九年（1149），据文谠文中所言，其注释与编纂韩愈文集的原因，是当时所传播韩愈文集错误很多，编次混乱，还存在一些人以一己之看法随意篡改作品的现象。作为韩愈文章的追慕者，文谠决定首先对韩愈的相关作品进行注释，然后再加以编纂，“日积月储，寖以成编”，虽说费时费力颇多，但在客观上形成了一部融注释与作品为一体的新的韩愈文集。

董居谊《黄氏补注杜诗序》所提到的《黄氏补注杜诗》，可以作为南宋后期“融作品与注释为一体”这一模式的重编文集的一个代表：

居谊儿时，闻先君乐道永新大夫黄公之贤，至则令出拜……晚岁杜门，公之子鹤过而道旧，出其《纪年补注诗史》一编，蹙然请曰：“鹤先人生平嗜此，恨旧注舛疏，补订未竟，赍志以殁。不肖勉卒先业余三十年，所谓千四百篇者，不敢谓尽知工部意，庶几十七八矣。盍为我序之！”退披其编，诗以年次，意随篇释，冠以谱辨，视旧加详……近世锓板注以集名者毋虑二百家，固宜钩析证辨，无复余蕴，而补遗订谬，方来未已，信知工部之诗可观不可尽，然吾于是编，又得以窥黄氏家学之懿，慰满夙心云。宝庆二年三月清明日，郡人董居谊仁甫序。②

按：宝庆二年即1226年，是时已到了南宋后期。因此，这部

① （宋）文谠：《详注昌黎先生文集序》，《全宋文》卷4574，第206册，第223—224页。
② （宋）董居谊：《黄氏补注杜诗序》，《全宋文》卷6521，第287册，第200页。

“重编”的《黄氏补注杜诗》也代表了南宋后期杜甫诗集编纂和传播的情况。

两宋时期，为文集“增注”重编的做法，不仅仅用于对唐人文集的编纂，对于许多本朝文人（如苏轼、黄庭坚等）的文集，两宋特别是南宋文人也积极进行注释和重编，从而使“宋人注宋集”在南宋社会蔚然成风，形成了与“唐人选唐诗”一样的独具特色的文坛风貌。

两宋时期，对唐人文集进行重编是一个颇为普遍的现象，除了以上所提到的一些唐人文集之外，柳宗元、薛能等唐代著名文人的文集都在两宋时期被重编过。①

第三节　两宋时期唐人文集的选编

与辑编和重编这两种编纂模式相比，选编则显得相对容易，其区别于其他编纂模式的标准也比较明晰。与唐代文坛颇具影响力的文学编选活动——“唐人选唐诗”相比，两宋时期文人对唐人作品的编选，除了北宋初期的几部大型类书影响较大以外，较为著名的只有姚铉《唐文粹》、王安石《唐百家诗选》、洪迈《万首唐人绝句》等少数文集。虽然如此，两宋时期文人选编唐人文集的影响却不可轻视。首先来看姚铉《唐文粹》的编纂：

① 政和年间，沈晦曾重编柳宗元文集，其《四明新本河东先生集后序》云：“学古文必自韩、柳始。两家文字剥落，柳为尤甚……韩文屡经名士手，顷余又为雠勘，颇完悉。唯柳文简古雅奥，不易刊削。年大来试为紬绎，两阅岁，然后毕见。凡四本：大字四十五卷所传最远，初出穆修家，云是刘梦得本；小字三十三卷，元符间京师井行，颠倒章什，补易句读，讹正相半；曰曾丞相家本，篇数不多于二本，而有邢郎中、杨常侍二行状，《冬日可爱》、《平权衡》二赋，共四首，有其目而亡其文；曰晏元献家本，次序多与诸家不同，无《非国语》。四本中，晏本最为精密。柳文出自穆家，又是刘连州旧物。今以四十五卷本为正，而以诸本所余作《外集》。参考互证，用私意补其阙……凡漫乙是正二千处而赢。又厘革《京兆请复尊号表》，增入《请听政第二表》、《贺皇太子笺》、《省试庆云图诗》，总六百七十四篇。锓木流行，购逸拾遗，犹俟后日。政和四年十二月望，胥山沈晦序。”（《全宋文》卷3796，第174册，第71—72页）；张咏则重编过薛能的诗集，宋祁《张尚书行状》云：“张咏，字复之……尤善诗笔，必核情理，故重次薛能诗，序之曰：‘放言既奇，意在言外。’议者以公自道也。”《全宋文》卷525，第25册，第73—77页。

> 大中祥符纪号之四祀，皇帝祀汾阴后土之月，吴兴姚铉集《文粹》成。《文粹》谓何？纂唐贤文章之英粹者也……铉不揆昧懵，遍阅群集，耽玩研究，掇菁撷华，十年于兹，始就厥志。得古赋、乐章、歌诗、赞、颂、碑铭、文论、箴、议、表奏、传录、书序，凡为一百卷，命之曰《文粹》。以类相从，各分首第门目。止以古雅为命，不以雕篆为工，故侈言蔓辞，率皆不取……故英辞一发，夐出千古，琅琅之玉声，粲粲之珠光，不待泛天风、激深波而尽在耳目。于戏，李唐一代之文，其至乎！①

一百卷的《唐文粹》，姚铉足足用了十年的时间才最终编纂完成，可见是颇费了一番心力的。由“止以古雅为命，不以雕篆为工，故侈言蔓辞，率皆不取”之言可以看出，选取的标准是严格而又明确的。因此，《唐文粹》编成以后，在整个两宋时期都颇受好评。② 文集编成后不久，就得到了刊印③，而且在整个两宋时期，有多个印本④，传播非常广泛。

再来看王安石对《唐百家诗选》的编纂：

---

① （宋）姚铉：《唐文粹序》，《全宋文》卷268，第13册，第281—283页。

② 北宋施昌言称其为“用意精博，世尤重之”（施昌言《唐文粹后序》，《全宋文》卷392，第19册，第101页）；南宋周必大称其为“由简故精，所以盛行”（周必大《文苑英华序》，《全宋文》卷5120，第220册，第184页）。

③ 《唐文粹》编纂完成于大中祥符四年（1011），由于“用意精博”，所以“世尤重之”，又因为“卷帙繁浩，人欲传录，未易为力”，所以，宝元二年（1039），临安人孟琪就对其加以了刊刻，推动了《唐文粹》的广泛传播。施昌言《唐文粹后序》云：“故姚右史纂唐贤之文百卷，用意精博，世尤重之。然卷帙繁浩，人欲传录，未易为力。临安进士孟琪，代袭儒素，家富文史，爰事摹印，以广流布。观其校之是，写之工，镂之善，勤亦至矣。噫！古之藏书者，必芟竹铲木，殚缊竭毫，盛其蕴，宏其载，乃能有之。今是书也，积之不盈几，秘之不满笥，无烦简札而坐获至宝，士君子有志于学，其将舍诸？若夫述作之旨，悉于前序，此不复云。宝元二年嘉平月，殿中侍御史吴兴施昌言叙。”（《全宋文》卷392，第19册，第101页）孟氏所刊，颇为精善，故施昌言以“至宝”称之。

④ 除了宝元二年（1039）孟琪刊本以外，两宋时期，《唐文粹》还存在多个刊本，周必大《题裴晋公撰李西平神道碑》有“裴晋公撰《李西平神道碑》，以校江、浙、闽《唐文粹》本，大率传写脱谬，且经改易，不暇偏举，姑言其甚者”（《全宋文》卷5132，第230册，第407页）之言；杨万里《答福州帅张子仪尚书》有“传闻三山公帑有《唐文粹》大字板本，尝求一编以遮老眼，未拜赐，何也？”（《全宋文》卷5314，第238册，第110页）之语，可知《唐文粹》在南宋时期至少存在江、浙、闽等多个版本。

余与宋次道同为三司判官，时次道出其家藏唐诗百余编，诿余择其精者，次道因名曰《百家诗选》。废日力于此，良可悔也！虽然，欲知唐诗者，观此足矣。[①]

“宋次道”即宋敏求。王安石在宋敏求家藏的“百余编”唐人诗歌的基础上，“择其精者”编纂成《唐百家诗选》。虽说“废日力于此，良可悔也”，其实对于所编纂完成的文集，王安石还是颇为自负的，这一点，从“欲知唐诗者，观此足矣”的话中就可以看出。《唐百家诗选》编纂完成以后，在两宋时期产生了广泛影响。北宋文人杨蟠于元符元年（1098）首先进行了刊印[②]，推动了《唐百家诗选》在两宋文坛的广泛传播。南宋时期，当社会上传播的《唐百家诗选》出现“字画漫灭”之时，南宋文人倪仲傅又于乾道五年（1169）再次进行了刊刻[③]，从而保证了这部文集在两宋文坛的持续传播。

两宋时期文人编选的唐人文集，较为知名者还有南宋洪迈的《万首唐人绝句》：

淳熙庚子秋，迈解建安郡印归，时年五十八矣。身入老境，眼

---

① （宋）王安石：《唐百家诗选序》，《全宋文》卷1398，第64册，第275页。

② 杨蟠《刻王荆公百家诗选序》云：“夫自古风骚之盛无出于唐，而唐之作者不知几家。其闲篇目之多或至数千，尽致其全编，则厚币不足以购写，而大车不足以容载。彼幽野之人，何力而致之哉！丞相荆国王公……于唐选百家，特录其警篇，而杜、韩、李所不与，盖有微旨焉。噫！诗系人之好尚，于去取之际，其论犹纷纷，今一经公之手，则帖然无复以议矣。合为二十卷，号《唐百家诗选》。得者几希，因命工刻板以广其传，细字轻帙，不过出斗酒金而直挟之于怀袖中，由是人之几上往往皆有此诗矣……元符戊寅七月望日，章安杨蟠书。”（《全宋文》卷1045，第48册，第242—243页）按：“元符戊寅”即元符元年（1098）。

③ 倪仲傅《唐百家诗选序》云：“音有妙而难赏，曲有高而寡和，古今通然，无惑乎《唐百家诗选》之沦没于世也。予自弱冠肄业于香溪先生门，尝得是诗于先生家藏之秘，窃爱其拔唐诗之尤，清古典丽，正而不冶，凡以诗鸣于唐，有惊人语者，悉罗于选中。于是心惟口诵，几欲裂去夏课而学焉。先生知之，一日而钥诸笥。越至于今，不复过目者有年矣。顷有亲戚游宦南昌，因得之于临川以归，首以出示。发卷数过，不啻如获遗珠之喜。惜其道远难致，且字画漫灭，近世士大夫嗜此诗者，往往不能无恨。故镂板以新其传，庶几丞相荆国公铨释之意有所授于后人也。雅德君子傥于三冬馀暇玩索唐世作者用心，则发而为篇章，殆见游刃馀地，运斤成风矣。乾道己丑四月望日，倪仲傅序。”（《全宋文》卷5394，第241册，第329—330页）按：“乾道己丑”即孝宗乾道五年（1169），距杨蟠首次刊刻已有七十余年时间。

意倦罢，不复观书，惟时时教稚儿诵唐人绝句，则取诸家遗集，一切整汇，凡五七言五千四百篇，手书为六帙。起家守婺，赍以自随。逾年再还朝，侍寿皇帝清燕，偶及宫中书扇事。圣语云：“比使人集录唐诗，得数百首。”迈因以昔所编具奏，天旨惊其多，且令以元本进入，蒙置诸复古殿书院。又四年，来守会稽间，公事余分，又讨理向所未尽者……今之所编，固亦不能自免，然不暇正。又取郭茂倩《乐府》与稗官小说所载仙鬼诸诗，撮其可读者合为百卷，刻板蓬莱阁中，而识其本末于首。绍熙元年十一月戊午，焕章阁学士、宣奉大夫、知绍兴军府事、两浙东路安抚使、魏郡公洪迈序。①

据文中所言，洪迈编唐人绝句原是为了给家中幼子诵读，后因孝宗皇帝的要求而最终编成一百卷进献。其具体的编纂方式是“取诸家遗集，一切整汇……又取郭茂倩《乐府》与稗官小说所载仙鬼诸诗，撮其可读者”，属于典型的“选编”。

洪迈《万首唐人绝句》编纂完成并进献朝廷以后，得到了孝宗皇帝“选择甚精，备见博洽”的评价，并且收获了丰厚的赏赐：

得圣旨宣谕臣，比观向所进《唐诗绝句》，选择甚精，备见博洽，今赐茶一百夸，清馥香一十贴，熏香二十贴，金器一百两……顷因心好于唐文，辄尔手编于诗律。尝蒙宣索，每恨疏芜。比岁旁搜，遂及万篇之富；成书上奏，幸尘乙夜之观。敢觊华褒，更加异宠?②

君主的高度评价让这部《万首唐人绝句》拥有了其他文集所不具备的重要地位，在南宋中后期产生了深远的影响。

---

① （宋）洪迈：《万首唐人绝句诗序》，《全宋文》卷4916，第222册，第45—46页。

② （宋）洪迈：《进唐诗绝句获赐谢表》，《全宋文》卷4913，第221册，第375页。

第四章

自编与他编：文集编纂主体的考察

两宋时期的文集编纂，呈现出非常繁荣的景象。无论是别集还是总集的编纂，都非常引人注目。全面、深入剖析和探讨两宋时期文人文集编纂的相关问题，首先就要涉及“编纂主体”，即文集编纂者的问题。

文集的编纂主体主要包括两类，一类是文集的作者自己，另一类是他人。文集作者自己编纂的情况较为简单；若编纂者不是作者自己，而是他人，则又有“臣子编纂”“子嗣编纂”“兄弟编纂”“门生编纂”“友人编纂”“商人编纂”“地方官员编纂”等各种不同的情况。“他人”编纂还可分为“他人个体编纂”和“多人集体编纂”两种情况。

第一节 两宋时期文人文集的“作者自编”

所谓“作者自编”，就是指文集的创作者出于保存、进献、传世、散播等不同目的，自己亲自编纂自己的文集。除了编纂用于“行卷”或者“资文求荐”这类的带有一定功利目的的文集以外，两宋时期的文集自编情况不像子嗣编集那样普遍。虽则如此，纵观两宋文坛，文集自编的现象还是广泛存在的。

一 北宋时期的文集自编现象

北宋时期，文人自我编纂，是文集生成的重要方式之一。北宋著名文人贺铸、秦观、晁补之等，都自编过自己的文集：

贺方回，名铸，卫州人。自言唐谏议大夫知章后，故号鉴湖遗老……方回既自裒其平生所为歌词，名《东山乐府》。①

余闲居有所闻，辄书记之，既盈编轴，因次为若干卷，题曰《逆旅集》。②

《鸡肋集》，左朝奉郎、秘书省著作郎、充秘阁校理、国史编修官济北晁补之无咎自名其所为诗文也。夫物有质者必有文，文者质之所以辨也，古之立言者当之。平居论说讽咏、应物接事，不能无言，非虎豹犬羊之异也。食之则无所得，弃之则可惜，其鸡肋乎！故裒而藏之，谓之《鸡肋集》。③

贺铸词集《东山乐府》由其自编而成，这是北宋为数不多的自编词集的现象，颇值得注意。不仅是词集，贺铸的诗集也是由其自编而成，贺铸自编诗集严于取舍，且耗时颇长，于此可见其对审慎与重视的态度：

庆湖遗老者，越人贺铸方回也……铸生于皇祐壬辰，始七龄，蒙先子专授五七言声律，日以章句自课。迄元祐戊辰，中间盖半甲子，凡著之稿者何啻五六千篇。前此率三数年一阅故稿，为妄作也，即投诸炀灶，灰灭后已者屡矣。年发过壮，志气日衰落，吟讽虽夙所嗜，亦颇厌调声俪句之烦。计后日所赋益寡，而未必工于前，念前日之爨烬为妄弃也，始裒拾其余而缮写之。后八年，仅得成集。以杂言转韵不拘古律者，为歌行第一卷。以声义近古，五字结句者，为古体诗第二、第三、第四卷。以声从唐律、五字结句者，为近体五言第五卷。以声从唐律、七字结句者，为近体长句第六、第七卷。

① （宋）叶梦得：《贺铸传》，《全宋文》卷3183，第147册，第346—347页。

② （宋）秦观：《逆旅集序》，《全宋文》卷2577，第119册，第370页。

③ （宋）晁补之：《鸡肋集序》，《全宋文》卷2721，第126册，第99—100页。

以不拘古律五字二韵者，为五言绝句第八卷。以声从唐律七字二韵者，为七言绝句第九卷。随篇叙其岁月与所赋之地者，异时开卷，回想陈迹，喟然而叹，莞尔而笑，犹足以起予狂也。倘梦境幻身未遽坏灭，嗣有所赋，断自己卯岁列为后集云。[①]

“三数年一阅故稿，为妄作也，即投诸炀灶”，可见其取舍之严，“精品”意识之强；“始裒拾其余而缮写之。后八年，仅得成集”，可见其自编诗集耗时之长。贺铸自编诗集的情况反映了两宋时期文集自编的一般特点，即求精求善，以期凭文集而传名。

二　南宋时期的文集自编现象

南宋时期的文人文集自编现象也非常普遍，南宋著名诗人李纲就曾编纂自己的文集为《湖海集》：

余旧喜赋诗，自靖康谪官以避谤，辍不复作。及建炎改元之秋，丐罢机政，其冬谪居武昌，明年移澧浦，又明年迁海外。自江湖涉岭海，皆骚人放逐之乡，与魑魅荒绝非人所居之地，郁悒亡聊，则复赖诗句抒忧娱悲，以自陶写。每登临山川，啸咏风月，未尝不作诗，而嫠不恤纬之诚，间亦形于篇什，遂成卷轴。今蒙恩北归，裒葺所作，目为《湖海集》，将以示诸季，使知往反万里、四年间所得盖如此云。庚戌清明日，梁溪病叟序。[②]

李纲的《湖海集》主要收录了自己多地为官、来往奔波、颠沛流离的生活与感想。编纂后“以示诸季”，让诸位弟弟知道自己往返万里的行迹与心怀，在某种程度上也是其人生经历的真实记录。

程俱将自己的文集编定以后，遇火而焚毁，后又重新搜集作品，再加以整理和编纂，个中曲折，当有不少：

---

① （宋）贺铸：《庆湖遗老诗集序》，《全宋文》卷2673，第124册，第48—50页。

② （宋）李纲：《湖海集序》，《全宋文》卷3748，第172册，第17页。

> 绍圣末，余官丹徒，信安程致道为吴江尉。有持其文示余者，心固爱之，愿请交，未能也……尝裒次平生所为文，欲属余为序，会兵兴不果。后遇火，焚弃殆尽。稍复访集，尚得十四五，而益以近所著，为四十卷……绍兴十年，诏重修哲宗史，复起致道领其事。[①]

据文意，程俱首次编纂自己的文集乃在“兵兴”以前，当在北宋时期，编纂完成以后，想让叶梦得作序，“会兵兴不果”，后文集遇火，“焚弃殆尽”，只能重新搜集作品进行编纂；则其二次编纂，当在“兵兴”以后，即南宋时期。由此可知，程俱文集的最终编定，乃在南宋。

南宋文人杨万里几乎每任职一地，就编纂自己在该地的作品为集，形成了独具特色的自编文集景象：

> 予之诗始学江西诸君子，既又学后山五字律，既又学半山老人七字绝句，晚乃学绝句于唐人……故自淳熙丁酉之春上暨壬午，止有诗五百八十二首，其寡盖如此。其夏之官荆溪……明年二月晦，代者至，予合符而去，试汇其稿，凡十有四月，而得诗四百九十二首……今年备官公府掾，故人钟君将之自淮水，移书于予曰：“荆溪比易守，前日作州之无难者，今难十倍不啻。子荆溪之诗未可以出欤？”予一笑，抄以寄之云。[②]

> 予假守毘陵，更未尽三月，移官广东常平使者。既上二千石印绶，西归过姑苏，谒石湖先生范公，公首索予诗……既还舍，计在道及待次凡一年，得诗仅二百首，题曰《西归集》，录以寄公。[③]

> 某昔岁四月上章丐补外，寿皇圣帝有旨畀郡，寻赐江西道院，

① （宋）叶梦得：《程致道集序》，《全宋文》卷3181，第147册，第299—300页。
② （宋）杨万里：《诚斋荆溪集序》，《全宋文》卷5321，第238册，第219页。
③ （宋）杨万里：《诚斋西归诗集序》，《全宋文》卷5321，第238册，第220页。

盖山水之窟宅，诗人之渊林也。既抵官下，二百有八旬有四日，皇上诏令奉计诣北阙，骏奔道涂，逾月乃至修门。道中得诗可百许首，乃并取归涂及在郡时诗录之，凡二百有五十首，析为三卷，目曰《江西道院集》。①

绍熙庚戌十月，予上章丐外，蒙恩除江东副漕。辞行诸公间，参政胡公笑劳曰："诚斋老子是行，天不以其欠《江东集》耶？"予谢不敢当也……既抵官下，再见夏时，因集在金陵及行部广德、宣、池、徽、歙、饶、信、南康、太平诸郡所作，得诗五百首，乃命曰《江东集》以寄刘炳先、继先伯仲。②

杨万里每任职一地，都将自己在当地任职时所创作的诗歌加以搜集、整理、编纂，从而形成独特的"一官一集"的现象。值得注意的是，杨万里编纂自己的文集大多是为了满足他人对其诗的索取要求，编集的目的是便于抄录、寄送给他人，从这一层面而言，似乎"被动编集"的成分多一些，但其编集后的寄送传播又使编集活动不同于一般文人的"文集自编"，从而带有了更大的影响力。

南宋文人自编文集的现象非常普遍，兹再举两例，以证其盛：

予解官南昌后，居南墅草堂于若溪滨，逾七年矣。闭关却扫，息交绝游，屯蹇晚境，幼稚盈室，脱粟屡空，断编自娱。文有抵牾，随辄是正，事或牵连，亦皆记载，投稿破簏，久而盈积。阅视得数十幅，不忍与故纸同弃，录为五卷，题曰《稿简赘笔》云。③

山西郑公康道，少年英概，有援天下之志……会建炎末南渡，

① （宋）杨万里：《诚斋江西道院集序》，《全宋文》卷5321，第238册，第222页。
② （宋）杨万里：《诚斋江东集序》，《全宋文》卷5321，第238册，第225页。
③ （宋）章渊：《稿简赘笔序》，《全宋文》卷4673，第210册，第394页。

名禄两不一获，人悯其贫，劝就仕宦。年方不惑，竟挂冠神武，小筑江上，日与渔樵为侣。虽一饱之无时，晏如也。独喜赋诗作词章，或与人论，折衷是非，即掀髯击节，过人数等……又尽裒诸诗，不间高下先后，类为一集，俾天下后世式其正，谅为一代豪举也……时乾道改元孟夏上浣日，谯人曹某序。[①]

“大上有立德，其次有立功，其次有立言”[②]，这是中国传统文人心目中的“三不朽”。“立德”“立功”比较困难，而“立言”则相对容易，因此，许多文人为了让自己能够在后世声名“不朽”，纷纷选择“著书立说”，并将著述加以传播的办法。文人亲自编集传世，就突出地体现了这种“不朽”的意图，正如北宋曾巩所言，“求后人之知，因著书而自见”[③]。宋初著名文人王禹偁对自己文集的编纂就是如此，其《小畜集序》云：

咸平二年守本官知齐安郡，年四十有六，发白目昏，居常多病，大惧没世而名不称矣，因阅平生所为文，散失焚弃之外，类而第之，得三十卷……集曰《小畜》……咸平三年十二月晦日，太原王禹偁序。[④]

“大惧没世而名不称矣”之言，清楚地透露出王禹偁编纂自己文集的动机。正是由于为了声名“不朽”而编，所以王禹偁对自己文集的编纂格外用心，其三十卷的文集，从咸平二年（999）开始编纂至咸平三年（1000）十二月才最终编纂完成，前后用了一年多的时间，认真程度可见一斑。对于自己文集的命名王禹偁同样也非常在意，特地“以《周易》筮之”：

① （宋）曹勋：《郑康道诸公诗序》，《全宋文》卷4202，第191册，第42—43页。

② 《左传·襄公二十四年》，杨伯峻《春秋左传注》本，中华书局1981年版，第3册，第1088页。

③ （宋）曾巩：《代人谢余侍郎启》，《全宋文》卷1248，第57册，第285页。

④ 《全宋文》卷154，第8册，第34页。

将名其集，以《周易》筮之，遇《乾》之《小畜》。《乾》之《象》曰“君子以自强不息”，是禹偁修辞立诚、守道行己之义也。《小畜》之《象》曰：“风行天上，小畜，君子以懿文德。”说者曰：“未能行其施，故可懿文而已。”是禹偁位不能行道，文可以饰身也，集曰《小畜》，不其然乎？①

无论是对文集命名的斟酌考虑，还是对文集内容的精益求精②，都体现了王禹偁对自己文集的重视以及对文集传播以使声名“不朽”的关注。

两宋时期，像王禹偁这样对自身文集的编纂倍加重视的文人还有很多，李觏对自身文集《退居类稿》的编纂也说明了这一点：

李觏泰伯以举茂材罢归。其明年，庆历癸未秋，因料所著文。自冠迨兹十五年，得草稿二百三十三首。将恐亡散，姑以类辨为十二卷，写之。间或应用而为，未能尽无媿，闵其力之劳，辄不弃去。至于妖淫刻饰尤无用者，虽传在人口，皆所弗取。③

从“至于妖淫刻饰尤无用者，虽传在人口，皆所弗取”之言中，可以窥见李觏对自己文集编纂的审慎和对自己声名的重视。

黄庭坚对自己文集的编纂也是秉着“精益求精”的态度，叶梦得《避暑录话》卷二“俞澹”条引黄元明语云：

鲁直旧有诗千馀篇，中岁焚三之二，存者无几，故自名《焦尾集》。其后稍自喜，以为可传，故复名《敝帚集》。晚岁复刊定，止三百八篇，而不克成。④

---

① （宋）王禹偁：《小畜集序》，《全宋文》卷154，第8册，第34页。

② 按：王禹偁在其《小畜集序》中谈及文集的编纂，有“散失焚弃之外，类而第之”之语，既然有“焚弃”之举，就说明编入其文集的作品是经过择取的。

③ （宋）李觏：《退居类稿自序》，《全宋文》卷896，第42册，第39页。

④ 《宋元笔记小说大观》本，上海古籍出版社2001年版，第3册，第2619页。

将千余篇作品焚去三分之二，对作品的反复编纂，对文集名称的不断斟酌，体现了黄庭坚对自身文集的重视。“以为可传”四个字，透露了黄庭坚对自身文集在后世传播效果的关注，对文集传播效果的关注，其实就是对自己名声的关注。

在两宋文坛上，将自己的文集命名为《焦尾集》的，不止黄庭坚一人，南宋著名文人韩元吉亦有《焦尾集》：

> 予时所作歌词，间亦为人传道，有未免于俗者，取而焚之，然犹不能尽弃焉，目为《焦尾集》，以其焚之余也。①

由于作品中有“有未免于俗者”，所以作者“取而焚之”，“焚稿”同样体现了作者对自己文集的重视，对自己名声的关注。

值得注意的是，“焚稿”这一举动在两宋文人中并不少见，特别是在一些著名文人那里“焚稿”之事时常发生，两宋文学名家杨万里、陈师道、程俱都曾将自己不满意的作品焚毁：

> 予少作有诗千余篇，至绍兴壬午七月皆焚之，大概江西体也。②

> 彭城后山居士陈无己师道，苦节厉志，自其少时，蚤以文谒南丰曾舍人，曾一见奇之，许其必以文著，时人未之知也……为文至多，少不中意则焚之，存者财十一也。③

> 公讳俱，字致道，衢州开化人……公平生著述不可胜纪，已抱病，犹不辍，然忧深虑危，时时芟削焚弃。④

---

① （宋）韩元吉：《焦尾集序》，《全宋文》卷4793，第216册，第104页。

② （宋）杨万里：《诚斋江湖集序》，《全宋文》卷5321，第238册，第218页。

③ （宋）谢克家：《后山居士集序》，《全宋文》卷3133，第145册，第319—320页。

④ （宋）程瑀：《宋故左中奉大夫徽猷阁待制新安县开国伯食邑九百户致仕赠左通奉大夫程公行状》，《全宋文》卷3887，第177册，第371—375册。

“焚稿”的背后，其实是两宋文人文集“精品化”的意识，而文集“精品化”的背后，则是两宋文人对自己人格和名声的看重。

追求文集“精品化”的心理两宋时期的许多文人身上都有过，欧阳修晚年编定自己文集时，反复进行推敲，就是一个典型的例子：

> 欧阳公晚年常自审定平生所为文，用思甚苦。其夫人止之曰：“何自苦如此？当畏先生嗔耶？”公笑曰：“不畏先生嗔，却怕后生笑。”①

“却怕后生笑”之言，直白地道出了欧阳修对自己文集的传播结果和影响的关注。此外，宋初文人柳开“吾十年著一书，意今未毕，可传于世”② 的理念，也体现了两宋时期文人对自己文集编纂的重视与文集传播效应的关注。

由于所传播的文集关系到文人在当时及后世人们心目中的形象、名声等问题，所以文人都会对自己文集的编纂格外用心，花大力气进行打造，这在客观上又使两宋文坛产生了许多精品文集。梅尧臣自己编纂的文集就是如此：

> 钱塘方镂圣俞诗为新集，远方得之，犹知贵重，况圣俞所自编以贽当时公卿者乎？微叔不宝珠玉而宝此编，固其宜也。③

---

① （宋）沈作喆：《寓简》卷8，《文渊阁四库全书》本，台湾商务印书馆1986年版。按：马端临《文献通考》引石林叶氏（叶梦得）所言，与此稍异：“欧阳文忠公晚年取平生所为文自编次，今所谓《居士集》者。往往一篇至数十过，有累日去取不能决者。一夕大寒，烛下至夜分，薛夫人从旁语曰：‘寒甚，当早睡。胡不自爱目力？此已所作，安用再三阅？宁畏先生嗔邪？’公徐笑曰：‘吾正畏先生嗔耳！’”载《文献通考》卷234《经籍考六十一·集·别集》，中华书局1986年版，第1870页。

② 张景《故如京使金紫光禄大夫检校司空知沧州军州事兵马钤辖兼御史大夫上柱国河东县开国伯食邑九百户柳公（开）行状》载：“公病亟，命笔曰：‘吾十年著一书，意今未毕，可传于世，吾将死矣。’门人张景名其书曰《默书》，其言渊深而宏大，非上智不能窥其极。公以默而著之，后必有默而观之、默而行之者，默之义远矣哉！”《全宋文》卷271，第13册，第359页。

③ （宋）邹浩：《跋漳浦李大忠微叔所藏书画尾》，《全宋文》卷2837，第131册，第272页。

由于梅尧臣的文集是“自编以贽当时公卿”的，为了显示自己的才华，必然会对作品进行严格的遴选。因而，形成的必然是精品，无怪乎李大忠会“不宝珠玉而宝此编”了。

第二节 两宋时期文人文集的“他人编纂”

在两宋时期，文人文集由他人编纂的情况要比文人自编复杂得多。就文集编纂者与文集作者的关系而言，“他人编纂”又可分为“臣子编纂”“子嗣编纂”“门生编纂”“友人编纂”“商人编纂”“地方官员编纂”等不同类型。“臣子编集”一般是指臣子编纂君主的文集，这在第一章中《君主文集的示范与两宋文集编纂、传播的繁荣》一节已言之颇详，此不赘述。

一 子嗣编纂

在两宋时期文人文集的“他人编纂”这一类型中，“子嗣编集”的情况较为复杂。文人的文集除了由“儿子”“孙子”这类“直接”子嗣进行编纂以外，有时还会由“女婿”“外甥”这类“间接”子嗣进行编纂。在两宋时期文人文集的众多编纂者中，子嗣所占的比例最高，因此，可以这么说，“子嗣编集”是两宋时期文人文集的最主要编纂形式。

（一）直接子嗣编纂

在“直接子嗣编集”这一模式中，又以“儿子编集”的情况居多。“儿子编集”的情况又可以分为“一子独立编纂”和“多子合力编纂”两类。

1. 一子独立编纂

在两宋时期文人文集的“儿子编纂”这一模式中，“一子独立编纂”的情况非常普遍。两宋著名文人葛胜仲、晁端仁、洪皓等人的文集，就是由一子独立编纂而成：

> 左宣奉大夫、显谟阁待制、丹阳葛公……既没……公之子吏部侍郎立方，裒次公诗文八十卷，号《文康葛公丹阳集》。自天德地

业、五材万物变化隐显巨细之要、世治乱、人贤不肖、事之得失是非兴坏之理，尽载此书……某与公同州里，视公为前辈盛德，而与公群从游最久，故蓄公诗文为多，校今所藏，犹有在八十卷之外者，侍郎公方纪次别集未出也……公讳胜仲，字鲁卿，常州江阴县人。①

说之从世父新知蔡州、故尚书主客郎中，生知所学，少有辞赋声名出诸生上，其仕既久矣……公出有使节郡符，入而闲居挂冠，默以文章事付诸后进，意若讳其少时所能者，茫然自不省平生稿草尝有无也。公季子谦之年十有三岁，窃有志焉，如人适嗜好而勤收拾，无远迩，唯恐公一字留落也。乃得公诗若干，杂文、论、表章若干，定著为若干卷，以待后之览者……公讳端仁，字尧民。②

先君以建炎己酉出疆，时年四十有二矣。平生著书多，悉留槜李。庚戌之春厄于兵，烬无一余者。绍兴癸亥还朝，入直玉堂，不旬日领乡郡去，明年而遭祖母之丧。服除未几，有岭表之谪，杜门避谤，不敢复为文章。谪九年而即世，故手泽之藏于家者，唯北方所作诗文数百篇乃独存。谨泣而叙之，以为十卷，刻诸新安郡。未汇次者，犹有《春秋纪咏》千篇云。③

在两宋时期文人文集的编纂模式中，“一子独纂”的方式之所以占很大比重，一方面是因为一人独立编纂相对比较方便，另一方面因为单个作家的作品数量毕竟有限，而且许多文人都有保存底稿的习惯，所以，在编纂文集的时候，用于作品搜集、整理、编次的工作量并不太大，一个人完全可以胜任，而且，一个人编纂比较容易统一标准，保证文集前后的和谐。所以，在两宋时期文人文集的“子嗣编集”模式中，“一子独

① （宋）孙觌：《丹阳集序》，《全宋文》卷3476，第160册，第319—320页。
② （宋）晁说之：《汝南主客文集序》，《全宋文》卷2805，第130册，第80—82页。
③ （宋）洪适：《跋先忠宣公鄱阳集》，《全宋文》卷4739，第213册，第321页。

立编纂”成为最普遍的现象。

2. 多子合力编纂

在两宋时期，文人文集偶尔也会有“多子合力编纂”的现象。北宋文人李常的文集就是由多子合力编纂而成的：

> 公讳常，字公择，力学自喜，多闻强识，为文章敏捷……平生所为文章，诸子集为若干卷，藏于家。[①]

“诸子集为若干卷”之言，即为多子共同编纂李常文集的明证。

需要指出的是，两宋文人文集的“直接子嗣编纂”模式中，“编纂者”除了儿子以外，还包括孙子，北宋著名文人程颐的《伊川先生文集》就曾由其孙子程昺编纂而成：

> 右，伊川先生文八卷。政和二年壬辰七月，孤端中序曰……不肖孤既无以嗣闻斯道，姑用记其言，且又使侄昺编次其遗文，俾后之学者观其经术之通明，议论之纯一，谋虑之宏深，出处之完洁。[②]

据文意，程端中为程颐之子，程昺为程端中之侄，则程昺为程颐之孙。“昺编次其遗文”，则程颐《伊川先生文集》由孙子程昺编纂而成。

南宋名臣沈与求的文集，也是由其孙沈诜编纂的：

> 元枢忠敏沈公当建炎、绍兴间，被遇思陵，为耳目股肱，其勋业在朝廷，其声名在天下，其风节挺挺特立，号称名臣，盖中兴人物之冠冕，吾乡闾之光宠也……君薨于位矣，年甫五十二。家在故里，傍无壮子弟，平生著述文字故多散落，或为亲党取去，此得于

① （宋）苏颂：《龙图阁直学士知成都府李公墓志铭》，《全宋文》卷1345，第62册，第77—80页。

② （宋）程端中：《伊川先生文集后序》，《全宋文》卷2917，第135册，第194—195页。

所闻者如此……后六十年，当绍熙辛亥，公之孙诜为浙漕，始能裒辑类次为十二卷，将以板行于世，盖其家所存止是矣。以序见属……公讳与求，字必先。[1]

两宋时期文人文集的编纂，还存在作者曾孙参与编纂的现象，周邦彦的曾孙周铸就曾编纂《清真先生文集》：

钱唐周公少负庠校隽声，未及三十，作为《汴都赋》，凡七千言……公之殁距今八十余载，世之能诵公赋者盖寡，而乐府之词盛行于世，莫知公为何等人也。公尝守四明，而诸孙又寓居于此，尝访其家集而读之，参以他本，间见手稿，又得京本《文选》，与公之曾孙铸裒为二十四卷。中更兵火，散坠已多，然足以不朽矣……公讳邦彦，字美成，清真其自号。[2]

（二）间接子嗣编集

文人文集的“子嗣编纂”这一模式中，编纂者除了“儿子”“孙子”这类“直接”的子嗣以外，还包括“女婿”“外甥（外孙）”这类“间接”子嗣。北宋文人陈令举、南宋文人程允夫的文集都是由女婿编纂而成：

嘉祐四年，仁宗皇帝临轩策贤良方正能直言极谏之士，而以陈侯令举为第一……令举之卒若干年，而其婿周君开祖乃类聚其文为三十卷，属余为序。开祖有学问，通义理，痛令举之不幸，而纂其遗文，欲以传于后世，而顾以见委。[3]

予与程君允夫居同邑、学同术，允夫在辈流中藉藉有声……予

① （宋）李彦颖：《沈忠敏公龟溪集序》，《全宋文》卷4759，第214册，第258—259页。
② （宋）楼钥：《清真先生文集序》，《全宋文》卷5948，第264册，第100—101页。
③ （宋）蒋之奇：《都官集序》，《全宋文》卷1706，第78册，第227—229页。

自清江秩满，入中都为博士，久不闻问，因询乡人之来者，则允夫已捐馆舍矣……其婿黄君昭远集允夫所著诗文属序。[①]

而“外甥”编集的典型例子则有洪炎对其舅黄庭坚文集的编纂。洪炎《题山谷退听堂录序》云：

建炎戊申岁，时鲁直之故人洪府连帅胡公少汲始属炎撰次，以刻板传世。撰次既契夙心，而外家所托，他人或不预闻，故不复辞……今断自《退听》而后，杂以他文，得一千三百四十有三首，为赋十，楚词五，诗七百，铭、赞、颂二百四十，序、记、书八十，表、状、文、杂著四十九，墓志、碑碣四十一，题跋一百一十八，合为三十帙，分别部类，各以伦类。呜呼，亦可谓富矣！[②]

南宋文人仲并的《浮山集》，也是由外孙编纂完成：

江都仲并弥性自幼卓荦不群，潜心问学，排王氏一偏之说，惟六艺孔孟是师，笔势翩翩，隽声籍甚……孝宗初元，擢丞光禄，晚知蕲州。议论才略既未尽见于用，而平生著述亦多散失。外孙南安太守孟猷嗜学好修，渊源有自，裒成《浮山集》十六卷，以序见属。[③]

然而，与“直接子嗣”编集的情况相比，这类由“间接子嗣”编集的情况在两宋时期要少得多。

两宋时期，“间接子嗣编集”和“直接子嗣编集”一样，也存在“多人集体编纂”的情况，北宋文人陈洎文集的编纂就是如此：

---

① （宋）王炎：《程允夫集序》，《全宋文》卷6108，第270册，第277—278页。

② 《全宋文》卷2879，第133册，第288—289页。

③ （宋）周必大：《仲并文集序》，《全宋文》卷5119，第230册，第162页。

不朽有三，曰立德，曰立功，曰立言。有一于斯，可以无愧于后世……异时闻彭城陈公之奋志高行闻于乡，乡人共师之以为先生……今公之外孙巩大夫程因显忠以全集示廌，古律诗凡百九十首，杂文一百四十六篇，列为二十卷，曰："吾家父子集而录之，虽残编断简，殆无遗矣，至巩将誊数十本传于人间。"①

"吾家父子集而录之"就是指陈洎的外孙程因和其父亲一起编纂了外祖父的文集。值得注意的是，程因父子编集工作完成后，程因"将誊数十本传于人间"，对外祖父的文集进行了抄写传播，扩大了文集的影响力。

二　兄弟编纂

所谓"兄弟编纂"，就是指由同胞兄弟来编纂文集的情况，北宋文人李沆、王安仁的文集就是由各自的兄弟编纂而成：

公讳沆，字太初，其先赵郡人，广武君之后也……雅善笔札，特臻其妙。尝所著述，遗橐颇多，季弟维，论次编联成二十卷。立言不朽，其在兹乎。②

先生其长子，讳安仁，字常甫……先生有文十五卷，其弟既次以藏其家。③

北宋著名诗人唐庚的文集，也曾由其弟唐庾编纂：

予兄子西自龆龀学为文，出言已惊人，如《赋明妃曲》、《题醉

① （宋）李廌：《陈省副文集后序》，《全宋文》卷 2851，第 132 册，第 133—134 页。

② （宋）杨亿：《宋故推忠协谋佐理功臣光禄大夫尚书左仆射兼门下侍郎同中书门下平章事监修国史上柱国陇西郡开国公食邑三千八百户食实封一千二百户赠太尉中书令谥曰文靖李公墓志铭》，《全宋文》卷 300，第 15 册，第 61—65 页。

③ （宋）王安石：《亡兄王常甫墓志铭》，《全宋文》卷 1416，第 65 册，第 184 页。

仙崖》什、《上任德翁序》之类，时年方十四五，老师匠手，见之无不褫魄落胆。及入官以来，所著愈多。至被谪南迁，其文益工，然随作随散，不复留稿，故今所存者极少。比见京师刊行者，止载岭外所述，多舛谬失真害理，恐误学者观省，而不能以传诸永久，因并取其少年时所为文随卷附之，庶以广其传云。昔《昌黎文公集》，其子婿李汉编而序之。杜子美诗，故相吕公微仲为作年谱。予于兄手足之爱，亲炙最久，其编次之意、发挥之功，庶几于二子焉。若夫子西兄之文名播天下，为缙绅之所歆慕，至其著撰有先后，所造有浅深，则览者当自辨之，不待予言而后知也。宣和四年六月朔日，弟庚谨序。①

唐庚字子西，故唐庚文中有"予兄子西"云云，据唐庚所言，在其编纂唐庚文集之前，京师已有文集刊本，则在此之前，必有人编纂过唐庚的文集。② 然而这部文集"止载岭外所述，多舛谬失真害理"，不仅收录不全，而且质量不佳，唐庚担心会"误学者观省，而不能以传诸永久"，所以，重新加以编纂，"并取其少年时所为文随卷附之，庶以广其

① （宋）唐庚：《眉山诗集序》，《全宋文》卷3145，第146册，第101—102页。

② 按：吕荣义《眉山唐先生文集序》云："先生名庚，字子西，眉州眉山人也……政和初，谪居海表，流离困苦，盖六年而不返，然身益穷而文益富也。其后归京师，僦居于景德寺，予时与先生比舍，而日得见先生之所为文，颇尝请其本以传。而先生辞曰：'予以是得名，亦以是得谤，可一览而足，不必丐而去也。'于是不果传焉。退复私念曰：先生之文，金玉也。虽闭藏埋没，不求人知，然气焰光彩，久而必见于世，盖所谓不待官而后显也已……今先生之文，予知其不久而遂显也。先生死不一年，果有橐其文以来京师者。而太学之士日传千百本而未已。然惜其所传者止此，今始序而藏之，庶几他日必有得其完本者。宣和四年八月十五日，温陵吕荣义德修序。"（《全宋文》卷3769，第173册，第4—5页）据文意，吕荣义想要编纂、传播唐庚的文集，唐庚不同意，因此，唐庚文集在其生前当没有编纂，至少没有传播。唐庚卒后不到一年，就有人"橐其文以来京师"，并且"太学之士日传千百本而未已"，文集广泛传播，则是时唐庚文集必已为人所编纂。唐庚卒于徽宗宣和二年（1120），其文集首次为人编纂在其卒后不到一年，则编纂时间不会迟于宣和三年（1121）。又，郑总《眉山唐先生文集叙》云："眉山唐先生名庚，字子西，政和中谪官岭南，余邂逅识之，往来相好也。其文寔与道俱。观其文，则其为人不论可知……惟太学之士得其文，甲乙相传，爱而录之。爱之多而不胜录也，鬻书之家，遂丐其本而刊焉。"（《全宋文》卷3769，第173册，第17页）据此可知，由于唐庚文集在太学生中广泛传播，书商见有利可图，因此，就对其加以刊印。书商以盈利为目的的刊印，很难保证文集质量，这也正是唐庚文中所说的"多舛谬失真害理"的原因。

传云”。这类由于文集的刊刻而推动文集的重新编纂的现象，在两宋时期文人文集的编纂史上，是颇值得注意的。

除了一人独自编纂以外，在两宋文坛上，还存在“诸弟合力编兄集”的情况，北宋文人江端礼的文集就是由其两位弟弟江端友、江端本合力编纂而成：

> 君讳端礼，字子和，一字季恭……其二弟端友、端本，今俱以文行称。二弟裒子和之遗稿为集若干卷。①

由于儒家仁义孝悌思想的影响，中国文人一直有“长兄如父”的观念，从一定意义上说，为兄长编纂文集与为父亲编纂文集有同样重要的意义，都是孝义与尊敬的表达，这是两宋时期“兄弟编集”模式广泛存在的重要原因。

三　门生编纂

在两宋时期文人文集的编纂队伍中，有一个群体非常值得关注，那就是门生群体。两宋文学的发展，在一定程度上具有“衣钵传承”的规律，“门生”这一群体在两宋时期文学发展的链条中一直扮演着非常重要的角色，他们在继承、传播老师或者座主的思想和推动两宋文学发展的进程中，起着不可低估的重要作用。而要继承、传播老师或座主的思想，为他们编纂文集就是一个很好的方式。同时，作为门生，为老师编纂文集，是义不容辞的责任。因此，在两宋时期文人文集的诸多生成方式中，“门生编集”一直占有重要的地位。在两宋文坛上，由门生编纂的文集不仅数量多，而且质量也往往较高。这是因为从事编集工作的门生大多是饱学之士，文化积淀深，文学水平高，再加上为老师编纂文集，态度比较认真，因而，两宋时期由“门生编集”模式所形成的文集，往往属于精品。

北宋前期著名文人柳开的文集，就是其门生张景编纂而成：

---

①（宋）晁说之：《江子和墓志铭》，《全宋文》卷2818，第130册，第313—314页。

> 先生生于晋末，长于宋初。拯五代之横流，扶百世之大教，续韩、孟而助周、孔，非先生孰能哉！……然其生不得大位，不克著之于事业，而尽在于文章。文章，盖空言也，先生岂徒为空言哉？足以观其志矣。今缉其遗文，得共九十六首，编成十五卷，命之曰《河东先生集》。先生名氏、官爵暨行事，备之《行状》，而系于集后。咸平三年夏五月己亥，门人张景述。①

张景不仅为乃师柳开编纂文集，而且亲自为文集作序，以表敬仰和爱戴，体现了一名门生对老师的真挚情感。

值得一提的是，张景为其师柳开编纂文集，而张景的门生又为张景编集，这种“门生编纂”模式的传承，形成了两宋时期文人文集生成过程中的一道独特的风景：

> 呜呼！有宋闻人张晦之之墓。晦之名景，江陵公安人……平生文章，门人万称集为二十五通。②

“门生编集”是两宋时期文人文集生成的常规模式，北宋文人陈师道、南宋文人唐稷的文集，皆由门生编纂而成：

> 先生姓陈，讳师道，字履常，一字无己，彭城人……左右图书，日以讨论为务。盖其志专欲以文学名后世也……先生既殁，其子丰、登以全稿授衍曰：“先实知子，子为编次而状其行。”……衍尝谓唐韩愈文冠当代，其传门人李汉所编。衍从先生学者七年，所得为多。今又受其所遗甲、乙、丙稿，皆先生亲笔。合而校之，得古律诗四百六十五篇，文一百四十篇。诗曰五、七，杂以古律，文曰千百，不分类。衍今离诗为六卷，类文为十四卷，次皆从旧，合二十卷，目录一卷。又手书之……后岂不有得手写故本以证其误者？则不肖

① （宋）张景：《河东先生集序》，《全宋文》卷271，第13册，第352页。
② （宋）宋祁：《故大理评事张公墓志铭》，《全宋文》卷528，第25册，第142页。

之名因附兹以不朽为幸焉。其阙方求而补诸，又有《解洪范》、《相表》，阐微彰善，诗话、丛谈，各自为集云。政和五年十月六日，门人彭城魏衍谨记跋。①

君讳稷，字尧弼，世为兖之邹人……平生著诗赋记序铭赞箴颂甚多，门人类次成五十二卷，名《砚冈集》。②

魏衍不仅编纂了陈师道的文集，而且还“手书之”，希望以后能够“得手写故本以证其误”，从而实现了陈师道文集的首次抄写传播。

有时候，门生还会和其他人合作，共同编纂乃师的文集，南宋文人王庭珪、曾惇的文集就是门生和他人共同编纂而成的：

先生王氏，讳庭珪，字民瞻……先生之孙澹及曾孙征及其门人刘江，诠次先生之诗文凡若干卷，将刻枣以传，而太守朱公子渊复刻其诗于郡斋，澹属某序之。③

临海使君南丰曾侯惇，字竑父……既秩满去郡，门生故吏相与裒次，属黄岩长刻诸板，将传之。④

门生不仅进行编纂，而且参与刊刻传播，这对两宋时期文人文集的生成与文人声名的提升，有着非常重要的意义。

在两宋时期的师生团队中，最显眼的应该是欧阳修和苏轼了。苏轼在欧阳修座下登第，在一定程度上也可以算作欧阳修的门生，作为门生的苏轼为欧阳修编纂《六一居士集》，可视作两宋时期“名徒”编纂“名师”文集的一个代表。苏轼《六一居士集叙》云：

---

① （宋）魏衍：《后山集记跋》，《全宋文》卷2874，第133册，第217—218页。

② （宋）胡铨：《编修唐君墓志铭》，《全宋文》卷4326，第196册，第89—91页。

③ （宋）杨万里：《卢溪先生文集序》，《全宋文》卷5320，第238册，第213页。

④ （宋）谢伋：《曾使君新词序》，《全宋文》卷4198，第190册，第334页。

予得其诗文七百六十六篇于其子棐，乃次而论之……欧阳子讳修，字永叔。既老，自谓六一居士云。①

所谓“次而论之”，即为“编纂”之意。由于苏轼本身为宋代文坛第一流人物，其所编纂的欧阳修《六一居士集》必然会因为编纂者的“名人效应”而扩大影响力，南宋文人吕荣义曾云：

近世以文集显于时者，文忠公有《六一居士集》……虽樵夫野老，市井庸人，皆能道其姓氏，而乐诵之。②

客观而言，欧阳修文集这种影响力的形成，除了欧阳修本人和作品的影响力以外，与文集的编纂者苏轼的个人影响力也是有一定关系的。

这类由于“名人编集”而扩大文集传播影响力的现象，在一定程度上属于文集的“加值传播”，对于全面研究两宋时期文人文集的传播而言，有重要的价值和意义。

四　友人编纂

在两宋时期文人文集的编纂队伍中，作者的朋友是一个不能忽视的群体，“友人编纂”是两宋时期文人文集的重要生成方式之一。

北宋著名诗人苏舜钦的文集，最初就是由其挚友欧阳修编纂而成的。且看欧阳修《苏氏文集序》所云：

予友苏子美之亡后四年，始得其平生文章遗稿于太子太傅杜公之家，而集录之以为十卷。子美，杜氏壻也，遂以其集归之，而告于公曰：“斯文，金玉也，弃掷埋没粪土，不能销蚀。其见遗于一时，必有收而宝之于后世者。虽其埋没而未出，其精气光怪已能常

① （宋）苏轼：《六一居士集叙》，《全宋文》卷1931，第89册，第181页。

② （宋）吕荣义：《眉山唐先生文集序》，《全宋文》卷3769，第173册，第4页。

自发见，而物亦不能掩也。故方其摈斥摧挫、流离穷厄之时，文章已自行于天下，虽其怨家仇人，及尝能出力而挤之死者，至其文章，则不能少毁而掩蔽之也。凡人之情，忽近而贵远，子美屈于今世犹若此，其伸于后世宜如何也！公其可无恨。”①

欧阳修得之于“太子太傅杜公之家”的苏舜钦遗稿，实为苏舜钦妻杜氏搜集并带回娘家的，欧阳修编纂苏舜钦文集是应杜氏的要求而进行的，这一点，欧阳修在《湖州长史苏君墓志铭（并序）》中言之甚明：

故湖州长史苏君有贤妻杜氏，自君之丧，布衣蔬食，居数岁，提君之孤子，敛其平生文章，走南京，号泣于其父曰：“吾夫屈于生，犹可伸于死。”其父太子太师以告于予。予为集次其文而序之，以著君之大节与其所以屈伸得失，以深诮世之君子当为国家乐育贤材者，且悲君之不幸……君讳舜钦，字子美。②

苏舜钦文集虽说是欧阳修应苏妻杜氏之要求编纂而成，但就文集生成的模式来说，当属于典型的“友人编集”无疑。

欧阳修编纂苏舜钦文集，并不是简单地对作品加以整理、分类和归拢，而是经过了一番仔细的梳理和甄辨，是颇费了一些功夫的。欧阳修《与梅圣俞书》（一五）所言可以为证：

近为子美编成文集十五卷，凡述作中人可及者，已削去之，留其警绝者，尚得数百篇。后世视之，为如何人也！朋友之间可以为慰尔。③

将“述作中人可及者”削去，只“留其警绝者”，可见欧阳修在编纂

---

① 《全宋文》卷716，第34册，第47页。

② 《全宋文》卷753，第35册，第339页。

③ 《全宋文》卷710，第33册，第325页。

文集时曾对苏舜钦的作品进行过甄别。欧阳修如此花费心思地编纂，其用意很清楚，就是希望能够编纂一部精品文集，并通过精品文集的传播，为好友留下美声。

欧阳修编纂的苏舜钦文集，由于其认真的态度和对作品精当的择取，在当时就受到了好评，杜衍《与欧阳修书》（八）就如是云：

苏集编次，审已毕事，非大君子藻尚素异，何以及是，存没增感矣。行状乡亦封纳，未知此家子孙胡以为报也。同感同感！①

需要指出的是，欧阳修《苏氏文集序》言其编纂苏舜钦文集是“集录之以为十卷”，而在《与梅圣俞书》中则云“为子美编成文集十五卷”，若所言不误，则欧阳修至少曾为苏舜钦编纂过两部文集，或至少对苏舜钦的文集进行过两次编纂。

除了苏舜钦之外，欧阳修还编纂过另一位好友梅尧臣的文集，对此，欧阳修在《江邻幾文集序》一文中言之甚明：

余于圣俞、子美之殁，既已铭其圹，又类集其文而序之，其言尤感切而殷勤者，以此也。②

所谓“类集其文”，就是为他们二人（梅尧臣、苏舜钦）编纂文集。需要指出的是，梅尧臣的文集生前就曾由其妻兄之子谢景初编纂过，欧阳修的编纂，乃属于二次编纂：

圣俞诗既多，不自收拾。其妻之兄子谢景初惧其多而易失也，取其自洛阳至于吴兴已来所作，次为十卷。予尝嗜圣俞诗，而患不能尽得之，遽喜谢氏之能类次也，辄序而藏之。其后十五年，圣俞以疾卒于京师。余既哭而铭之，因索于其家，得其遗稿千余篇，并

① 《全宋文》卷318，第15册，第372页。
② 《全宋文》卷717，第34册，第65页。

旧所藏，掇其尤者六百七十七篇，为一十五卷。[①]

梅尧臣文集的这两次编纂，实质上分别属于“亲戚编集”和“友人编集”两种编纂模式。值得注意的是，由谢景初和欧阳修所编纂的这两个文集，其内容和性质是不完全一样的，谢景初的编集，是因为担心梅尧臣的作品“多而易失”，因而进行编纂，实际上只是起到了将作品收集、汇聚的作用。而欧阳修的编集，是在对梅尧臣所有作品进行审视和比较以后，“掇其尤者六百七十七篇，为一十五卷”，也就是说进行了“精选”，所以，文集的质量要比谢景初所编之集高得多。又因为欧阳修是著名文学家，是名人，因而，由他所编纂的文集不可避免地会带上一些“附加值”。两宋文坛非常注重“名流印可”，欧阳修所编定的文集，自然是经过他“印可”的，“身价”当然不一样。

在北宋文坛上，像欧阳修这样为好友编纂文集的现象还有很多，比如，范仲淹编纂尹洙文集、苏洵编纂史彦辅文集、祖无择编纂穆修文集等[②]，都可以归入“友人编集”这一文人文集生成模式。

南宋时期，“友人编纂文集”的情况也很多，朱熹编纂张栻文集，就属于这种情况：

若近故荆州牧张侯敬夫者，则又忠献公之嗣子，而胡公季子五峰先生之门人也……敬夫既没，其弟定叟裒其故稿，得四巨编，以授予曰：“先兄不幸蚤世，而其同志之友亦少存者。今欲次其文以行于世，非子之属而谁可？”予受书愀然，开卷亟读，不能尽数篇，为

① 《全宋文》卷716，第34册，第53页。

② 范仲淹《尹师鲁河南集序》云“师鲁有心于时，而多难不寿，所为文章，亦未尝编次。惟先传于人者，索而类之，成十卷，亦足见其志也”。（《全宋文》卷385，第18册，第393页）苏洵《祭史彦辅文》云：“遗文坠稿，为子收拾，以葺以编。我知不朽，千载之后，子名长存。”（《全宋文》卷927，第43册，第188页）祖无择《河南穆公集序》云：“河南穆公讳修，字伯长，天平人，少举进士，有名广场中……及公之殁，无择求遗文于嗣子熙，得诗五十六，书、序、记、志、祭文总二十。与无择所藏增多诗一十二，书、序各一。又从其旧友而求之，往往知爱而不知传，故无获焉。姑类次是以为三卷，题曰《河南穆公集》云。”（《全宋文》卷935，第43册，第311—312页）由此可知，范仲淹、苏洵、祖无择三人皆曾为友人编纂文集。

之废书，太息流涕而言曰："世复有斯人也耶！无是人而有是书，犹或可以少见其志。然吾友平生之言，盖不止此也。"因复益为求访，得诸四方学者所传凡数十篇。又发吾箧，出其往还书疏读之，亦多有可传者。方将为之定著缮写，归之张氏，则或者已用别本摹印而流传广矣。遽取观之，盖多向所讲焉而未定之论。而凡近岁以来谈经论事、发明道要之精语，反不与焉……于是乃复亟取前所搜辑，参伍相校，断以敬夫晚岁之意，定其书为四十四卷……淳熙甲辰十有二月辛酉，新安朱熹序。①

张栻字敬夫，所以朱熹称其为"张敬夫"，乃南宋名臣张浚之子，与朱熹、吕祖谦合称"东南三贤"。据朱熹文中所言，其编纂张栻文集，乃在张杓（定叟）"裒其故稿，得四巨编"的基础上，"复益为求访，得诸四方学者所传凡数十篇。又发吾箧，出其往还书疏读之，亦多有可传者"，经历了广泛搜集张栻作品的过程。正当他准备编纂的时候，发现社会上已经有张栻文集的印本在传播，然而印本收录作品不精，于是朱熹"乃复亟取前所搜辑，参伍相校，断以敬夫晚岁之意，定其书为四十四卷"，对所搜集的作品进行校订，最终编纂完成张栻文集四十四卷。由此可见，朱熹编纂张栻文集，也是花了很大一番力气的。

两宋时期文人为友人编集特别是为已经逝去的友人编纂文集，一方面可以让友人的声名因文集的传播而流传后世②，另一方面可以借此来表达对朋友的怀念，这是两宋时期许多文人为友人编集的一个重要原因。

五 书商编纂

在两宋时期，有一类颇不受作者欢迎的文集编纂者，那就是书商。在两宋时期文人文集的诸多生成模式中，只有"书商编集"这一模式常常不被作者认可，甚至有时会遭到作者的强烈反对。虽然文人文集的这

---

① （宋）朱熹：《张南轩文集序》，《全宋文》卷5621，第250册，第331—332页。

② 正如苏洵所言："千载之后，子名长存"，见苏洵《祭史彦辅文》，《全宋文》卷927，第43册，第188页。

类生成模式常不被认可，甚至编纂行为本身就不合法，但在两宋时期，书商为了盈利，编纂生成了一大批文人文集，这是客观事实。因此，在探讨两宋时期文人文集的生成模式时，“书商编集”这一模式理应受到足够的关注。

“书商编集”有一个特点，那就是以盈利为目的，所以，书商编集以后，往往会将所编纂的书籍刊印、出售。既然以赢利为目的，书商就会对所编纂的文集有选择性。一般而言，书商会选择编纂两类文集：一类是名家的文集，另一类是实用性强的文集。这两类文集共同的特点就是“畅销”，畅销就能获得更多的利润。

苏轼的作品就被范阳的书商编成《大苏小集》，刊刻后售卖，就是书商编纂名家文集的典型例子：

> 张芸叟奉使大辽，宿幽州馆中，有题子瞻《老人行》于壁者。闻范阳书肆亦刻子瞻诗数十篇，谓《大苏小集》。[1]

这是宋人王辟之《渑水燕谈录》中的一段话，范阳书肆将苏轼数十篇诗歌编纂在一起并加以刊印的《大苏小集》，就是书商为牟利而编纂的一部苏轼诗集。对于书商私自编纂和刊刻自己的文集，苏轼非常气愤，他曾在写给友人陈传道的信中说：“某方病市人逐于利，好刊某拙文，欲毁其板”[2]，不满之意，可见一斑。

逐利的书商不但非法编纂本朝名人的文集，有时甚至还会以本朝有影响力的文学大家的名义来编纂一些畅销文集进行牟利，南宋文人汪应辰《书少陵诗集正异》中所提到的闽中刊印《杜诗事实》而假托苏轼为编纂者，就是一个很好的例子：

> 闽中所刻东坡《杜诗事实》者，不知何人假托，皆凿空撰造，

① （宋）王辟之：《渑水燕谈录》卷七“歌咏”条，《唐宋史料笔记丛刊》本，中华书局1981年版，第89页。

② （宋）苏轼：《答陈传道（二）》，《全宋文》卷1903，第88册，第63页。

无一语有来处。[①]

两宋时期书商会选择编纂的另一类文集，是实用性强、销量大的文集，比如，与举子考试相关的策论、程文等，就是书商们热衷编纂的对象。宋光宗于绍熙元年（1190）三月颁发的《禁雕卖策试文字诏》云：

建宁府将书坊日前违禁雕卖策试文字日下尽行毁板，仍立赏格，许人陈告。[②]

黄由于庆元五年（1199）正月上《乞选刊程文奏》云：

窃见向来臣僚奏请，凡书坊雕印时文，必须经监学官看详。比年所刊，醇疵相半，未足尽为楷则。[③]

无论是皇帝的下诏，还是臣子的上奏，都说明了书商刊印科举程文的存在。若要刊印，必先编纂，多篇程文编纂在一起，就是一部专门的文集。书商敢违禁编纂、刊印这类文集，就说明这类文集售卖的利润可观。高额的回报让书商们不惜违禁也要积极编印这类文集，而书商们的大量刊印客观上又推动了这类文集的广泛传播。

两宋社会由于印刷技术的不断成熟和书籍买卖的日趋常规化，书商私自编集和盗版印刷的现象屡有发生，对此，许多文人也是无可奈何，只能被迫重新编纂文集，让其进入书籍流通领域，借以减轻或消除盗编、盗刻所带来的负面影响。[④] 这在客观上促进了两宋时期的文人对自身文集编纂的重视，在一定程度上推动了两宋时期文人文集的"作者自编"这

① （宋）汪应辰：《书少陵诗集正异》，《全宋文》卷4776，第215册，第174页。

② 《全宋文》卷6417，第283册，第72页。

③ 《全宋文》卷6461，第284册，第399页。

④ 例如，苏轼在面对自己的作品被盗编、盗刊的情况下，选择"当俟稍暇，尽取旧诗文，存其不甚恶者，为一集"［《答陈传道（二）》，《全宋文》卷1903，第88册，第63页］的方式，就是如此。

一生成模式的发展①，这是“商人编集”这一不受作者欢迎的文集生成模式所带来的意想不到的效果。

六　地方官员编纂

在两宋时期，一些地方官员为了表达自己对所任职之地的文化和乡贤的尊重，往往会主动编纂该地域内某些乡贤的文集，以期得到当地百姓的尊重与认可，这就在客观上使两宋时期的地方官员走入了文人文集编纂者的队伍。北宋文人孙觉在湖州任知州时，就曾将湖州本地历代乡贤的诗编纂成集。宋王象之《舆地碑记目》卷一《安吉州碑记》载“吴兴诗集”，其下小注云：

> 熙宁中，知州事孙觉裒吴兴人诗自晋至唐凡二百首。②

一个“裒”字，即已说明《吴兴诗集》乃孙觉搜集、整理、编纂而成。值得提出的是《吴兴诗集》既然已经位列“碑记”之中，则说明其不仅被编纂完成，而且得到刻石传播。

北宋文人张田守庐州时，编纂庐州乡贤包拯的奏议集，也是地方官员为乡贤编集的典型例子。张田《包孝肃奏议集题辞》云：

> 仁宗皇帝临御天下四十年，不自有其圣神明智之资，善容正人，延说议，使其谋行忠入，有补于国，卒大任以股肱者，惟孝肃包公止尔……公薨后三年，田守庐州，尽得公生平谏草于其嗣子太祝君，因取其大者列三十门，凡一百七十一篇，为十卷，恭题曰《孝肃包

---

① 例如，北宋著名诗人李觏在得知自己的文集被盗刊以后，就加紧续编自己的文集，以消除盗刊的负面影响，就是一个典型的例子，其《皇祐续稿序》云：“觏庆历癸未秋，录所著文曰《退居类稿》十二卷。后三年，复出百余首，不知阿谁盗去。刻印既甚差谬，且题《外集》尤不韪，心常恶之，而未能正。于今又六年，所得复百余首，暇日取之，合二百三十八首，以续所谓《类稿》者。”（《全宋文》卷896，第42册，第40页）面对文集被盗刊，李觏虽然“心常恶之”，但也没办法，只得抓紧时间将自己未曾编集的作品进行编纂，形成文集，以免被再次盗编、盗刻。

② 《文渊阁四库全书》本，台湾商务印书馆1986年版。

公奏议集》，遂纳诸家庙，庶与其后嗣无穷也。①

编纂包拯的奏议集，一方面顺应了时势，另一方面会为张田赢得名声，一举两得，算得上是张田的高明之举。张田编纂的十卷本《孝肃包公奏议集》到了南宋还存世，赵彦国守庐州时，通判章籍曾命州学教授吴祇若对其进行了校正，并且进行了刊刻，再一次推动了包拯文集的广泛传播：

> 孝肃包公，名塞宇宙，小夫贱隶，类能谈之；第其平昔嘉谟谠论，关国家大体者，虽绅闲或未尽闻。庐江帅毗陵胡公彦国、倅建安章公籍，一日相与言曰："此邦素多奇士，如包公实闲出也。惜其后无显人，弗克为之发扬。"因搜访遗稿，欲传之为不朽计。有摄助教苏林进曰："林旧藏公《奏议集》十卷，亡于兵火；今淮左总司属官徐公修家有是本，请往求之。"遂不远数百里，手抄以归，前所谓嘉谟谠论，悉粲然在目矣。帅倅得之，喜曰："兹可以广吾志也。"乃俾祇若是正讹谬，锓板郡学，且命录公传及祠记、逸事附于末。其好贤乐善之诚盖如此，不可以不识。绍兴二十七年九月望日，左修职郎充庐州州学教授括苍吴祇若书。②

南宋时期，地方官员编纂乡贤文集的现象相较于北宋而言，更为普遍，影响也更大。高宗绍兴年间，赵朝义守临川时，让苗昌言编纂的乡贤谢逸和谢迈兄弟两人的文集，在当时就产生了比较广泛的影响：

> 临川谢逸字无逸，其文章学业为缙绅推重，以其所居溪堂，称之曰溪堂先生。弟迈幼槃以字行，兄弟以诗鸣江西，有《文集》合三十卷，邦之学士欲刊之，以贻永久，积数年而未能也。粤绍兴辛未，赵公朝议来守是邦，期年政成，民服其教，慨然思以儒雅饰吏

① 《全宋文》卷1042，第48册，第195—196页。

② （宋）吴祇若：《跋包孝肃奏议》，《全宋文》卷4702，第212册，第113—114页。

事，命勒其书于学宫，以称邦人之美意。昌言以铅椠董兹职，于是搜访阙遗，以相参订，晚得溪堂善本于前学正易葳，又得幼盘善本于其子敏行。葳知溪堂出处甚详，敏行逮事其父，诗律有典型，其编次是正可无恨矣。刀笔方兴，士大夫翕然称赞。工未讫功，而四方愿致其集者日至，以是知二公之名重当时，欲见诗者惟恐后也。闻之乡老，无逸之交游无非天下名士，其后幼盘声闻寖广，与之并驱而争先。既没之后，为之传序，为之哀词、祭文者甚众。今未暇博询而编录也，特取舍人吕公之书摹其真迹于后，庶几因吕公之文，而不失二公文行之实云。壬申冬十一月辛卯朔，建康苗昌言题。①

谢逸、谢迈兄弟乃临川（今江西抚州）名人，名重当时，影响很大，“既没之后，为之传序，为之哀词、祭文者甚众”，苗昌言编纂二人文集还未完成时，就已经出现“四方愿致其集者日至……欲见诗者惟恐后也”的现象，文集编成后的影响，可以想见。

值得注意的是，在两宋时期的地方官员编集中，除了大部分是“乡贤”的文集以外，还有一小部分“贤宦”的文集，南宋文人强焕任职溧水时，编纂并刊刻北宋时期曾任溧水县令的周邦彦的词集就是一个典型的例子：

溧水为负山之邑，官赋浩穰，民讼纷沓，似不可以弦歌为政。而待制周公元祐癸酉春中为邑长于斯，其政敬简，民到于今称之者固有余爱；而其尤可称者，于拨烦治剧之中不妨舒啸，一觞一咏，句中有眼，脍炙人口者又有余声，声洋洋乎在耳，则其政有不亡者存。余慕周公之才名有年于兹，不谓于八十余载之后踵公旧踪，既喜而且愧。故自到任以来，访其政事……暇日从容，式燕嘉宾，歌者在上，果以公之词为首唱，夫然后知邑人爱其词，乃所以不忘其政也。余欲广邑人爱之之意，故裒公之词，旁搜远绍，仅得百八十有二章，厘为上下卷，乃辍俸余，鸠工锓木，以寿其传，非惟慰邑人之思，亦蕲传之有所托，俾人声其歌者足以知其才之优于为邑如

① （宋）苗昌言：《溪堂竹友集合跋》，《全宋文》卷4643，第209册，第272—273页。

此，故冠之以序，而述其意云。公讳邦彦，字美成，钱塘人也。淳熙岁在上章困敦，孟陬月围赤奋若，晋阳强焕序。[①]

周邦彦于北宋元祐年间曾为政溧水，期间创作了不少词作，深得当地百姓喜爱，并广为传唱。八十多年后，强焕任职溧水，“欲广邑人爱之之意”，广泛搜罗收集到作品一百八十二首，“厘为上下卷”，编纂成《片玉词》，并且拿出自己的俸禄，“鸠工锓木”，将《片玉词》进行了刊印传播。强焕编纂、刊印周邦彦词集就是地方官员编纂当地“贤宦”文集的一个代表。

“地方官员编集”作为两宋时期文人文集的一种独特生成模式，值得我们加以关注。

除了“作者自编”和以上七种类型的“他人编集”以外，两宋时期文人文集的编纂者偶尔还有亲戚[②]、追慕者[③]、同僚[④]等。但这些编纂者一方面数量不多，另一方面其编集活动的影响也不太大，限于篇幅，不展开说明。

---

① （宋）强焕：《片玉词序》，《全宋文》卷6260，第276册，第352页。

② 宋初名臣钱惟演编纂其侄钱守让的文集，就是两宋时期文人文集“亲戚编纂”模式的一个代表，钱惟演《梦草集序》云：“惟希仲君最为先达，惜其中年忽焉化去。巾箧尘坌，文本错乱，素楮既举，襚衣在坐。其孤愚恕乃以遗文诣予而泣，因为手自编集，分作二十卷，拭泪而序之。希仲名守让，先君尚父之孙，兄长邠王之子……予与希仲，虽巷分南北，而学同砚席，文义之乐，起予则多，因以‘梦草’命名，用见于志”（《全宋文》卷194，第9册，第391—392页），可知钱惟演不仅为其侄儿钱守让编纂了《梦草集》，而且亲自为文集作序，提高了文集的影响力。

③ 在两宋时期文坛上，一些著名的文人（比如欧阳修、苏轼等）都会有一些虔诚的追慕者，这些追慕者常常会主动收集偶像文人的作品，等作品积累到一定数量的时候，就会将这些作品编纂成集，从而形成了两宋时期“追慕者编集”这一独特的文人文集生成模式。陈师仲编纂苏轼作品为《超然》《黄楼》二集，就是一个典型的例子：“见为编述《超然》、《黄楼》二集，为赐尤重。从来不曾编次，纵有一二在者，得罪日，皆为家人妇女辈焚毁尽矣。不知今乃在足下处。当为删去其不合道理者，乃可存耳。”（苏轼：《答陈师仲主簿书》，《全宋文》卷1892，第87册，第347页）按：陈师仲是作为“苏门六君子”之一的陈师道的兄长，他和陈师道一样，都是苏轼的虔诚追慕者，他所编纂的《超然》《黄楼》两部苏轼文集，就是根据自己所收藏的苏轼作品主动编纂而成的。

④ 王安石的文集就曾经由同僚编纂过，杨时《范君墓碣》载：“君讳某，字济美，姓范氏，建州建阳人……初，右丞薛公某常自负学有师承，为世儒宗，闻君名，以礼币延置门下……自符离罢还，会薛公被旨编集荆公遗文，辟为检讨官。”（《全宋文》卷2701，第125册，第126页）

第五章

理念与原则:两宋编集的独特旨归

两宋时期的文集编纂特别是两宋时期对本朝文人文集的编纂，有两个独特的旨归，那就是“求精编”或“求全编”的编纂理念与“以类相从”及“奏议不入文集”的编纂原则。

第一节　两宋时期文人文集的编纂理念

两宋时期文人文集的编纂理念主要包括文集“求精编”和文集“求全编”两类。

一　文集“求精编”

所谓“求精编”，就是追求文集“精品化”的编纂理念。在这一理念的指导下，编纂者在对文人文集进行编纂之前，首先要对作品进行甄别和择取，将精选出来的优秀作品编入文集，从而形成作品的“精选集”。“求精编”理念指导下的文集往往非常注重文集在编纂完成以后，进入传播领域所形成的传播效果，换言之，“求精编”的目的就是寻求文集在传播以后所带给作者或编纂者的名声或利益的收获。按照文集编纂模式的不同，两宋时期文人文集的“求精编”又可分为“求精集”和总集“求精选”两类。

（一）求精集

所谓“求精集”，就是指集中精品、删汰劣作，以达到文集精致目的的编纂模式。作为“三不朽”之一，“立言”一直被中国文人所看重，而文人所立之“言”的传播效果及其对自己声名所带来的影响，更是被文人所关注，这就是为什么许多文人会反复打磨自己的作品[①]，甚至对不甚满意的作品进行“焚稿”[②] 的一个重要原因。作为文人“言”的集合——文集的传播所带来的文坛的“好评”或“差评”，是每一位文集作者都牵挂于心的大事，因此，对于自己文集的编纂，许多文人都努力做到精益求精，反复推敲，丝毫不敢掉以轻心。北宋著名文人欧阳修、李觏、秦观等人对自己文集的编纂就是如此：

欧阳文忠公晚年取平生所为文自编次，今所谓《居士集》者。往往一篇至数十过，有累日去取不能决者。一夕大寒，烛下至夜分，薛夫人从旁语曰：“寒甚，当早睡。胡不自爱目力？此己所作，安用再三阅？宁畏先生嗔邪？”公徐笑曰：“吾正畏先生嗔耳！”[③]

李觏泰伯以举茂材罢归。其明年，庆历癸未秋，因料所著文。自冠迄兹十五年，得草稿二百三十三首。将恐亡散，姑以类辨为十二卷……至于妖淫刻饰尤无用者，虽传在人口，皆所弗取。[④]

元丰七年冬，余将西赴京师，索文稿于囊中，得数百篇。辞鄙而悖于理者辄删去之，其可存者，古律体诗百十有二，杂文四十有九，从游之诗附见者五十有六，合二百一十七篇，次十卷，号《淮海闲居集》云。[⑤]

---

① 学界所熟知的贾岛的“推敲”、王安石“春风又绿江南岸”对“绿”字的选定等，都是典型的例子。

② 如贺铸“前此率三数年一阅故稿，为妄作也，即投诸炀灶，灰灭后已者屡矣”（贺铸《庆湖遗老诗集序》，《全宋文》卷2673，第124册，第50页）。苏洵“悉取所为文数百篇焚之，益闭户读书，绝笔不为文辞者五六年……久之，慨然曰：‘可矣。’由是下笔，顷刻数千言，其纵横上下，出入驰骤，必造于深微而后止”［欧阳修《故霸州文安县主簿苏君墓志铭（并序）》，《全宋文》卷756，第35册，第371页］。

③ （元）马端临：《文献通考》卷234《经籍考·六一》引石林叶氏语，中华书局1986年版，第1870页。

④ （宋）李觏：《退居类稿自序》，《全宋文》卷896，第42册，第39页。

⑤ （宋）秦观：《淮海闲居集序》，《全宋文》卷2577，第119册，第376页。

欧阳修“一篇至数十过，有累日去取不能决”、李觏“妖淫刻饰尤无用者，虽传在人口，皆所弗取”、秦观“辞鄙而悖于理者辄删去之”的编纂态度，都体现了两宋时期文人编纂自己文集的“求精集”理念。清代四库馆臣评价欧阳修编纂《居士集》，以“选择为最审”[①]称之，其实，这种编纂时的“审慎选择、反复推敲”是两宋时期所有在“求精集”理念指导下的文集编纂的共同特点。“求精集”源于文人对作品的重视和对自身名誉的珍惜，因此，那些在两宋文坛上越是影响大、越是地位高的文人，对自己文集“求精集”的要求也会越高，这一点不难理解。毋庸说文集，即使是单篇作品，文人也希望传入文坛的是精品，这种心态从欧阳修《普明寺》一诗的传播中可见一斑：

《普明寺》，卅年前乱道，宜为削去，以藏丑拙，乃蒙刊著，何以堪之？[②]

《普明寺》一诗，在欧阳修自己看来不是佳作，不想被传播。然而，意想不到的是，却被别人刻石了，反而促进了传播，对此，欧阳修颇感不悦。由此可知，在欧阳修的文学传播思想中，是有非常强烈的精品传播意识的。这种意识不仅主导了他对自己文集的编纂，而且深深影响了他对别人文集的编纂。比如，他对苏舜钦和梅尧臣两人文集的编纂，就遵循着“求精集”的理念：

近为子美编成文集十五卷，凡述作中人可及者，已削去之，留其警绝者，尚得数百篇。后世视之，为如何人也！朋友之间可以为慰尔。[③]

圣俞诗既多，不自收拾……因索于其家，得其遗稿千余篇，并

① （清）纪昀等：《四库全书总目提要》卷174《别集类存目一·居士集》，河北人民出版社2000年版，第4568页。

② （宋）欧阳修：《与王懿恪公书（六）》，《全宋文》卷707，第33册，第257页。

③ （宋）欧阳修：《与梅圣俞书（二五）》，《全宋文》卷710，第33册，第325页。

旧所藏，掇其尤者六百七十七篇，为一十五卷。①

从“述作中人可及者，已削去之，留其警绝者”“掇其尤者”这些话语中，可以看出欧阳修编纂苏、梅二人文集属于典型的“求精集”。苏、梅二人是欧阳修的好友，也是北宋文坛上的著名文人。特别是梅尧臣，在整个两宋时期诗名甚显：“其家世颇能诗，而从父询以仕显。至圣俞，遂以诗闻，自武夫、贵戚、童儿、野叟，皆能道其名字，虽妄愚人不能知诗义者，直曰此世所贵也，吾能得之，用以自矜。故求者日踵门，而圣俞诗遂行天下”②，“宋兴，以诗名家为世所传如尧臣者，盖少也”③，时人甚至将其诗文织于“弓衣”之上④，对于声誉如此之隆、影响如此之大的文人而言，其传播于世的文集，当然要和其声名相符。这可能也是欧阳修要以“求精集”的理念来编纂文集的一个重要原因。⑤

除了对“个人别集”的编纂精益求精以外，在对多人作品汇聚而成的“总集”进行编纂时欧阳修依然秉持“求精集”的理念，对作品精挑细选，对文集认真编纂。且看其对一部唱和诗集的编纂：

唱和诗编次得成三卷，共一百七十三首，亦有三两首不齐整者，且删去。其存者，皆子细看来，众作极精，可以传也。盛哉盛哉！然其中亦有一时乘兴之作，或未尽善处，各白诸公修改令简少为幸，缘五篇各不长故也。⑥

---

① （宋）欧阳修：《梅圣俞诗集序》，《全宋文》卷716，第34册，第53页。

② （宋）欧阳修：《梅圣俞墓志铭（并序）》，《全宋文》卷755，第35册，第361页。

③ （元）脱脱等：《宋史》卷443《梅尧臣传》，中华书局1977年版，第37册，第13091页。

④ 《宋史·梅尧臣传》载：“有人得西南夷布弓衣，其织文乃尧臣诗也。”载《宋史》卷443，第37册，中华书局1977年版，第13092页。

⑤ 北宋时期，秉持“求精集”理念为朋友编纂文集的文人远不止欧阳修一人，吕南公编纂友人王向的文集时，亦以“求精集”理念为指导，其《王梦锡集序》云：“吾友王向，字梦锡……梦锡归葬之明年，其兄定十余稿数百纸，以父命授余曰：‘愿得次比而表题之。’余为之剟去拟试之作，而存著其可者。诗、书、序、辨、论，总百七篇，厘为五卷……余独能使梦锡见知于世乎哉？”（《全宋文》卷2370，第109册，第271—272页）从“剟去拟试之作”“存著其可者”来看，“求精”之意甚明。

⑥ （宋）欧阳修：《与梅龙图（挚字公仪）书》，《全宋文》卷709，第33册，第307页。

一般而言，将多人的唱和诗编纂成集，是为了留作纪念，对于入集的作品质量，不必过于苛求。而欧阳修却——“子细看来”，将不齐整的作品删去，对一些“未尽善”的作品，又要求作者进行修改，其编纂文集的“求精集”心态，于此可见一斑。

（二）求精选

所谓“求精选”，就是指将已经编纂完成的文人文集中的优秀作品精选出来，再次加以编纂，形成“作品精选集”，或者为了某一特定目的而遴选优秀作品临时编纂为“精选集”的方式。北宋名臣庞籍《清风集略》的编纂就属于“求精选”这一类：

> 公之勋业治行，范景仁所为《清风集叙》言之精矣。公性喜诗，虽相府机务之繁、边庭军旅之急，未尝一日置不为……向者嗣子某，字懋贤，已集其文为五十卷。既而以文字之多，惧世人传者不能广也，又选诗之尤善者，凡千篇，为十卷，命曰《清风集略》，刻板摹之，命光继叙其事。①

庞懋贤在对其父庞籍的五十卷文集编纂完成以后，又“选诗之尤善者”，重新加以编纂，形成《清风集略》十卷。由此可知，庞籍的《清风集略》是典型的“求精选”文集。北宋文人黄裳《诸家诗集序》所提到的“季文集诸家诗，摘其佳什，可以留人齿牙间者，合为一集，累二十卷”② 的情况同样如此，在已经编纂完成的诸家诗集的基础上，“摘其佳什”“合为一集”，最终形成了二十卷的“佳什集”，因此，这部《诸家诗集》也是典型的“求精选”文集。

文集“求精选”的观念和做法在南宋社会依然存在，赵汝谠为著名诗人戴复古精选并编纂《石屏诗集》就是一个典型的代表：

> 式之与蹈中弟齐年，而又俱喜为诗。式之谓蹈中有高鉴，尽出

① （宋）司马光：《故相国庞公清风集略后序》，《全宋文》卷1217，第56册，第113页。
② 《全宋文》卷2249，第103册，第87页。

其平生所作，使之择焉，得百余首，此编是也。余读之竟，见式之才果清放，弟识亦甚精到，皆非朽拙所能逮者……姑命录藏，而归其本式之，且题其后，以致余叹惜云。甲申岁夏，浚仪赵汝谈。[1]

这是赵汝谈作于嘉定十七年（1224）[2] 的《石屏诗集跋》中的一段话，文中“式之”即戴复古。戴复古字式之，号石屏，故其诗集名为《石屏诗集》。“蹈中”乃赵汝谠之字，汝谠乃汝谈之弟，故文有“蹈中弟”之言。据赵汝谈所言，戴复古“尽出其平生所作”，让赵汝谠遴选，汝谠选了“百馀首”，编纂成《石屏诗集》。因此，此诗集是一部典型的“求精选”集。

需要指出的是，此种方式的文集“求精选”，虽然是在已有文集的基础上进行的，与在零散作品基础上所进行的“求精集”编纂相比，其工作量和难度要相对小一些（因为零散作品基础上的“求精集”编纂，还要涉及对作品的搜罗、整理、甄别等工作），但两者“求精”的理念是一致的，因而都是文集“求精编”的重要方式。

在两宋时期，像这类对已有的文集进行“求精”、经过遴选后进行二次编集的情况并不多，两宋时期“求精编”文集数量最多的是文人为了寻求举荐和举子用于科举行卷而编纂的文集。“以文荐人”“据文取士”是我国古代社会的传统，文章作为知识分子展现才华的最佳方式，一直被社会所看重，因此，知识分子为了得到认可、获得进身之阶，通过进献文集来展示才华是他们常见的做法。由于进献的文集承担着为士子的进身而“开路”的重要使命，因此，每一位士子都不敢掉以轻心，他们一般都会在进呈文集之前精心遴选作品、反复推敲、认真打磨，以求将真正优秀的作品汇聚在一起，编纂成名副其实的“精品集”，以此来提高被认可的概率。因此，从这一层面而言，几乎每一部用于投献的文集都会是“求精选”以后的“精品文集”。北宋文人强至、郑獬二人编纂的用

① （宋）赵汝谈：《石屏诗集跋》，《全宋文》卷6569，第289册，第104页。

② 按：文中有“甲申岁夏，浚仪赵汝谈”之言，赵汝谈卒于理宗嘉熙元年（1237），则其所言之“甲申岁”必为“嘉定甲申”，即嘉定十七年（1224）。

于进献的文集就是如此：

某扶术甚短，顾其才不足施之高文大论之间，独为小诗以自喜……前日获侍坐，蒙道及鄙诗，且俾少录以来……谨退而发旧稿，去其甚恶而取其犄者，得百余篇，辄录以献。[①]

某既以治学进干于时，天子赐之上第，及其补吏来，亦不敢废所守。读书、讲道，时就笔札，作为辞说，非其性然，盖犹耕者之耒耜、工者之绳墨，乃其职耳。日月之间，遂盈巾衍，择其可录者，才得十轴。既荐之于吾君，其可得以沉酣渐渍乎简策之间，而不治他能，以力学为专。[②]

强至编纂文集时，“去其甚恶而取其犄”；郑獬于“盈巾衍”中“择其可录者”，这些都是文集编纂“求精选”的表现，因此，他们最终编定的文集必然属于“求精编”文集。

关于举子用于科举“行卷”和文人为寻求荐举而对文集进行“求精编”的例子，在后文的《两宋时期文人文集的“行卷式”传播》与《荐举与两宋时期文人文集的传播》两章中有详细论述，限于篇幅，此不赘述。

二　文集“求全编”

所谓“求全编”，就是指文集的编纂者在进行具体编纂工作时，力求将作者的所有作品搜罗穷尽，然后全部编入文集。与“求精编”相比，文人文集的“求全编”不需要对所收集的作品进行甄别、筛选和择取，因而编纂工作相对显得比较容易，然而从作品的数量和卷帙的多少这一层面而言，“求全编”的工作量其实并不比“求精编”少。

文集“求精编”大多是为了让编成的文集在传播中为作者赢得一个

① （宋）强至：《谢运使司勋书》，《全宋文》卷1443，第66册，第312页。

② （宋）郑獬：《投卷书》，《全宋文》卷1475，第68册，第98页。

好名声，或者让作者保持既有的好名声，文集编纂的功利性较为明显，与其说“为求精品而编”，还不如说“为求名誉而编”。而文集的“求全编”则更多地着眼于文人作品的保存和纪念。虽然说，保存作品在一定程度上也具有“藉作品以使声名不朽”的功利目的，但与“求精编”相比，“求全编”的功利性在程度上显然要小得多。如果说“求精编”更多着眼于文人文集的传播效果，那么，“求全编”则以“保存作品”作为首要目的。

根据文集性质的不同，两宋时期的文集“求全编”又可分为别集“求全编”与总集“求全编”两类。

（一）别集“求全编”

两宋时期“求全编”的别集大多是由作者的子嗣、下属或者朋友在作者卒后编纂而成的，他们编集的主要目的是汇聚和保存逝者的作品，以示尊重或感念。北宋名臣寇准、余靖卒后，下属或子嗣就曾以“求全编”的心态编纂他们的诗集或文集：

> 忠愍公，所谓轻清之降灵焉……尤工于诗，曲尽风雅，藻思宏逸，峻格高远，因兴发咏，必根于理，得骚人之旨趣焉。故所成篇咏，脍炙众口，传写宝秘，恨不多得，鸿笔奥学，靡不钦叹……雍顷为公倅，常从游燕，多闻其得意之句。情思闲雅，听之忘倦，随录简牍，才数十篇。今守三城，会监军赵侯临，即公之中表也，日与游接，时道公诗。因请于公家尽录昔所存纪，得二百余篇，并前之所录，不在此数者，及谪官后赵公所记，共二百四十首，类而第之，分为上中下三卷。[1]

> 尚书余公之才长于应变，文亦如之，不名一体……嗣子尚书屯田员外郎仲荀编公遗稿，得古律诗一百二十，碑志记五十，议论箴碣表五十三，制诰九十八，判五十五，表状启七十五，祭文六，凡

① （宋）范雍：《忠愍公诗序》，《全宋文》卷324，第16册，第63页。

二十卷。[1]

范雍在编纂寇准诗集之前，竭力搜集寇准的诗作，于监军赵家“尽录昔所存纪”。同时，又“并前之所录”及“谪官后赵公所记”，力求将寇准的所有诗作“一网打尽”、全部收录到诗集中，其“求全编”的心态可见一斑。[2] 同样，余仲荀将其父余靖的遗稿编纂成集时，将“古律诗”“碑志记”“议论箴碣表”“制诰”“判”“表状启”“祭文”等各种体裁的文章悉数收入，亦是体现了很明显的“求全编”心态。[3]

北宋诗人张耒的文集，在南宋时期已经有多个版本在传播。尽管如此，周紫芝在为张耒编纂文集时，仍然广加搜罗，以“求全编”的心态为之。且看其《书谯郡先生文集后》所言：

> 余顷得《柯山集》十卷于大梁罗仲共家，已而又得《张龙阁集》三十卷于内相汪彦章家，已而又得《张右史集》七十卷于浙西漕台。先生之制作于是备矣。今又得《谯郡先生集》一百卷于四川转运副使南阳井公之子晦之，然后知先生之诗文为最多，当犹有网罗之所

---

① （宋）周源：《武溪集序》，《全宋文》卷988，第46册，第89—90页。

② 按：《四库全书总目提要》卷152《别集类五·寇忠愍公诗集》云：“初，（寇）准知巴东县时，自择其诗百余篇为《巴东集》。后河阳守范雍裒合所作二百余篇，编为此集。考《石林诗话》有《过襄州留题驿亭》诗一首，《侍儿小名录拾遗》有《和蒨桃》诗一首，《合璧事类前集》有《春恨》一首、《春昼》一首，皆集中所无……雍殆有所持择，特为删汰。”（河北人民出版社2000年版，第3923页）据此，寇准生前曾以“求精编”的方式编纂过自己的诗集，范雍在寇准卒后再次编集，且“有所持择”，似乎亦为“求精编”，然考范雍《忠愍公诗序》所载“于公家尽录昔所存纪，得二百余篇，并前之所录，不在此数者，及谪官后赵公所记，共二百四十首，类而第之，分为上中下三卷”之言，范氏编集之时，并未有过择取或删汰之举。由是可知，《四库全书总目提要》所提及之《过襄州留题驿亭》《和蒨桃诗》《春恨》《春昼》诸诗，范雍在编集时很可能并未搜集到，而非“有所持择，特为删汰”。尽管集外仍有逸诗，但这并不能否定范雍编纂文集时“求全编”的心态，“求全而实不能全”的现象很普遍，也很正常。

③ 北宋时期，像这种子嗣将亡父所有作品编纂入集的情况还有不少，朱昂之子将其父所有作品编纂成文集三十卷就是一个典型的例子，夏竦《故金紫光禄大夫行尚书工部侍郎致仕上柱国彭城郡开国侯食邑一千三百户食实封四百户赠刑部侍郎朱公行状》载：“潭州衡山县紫盖乡云峰朱昂字举之，年八十三……公没后，太博历官皆有能声，孜孜为学，编次公平生所著为三十卷。”（《全宋文》卷355，第17册，第218—221页）“平生所著”即为生平所有作品，朱昂之子对朱昂文集的编纂也是一次“求全编”无疑。

> 未尽者。余将尽取数集，削其重复，一其有无，以归于所谓一百卷者，以为先生之全书焉。晦之泣为余言："百卷之言皆先君无恙时贻书交旧而得之，手自校雠，为之是正，凡一千八百三首，历数年而后成。君能裒其所未得者以补其遗，是亦先君子之志，而某也与有荣耀焉。"因谓晦之，他日有续得者不可以赘君家之集，当为别集十卷以载其逸遗而已。①

周紫芝尽取《柯山集》《张龙阁集》《张右史集》《谯郡先生集》等张耒文集的诸多版本，"削其重复"，编成一百卷的《谯郡先生文集》，并且"以为先生之全书焉"，编集"求全"之心可见一斑。而且，不止如此，他还表示："他日有续得者不可以赘君家之集，当为别集十卷以载其逸遗而已"，编集"求全"的脚步并未停止，而是继续搜罗遗逸，使文集不断趋全。

罗良弼编纂北宋文人刘弇的《龙云集》，也是首先将其作品搜罗殆尽，然后再加以汇编成集：

> 龙云先生其可谓间世而杰出者矣……其平生所为文漫散莫考，浦城所锓才二十有五卷耳，雄篇大册尚多不著。良弼惜其流落，冥搜博访，得彭德源、曾如晦等手编数十卷，又得宏词时议诸编于内相郭明叔家。合而次之，得古律赋三、宏词四、古诗一百四十、律诗一百二十一、绝句一百一、生辰诗一十一、挽诗一十三、总三百九十三首，印本止有三十九首。乐府六、表一十七、启五十二、郭本黜，今附。书四十四、序一十四、时议六、策问四十五、记十、杂著五、疏语十、祭文一十一、碑志一十二，总六百三十一篇，为三十有二卷，而先生之文略尽矣……先生讳弇，字伟明，吉之安成人。所居龙云乡，故以龙云名集。②

---

① （宋）周紫芝：《书谯郡先生文集后》，《全宋文》卷3522，第162册，第194页。

② （宋）罗良弼：《跋龙云集后》，《全宋文》卷4433，第201册，第13—14页。

文中“先生之文略尽矣”之言，已经明显说明罗良弼的此次编集乃为“求全编”。

南宋时期的文人作品，由于战乱等各方面的原因，其完善保存的难度要比北宋时期困难很多。所以，南宋文人为保全作品而进行文集“求全编”的现象比北宋时期更为普遍：

> 五十年间作古赋、五古诗三百、律诗一千二百、杂文二百、长短句一百，平生之力尽于此矣，不自知其不可也……暇日拾掇次第，粗成编缀，名之曰《崧庵集》。①

> 山西郑公康道，少年英概，有援天下之志……又尽裒诸诗，不间高下先后，类为一集，俾天下后世式其正，谅为一代豪举也。②

> 绍兴乙丑，仆被命典州，适公之故里，其子幵尽以公平生所作文相示，且请序以冠于集首。③

> 北窗先生邹公和仲绍兴丙子为章贡观察推官……今其外孙曾叔遇尽得公之诗文若干卷，将刻板以传于学者。④

> 斯远尽平生文才二十余首，首辄精善，疑其亲自料拣，应留者止此尔。徐观笔墨轻重，以十一敛藏千百，虽铺写纵放，亦无怠惰剥落之态，逆流陡起，体势各成，殆非料拣所能致也。⑤

所谓“平生之力尽于此”“尽裒诸诗”“尽以公平生所作文”“尽得公之诗文”“尽平生文”，都是搜罗、汇聚全部作品的意思，南宋时期文

---

① （宋）李处权：《崧庵集自序》，《全宋文》卷3801，第174册，第148页。
② （宋）曹勋：《郑康道诸公诗序》，《全宋文》卷4202，第191册，第42—43页。
③ （宋）张嵲：《毛达可尚书文集序》，《全宋文》卷4115，第187册，第182页。
④ （宋）杨万里：《北窗集序》，《全宋文》卷5323，第238册，第263页。
⑤ （宋）叶适：《徐斯远文集序》，《全宋文》卷6472，第285册，第162页。

人文集“求全编”之兴盛，由此可见一斑。

（二）总集“求全编”

两宋时期文人文集“求全编”的另一表现是对一些总集（比如，“唱和集”“赠行集”“追奠集”等）的编纂。许多记载文人唱和、友朋送行等方面作品的总集，其编集的目的主要是为文人的某次群体活动留下纪念，采用“以文显人”的方式，以文集内作品的存在代表某人的参加，即使某些作品不佳，也不能删去，否则，对活动的记载就不准确了，文集的纪念价值也会打折扣。而追奠集记载的是对逝者的怀念、追悼和哀思，无论作品的质量如何，表达的都是追奠者对逝者的一份情感，不可删汰。因此，两宋时期的许多唱和集、赠行集、追奠集，都遵循着“求全编”的理念。

1. 唱和集“求全编”

两宋时期“求全编”的唱和集有不少，宋太宗时期所编纂的《臣僚和御制赏花诗》，是君臣唱和文集“求全编”的代表：

> 于时淳化之年，暮春之月，蓂荚初生于一叶，牡丹乍拆于千苞，乃召侍臣，爰开曲燕……越明日，复出御制《赏花》之什十五章……亦君唱而臣和。让章虽上，宸旨弗移……各进数章，共成一集……其间有燃箕欲速，既醉成篇，或体律未谐，或风骚无取，上咸令甄录，曾不弃捐。①

这是对淳化年间宋太宗与臣子之间的一次诗歌唱和活动的记载，虽然唱和的作品质量不一，“有燃箕欲速，既醉成篇，或体律未谐，或风骚无取”，然而，太宗却“咸令甄录，曾不弃捐”，可见，对此次唱和诗集的编纂，是以“求全”为标准的。

再来看文人唱和集的“求全”编纂：

> 嘉祐二年春，予幸得从五人者于尚书礼部，考天下所贡士，凡

① （宋）王禹偁：《诏臣僚和御制赏花诗序》，《全宋文》卷154，第8册，第21—22页。

六千五百人。盖绝不通人者五十日，乃于其间时相与作为古律长短歌诗杂言，庶几所谓群居燕处言谈之文，亦所以宣其底滞而忘其倦怠也。故其为言易而近，择而不精。然绸缪反复，若断若续，而时发于奇怪，杂以诙嘲笑谑，及其至也，往往亦造于精微。夫君子之博取于人者，虽滑稽鄙俚犹或不遗，而况于诗乎……于是次而录之，得一百七十三篇，以传于六家。①

这是欧阳修对嘉祐年间贡院唱和活动的一次记载，众人在贡院主持科举考试时彼此唱和，唱和之作有“发于奇怪，杂以诙嘲笑谑”者，也有“造于精微”者，风格不同、质量高下有别，但欧阳修认为“君子之博取于人者，虽滑稽鄙俚犹或不遗，而况于诗乎”，言下之意，编纂唱和诗集时，要对众人之作“博取”，即使是“滑稽鄙俚”之作，也不能舍弃。其编集“求全”的心态于此可见一斑。

2. 赠行集“求全编”

两宋时期所编纂的赠行集，大多都遵循着“求全”的原则，宋仁宗康定元年（1040）编定的《朝贤送陈职方诗》就是一部典型的“求全编”赠行集：

康定元年，尚书外郎陈君以殿中丞出贰福州，于时朝中群公故人，咸作诗以美之……陈君既之官，且侈群公之有是言也，刻之石，凡七十二篇，今枢密直学士蔡公为之序……由康定距于今凡十七年，而职未尝一迁焉。……陈君以谓己虽穷而群公之奋厉如此，是亦足以为己荣者矣。则又掇其著者二十篇，再斫石刻之。②

这是郑獬《朝贤送陈职方诗序》所言，十七年后编集时“掇其著者二十篇，再斫石刻之”，由此可知，初次刻石的七十二篇作品未曾经过择

① （宋）欧阳修：《礼部唱和诗序》，《全宋文》卷716，第34册，第56页。

② （宋）郑獬：《朝贤送陈职方诗序》，《全宋文》卷1476，第68册，第109页。

取和删汰，是一部“求全编”文集。

编纂赠行集，主要为了表达对朋友赠行情谊的感激，赠行时所赋作品质量的高下本就不在关注的范围内，所以，编纂时无须删汰作品。一般而言，赠行集的记事功能要大于鉴赏功能，为了保证所记录事件的准确性，也不应该对赠行者的作品进行删汰。

再来看《续会稽掇英集》：

> 会稽濒江岸大海，为浙东大府。熙宁丁巳，朝廷以给事中、集贤殿修撰程公出领牧事，于是中外巨德，台省诸英，各赋诗以赠行，合一百二十五篇，将刻石，州守驰书属序。①

这部《续会稽掇英集》是北宋文人程师孟赴任越州（今浙江绍兴）时，朝中同僚所赋的赠行诗汇聚而成的“赠行集”，据文中所言，众人“各赋诗以赠行，合一百二十五篇”，也就是说，赠行者共创作了一百二十五首作品，在《续会稽掇英集》编纂、刻石的时候，将这一百二十五首作品悉数收入，这在客观上就形成了典型的“求全编”文集。

3. 追奠集“求全编”

追奠类文集的主要编纂目的是汇聚众人对逝者的追奠、哀悼之作，其纪念意义要远远大于文学意义，因此，一般很少会用文学价值对这类文集进行衡量，也不会对其中的作品进行删汰，“求全”是其最基本的编纂原则，下列两部“追奠集”就是典型的“求全编”文集：

> 熙宁八年六月甲寅，魏国忠献韩公薨……公所素厚者，则皆匍匐会哭于其堂。或不得往，则瞻望歔欷，寓使人以祭。将葬，又皆为诗，以抒其衷。于是其孤戴上之施，且荣卿士大夫之能尽于公也。

① （宋）李定：《续会稽掇英集序》，《全宋文》卷1636，第75册，第129页。按：文中的“给事中、集贤殿修撰程公”即为程师孟，参见刘秋彬《作为“现象”的送行诗——〈续会稽掇英集〉解读》，《名作欣赏》2013年第12期。

既类次上赐，录而为集，又裒卿士大夫所为文、诗，以属公之故吏强某而序之。谨名其集曰《考德》。①

康节张公，以清德直道，奋于寒儒……康宁寿考，薨于正寝。而朝廷赠有诰，谥有议；士大夫慕公之德者，哀有词，祭有文。及铭于圹，纪于碑，而状于太史者，皆所以述公之功德……嗣子虞部君集公之赠诰、谥议、哀辞、祭文、行状、碑志为上下二卷……属某名其集而为之序……请名其集曰《完美》。②

不管是《考德集》还是《完美集》，都把表达追奠的诗、文，甚至赠诰、谥议等全部收入，明显体现了为“求全”而编的原则。为了赞颂逝者的文德和品行的高洁，追奠之作多多益善，因此，在编纂这类文集时，断无对作品进行删汰之理，因此，两宋时期所编纂的追奠集，基本上都是“求全编”的文集。

4. 家集“求全编”

在两宋时期，还有一类总集甚为文人们所看重，那就是文人的家集。家集的传承，体现的是一个家族绵延发展的历史，无论是出于对家族先人的敬重，还是出于对家族后辈的导引，家集在文人的心中有着不可替代的重要作用。因此，几乎每一位文人对于家集的编纂都是严肃而认真的。编纂家集的基本要求，就是要将家族先辈的作品尽可能全部收入，因此，两宋时期文人对家集的编纂，大多也是以“求全”为基本理念的。有时候，为了编纂“求全”的家集，一些文人上下求索，其孜孜不倦的努力，让人为之动容。且看北宋名臣韩琦的《韩氏家集序》所云：

某家本深州博野人也，世以官学知名。遭唐末乱，违难屡迁，以是家牒散而不完。先祖令公，善继素业，深以谱系为重，乃取祖考以来墓铭所有者，集为一编，首自为序，其意欲传示子孙，永永

① （宋）强至：《考德集序》，《全宋文》卷1454，第67页，第148页。

② （宋）范纯仁：《完美集序》，《全宋文》卷1554，第71册，第281—282页。

无穷。及先君令公之葬祖考也，亦亲为志，所次先烈甚备。自先君之亡，家世文集所掌不专。四兄为孟州司法，尽取先君文集之官。兄物故，嫂辛氏携以归，其家不能辨识，尽亡失之。其先祖所集墓铭一编在家，又遗脱大半，存者首尾十数幅而已。某自成立，痛家集之散缺，百计访求，十稍得其一二，而所集著墓铭者，终不可得。每自感念，未尝忘心，至于冥祷天地神祇，亦冀万一有获。庆历三年，自陕西四路帅召为枢密副使，三代皆及赠典。而曾祖妣忘其姓氏，阅所存墓铭，则有清河郡夫人之志，遂以张氏追封。后再详之，张氏乃四代祖鼓城府君夫人也。虽辨其误，而无如之何。四年秋，谋先君之葬，得起居舍人、直龙图阁尹洙为志，赞善大夫薛仲孺书石，书才数行。有宣州掌记辛有终者，即辛嫂弟。代归来访，且云曾得先令公文二编，不敢隐。闻之惊喜，遽问其目，则曰书题草也。次日得之，视其目，如其言，且慰且恨。乃反复披究，则杂以他文，先祖墓志亦在焉，参考祖先事迹，益以明白。验曾祖妣，乃史氏也。亟请书石者，独未书姓氏、郡封。是冬，遇郊恩，即追正之……因感其事，取五代祖而下及诸宗属所为文章，编为六十卷。仍以墓志、行状及授官告辞冠于首篇。命诸子侄，人录一本，以藏于家。后主之者，或不谨严，使失其传，则上天至明，祖宗至灵，是必降殃以惩不孝。其戒之哉！其戒之哉！谨序。①

家集不仅详细记录了家族传承的历史，而且还保存了许多家族成员的重要资料，对于家族后人来说，是一笔珍贵的财富。韩琦“自成立，痛家集之散缺，百计访求”，经过不懈努力，最终“取五代祖而下及诸宗属所为文章，编为六十卷”。虽然不能说这六十卷的家集已经包含了韩琦家族所有成员的作品，但有理由相信，韩琦能够搜集到的家族前辈的所有作品，都应该已经纳入这六十卷文集中。从序文中，我们可以体会到韩琦在家集具体编纂过程中所秉承的“求全”心理和为家集“求全”而作的积极努力。从这篇序文中，我们还可以看到两宋时期文人家集“不

① 《全宋文》卷853，第40册，第21—22页。

断编纂、动态累积”这一独特、开放的编集方式。

第二节　两宋时期文人文集的编纂原则

两宋时期，文集编纂有两个最常见的基本原则，其一是文集内作品“以类相从”，采用“类编”的方式编纂文集；其二是文人的奏议一般单编别行，秉承“奏议不入文集”的原则。

一　作品“以类相从”的编纂原则

所谓“以类相从”，就是在具体的文集编纂时，将相关作品按照“诗”“赋”“文”等不同的类别加以编排，也就是说，按照作品的体裁类型加以编排。一般而言，文人文集的编纂，作品的编排依据无非是“题材”“体裁”“时间”“空间”这四类。“按题材编排”就是按照作品的内容进行编排，将书写相同内容的作品编排在一起；“按体裁编排”就是按照作品不同的文体类别加以编排；“按时间编排”就是按照作品创作时间的先后顺序进行编排，编年类的文集就属于这种类型；“按空间编排”就是按照作品创作的不同空间或地域加以编排，将创作在同一空间或地域的作品编排在一起。有时候，在文人文集的具体编纂过程中，还会将多种编排依据综合起来，比如，将“题材”和“体裁”综合起来，同一题材的作品按照不同的体裁类型再加以排列，或者在总体的体裁类别编排中，将同一体裁中题材相同的作品编排在一起；再比如，在以空间为依据进行作品排列的大前提下，将创作于同一空间的作品又按照创作时间的前后再加以编排。在“题材”“体裁”“时间”“空间”这四类编排依据中，以“体裁”为依据对作品进行编排显得相对容易，可操作性较强，编集的难度也不大。因为，若以“题材”为依据来编排作品，由于作品所书写的内容五花八门，纷繁复杂，以“题材”为依据的编排容易使文集显得零散、琐碎；而若以“时间”或“空间”为标准来编排作品，由于某些作品的具体写作时间和地点很难准确把握，文集编纂工作会有相当大的难度，可操作性也不够强。因此，以“体裁”为依据进行文人文集的编纂就成了两宋时期最基本的编纂方法，或者说成了两宋时期文集编纂的最主要原则。

据笔者初步统计，两宋时期的文人文集编纂，除了为数不多的以时间为依据的编纂和偶尔的“混合”编纂之外，以作品体裁为依据的编纂（即“以类相从”的编纂模式）占了绝大部分。可以说，“以类相从”是两宋时期文人文集最主要的编纂原则。披览两宋时期文人文集的序跋，当言及编纂原则时，关于“以类相从”的表述比比皆是：

> 师仁家故有赋五卷、《探龙集》五卷，正字自序其后。又于蔡君谟家得《惟道机要》一卷，又访于族人及好事者，得五言诗并绝句合二百五十余首，以类相从，为八卷，并藏焉。[①]

> 李师武得官建康，家居待还次，悉取杜工部、李翰林、韩吏部、柳仪曹四家诗，以礼部四声之次集而录之，以类相从，号《李杜韩柳押韵》，凡二十四卷。[②]

> 铉不揆昧懵，遍阅群集，耽玩研究，掇菁撷华，十年于兹，始就厥志。得古赋、乐章、歌诗、赞、颂、碑铭、文论、箴、议、表奏、传录、书序，凡为一百卷，命之曰《文粹》。以类相从，各分首第门目。[③]

> 成都，蜀之都会，厥土沃腴，厥民阜繁，百姓浩丽，见谓天府……熙宁壬子八月，诏以参知政事赵公为资政殿大学士，再莅此府……公慨然留意，每政事间隙，延多学博识之士，与之讲求故实，掇采旧闻若耳目所及，参诸老长，考核是非。自开国权舆，分野占象，州部号名因革之别，其镇其浸，冈联派属之详，都城邑郭，神祠佛庙、府寺宫室、学宫楼观、囿游池沼建创之目，门闾巷市，道里亭馆，方面形势，至于神仙隐逸，技艺术数，先贤遗宅，碑版名

---

① （宋）徐师仁：《唐秘书省正字先辈徐公钓矶文集序》，《全宋文》卷3323，第154册，第327—328页。

② （宋）孙觌：《押韵序》，《全宋文》卷3475，第160册，第303页。

③ （宋）姚铉：《唐文粹序》，《全宋文》卷268，第13册，第282—283页。

氏，物事种种，瓌谲奇诡，纤啬毕书……既有政以孚其惠，又为书以宪厥后，公之于蜀可谓志得而道备矣。书成凡若干篇，以类相从，为三十卷，名曰《成都古今集记》。①

无论是别集还是总集的编纂，都有明确的“以类相从”的表述。

有时候，虽未出现“以类相从”的表述，而以“各以伦类”“以类编次”“以类次之”等表述代替，其实表达的都是相同的意思：

今断自《退听》而后，杂以他文，得一千三百四十有三首，为赋十，楚词五，诗七百，铭、赞、颂二百四十，序、记、书八十，表、状、文、杂著四十九，墓志、碑碣四十一，题跋一百一十八，合为三十帙，分别部类，各以伦类。②

公平生所为文章，上自朝廷典册，至于章奏议论，下及词赋歌诗闲适之辞，世犹未尽见。兵兴以来，故家大族多奔走迁移，于是公之集藏于家者散亡无馀。其少子维申稍讨求追辑，犹得二百八十六篇，以类编次为略集二十卷，而属某为序。③

櫶从公官四方，未尝一日去公侧；集公所作诗文，以类次之，得三十卷。④

据笔者初步测定，两宋时期文人文集编纂中的“以类相从”，或者说以“类编”的方式编纂文集的方法，在整个两宋时期文集的编纂史中，占了80%以上。即使是一些大型的文学总集，也大多遵循“以类相从”（即“类编”）的编纂原则，南宋时期吕祖谦编纂的一百五十卷《宋文

① （宋）范百禄：《成都古今集记序》，《全宋文》卷1657，第76册，第72—73页。

② （宋）洪炎：《题山谷退听堂录序》，《全宋文》卷2879，第133册，第289页。

③ （宋）叶梦得：《文潞公集序》，《全宋文》卷3181，第147册，第301页。

④ （宋）孙觌：《宋故左朝请郎主管亳州明道宫孙公墓志铭》，《全宋文》卷3487，第160册，第476页。

鉴》就是如此：

某窃见《文海》元系书坊一时刊行，名贤高文大册尚多遗落，遂具札子，乞一就增损，仍断自中兴以前铨次，庶几可以行远。十一月十五日，三省同奉圣旨依。某寻将秘书省集库所藏本朝诸家文集，及于士大夫家宛转假借，旁采传记他书，虽不知名氏而其文可录者，用文选古诗十九首例，并行编类。凡六十一门，为百五十卷，目录四卷……所有编次到《圣宋文海》一部，共一百五十四册。①

“用文选古诗十九首例，并行编类”“凡六十一门”等语，明确说明了《宋文鉴》采用的是“以类相从”的编纂原则。

周必大《皇朝文鉴序》所言亦可作为《宋文鉴》“以类编次”的一个证明：

此非唐之文也，非汉之文也，实我宋之文也，不其盛哉！……乃诏著作郎吕祖谦发三馆四库之所藏，裒搢绅故家之所录，断自中兴以前，汇次来上。古赋诗骚则欲主文而谲谏，典策诏诰则欲温厚而有体。奏疏表章取其谅直而忠爱者，箴铭赞颂取其精悫而详明者。以至碑记论序书启杂著，大率事辞称者为先，事胜辞则次之；文质备者为先，质胜文则次之。复谓律赋经义，国家取士之源，亦加采掇，略存一代之制。定为一百五十卷。②

所谓“古赋诗骚”“典策诏诰”“奏疏表章”“箴铭赞颂”等，就是《宋文鉴》中作品的不同分类，“以类相从”是《宋文鉴》编纂原则确定无疑。

用“以类相从”的原则来编纂文集，具有一定的科学性和合理性，不仅标准明确，便于掌控，更有利于提高文集编纂工作的条理性和逻辑性，而且依照文体类型进行编纂，也是对传统图书编纂模式的继承。我

① （宋）吕祖谦：《进编次文海札子》，《全宋文》卷5869，第261册，第41页。

② （宋）周必大：《皇朝文鉴序》，《全宋文》卷5121，第230册，第194页。

国古代文集编纂的典范——萧统的《文选》，就是依照文体类型进行编纂的。此外，在中国古代的图书编纂理念中，“以类相从”的理念也是占主导地位的，传统经部典籍按照“诗”“书”“礼”“易”“春秋”分类编排，史部典籍按照“本纪”“列传”“书”“表”等类别进行分体编纂就是如此。宋代是中国图书编纂史上的黄金时期，虽然司马光《资治通鉴》把中国图书的编年体编纂模式推向了一个高峰，但只要仔细统计和分析，不难发现，两宋时期最主要的图书编纂理念和原则是“以类相从”，特别是文集的编纂，更是如此。两宋时期是中国古代图书第一次广范围、多层次、大规模编纂的高潮时期，由于大量采用“以类相从”的编纂模式并取得了良好的编纂效果和社会影响，从此确立了“以类相从”这一编纂原则在中国图书编纂史上的地位，对后世的图书编纂工作产生了深远的影响。

当然，两宋时期文人文集的编纂，还少量存在按照时间顺序编纂和将各种作品“混编”的情况①，但这些编纂方式在两宋时期文人文集编纂的整体格局中所占的比例很小，只有寥寥数例。究其原因，一是按时间顺利编纂的难度较大，二是“混编”文集的条理性不够清晰，所以，大部分文人文集的编纂者不愿意采用按时间顺序编集和混合编集的编纂模式，这也是“以类相从”这一文集编纂模式能够大行其道的一个很重要的原因。

二　“奏议不入文集”的编纂原则

两宋时期文人文集进行编纂的另一个重要原则就是“奏议不入文

---

① 按照时间顺序编纂的文集有北宋文人毕宪父的《毕宪父诗集》和黄裳的《书意集》，混编的文集有北宋文人魏野的《巨鹿东观集》。黄庭坚《毕宪父诗集序》云：“河南毕公宪父，以事功知名，治郡甚得民，所去民思之。然不知其能诗也。宪父没后，其子平仲得其平生诗若干篇，以示豫章黄庭坚，且曰：‘为我序其先后之次。’庭坚持归，读之三日，夜漏常下三十刻所，乃尽得其所谓。因以郡县为类，少壮耆艾为次，秩序为三卷。”（《全宋文》卷2307，第106册，第148页）黄裳《书意集序》云：“一日搜予残稿，得元丰己未所为序、记、启、古律诗若干篇，序而集之，号曰《书意》……然仆之集，虽累百卷，谓之《书意》，不可易也，第以年号甲子辨集之先后云。”（《全宋文》卷2249，第103册，第84页）薛田《巨鹿东观集序》云：“巨鹿魏野字仲先，甘棠东郭人也……有令息闲，尤增素尚，绰有父风……出先君所著新旧诗四百篇，除零落外，以其国风教化、讽刺歌颂、比兴缘情者混而编之，共成十卷……命之曰《巨鹿东观集》。”（《全宋文》卷173，第8册，第410—411页）黄庭坚所说的“少壮耆艾为次”就是指按照时间的先后顺序编集，黄裳所说的“第以年号甲子辨集之先后”也是如此。而薛田所说的“以其国风教化、讽刺歌颂、比兴缘情者混而编之”就是以“混集”的模式来编纂文集。

集”。后世文人文集的编纂，一般都会把制策、奏议等作品收入，以彰显作者的政治立场、社会观念、治世才干、为人品性等，而两宋时期所编纂的文人文集，则大多将奏议剔除在外。

（一）“奏议不入文集”的现象考察

考察两宋时期文人文集编纂的历史，经常可以看到“文集”和“奏议集”分开编纂的现象，“奏议不入文集”的情况在两宋文坛比比皆是：

> 公讳粹彦，字师美，姓韩氏，故丞相魏忠献王之第五子……有文集三十卷、奏议四十卷，藏于家。①

> 公讳宪，字令则，世著籍吴郡……有文集二十卷，奏议、外制各十卷。②

> 公讳与求，字必先，世为吴兴德清人……有文集二十卷、奏议三十卷藏于家。③

> 秦公生七子，多知名。公第三子讳综，字子上，为北章氏……手编秦公遗文四十卷、奏议三十卷。奏议者，泾原山川要害、行师制胜、营陈出入之法，公以类分卷，每一事为序文识篇首，可备乙览，而不果上。④

> 淳熙丙申，予帅三山，其子秀之裒集其文以示予求序。盖表章奏札至八十卷，而诗文不与焉。⑤

---

① （宋）赵鼎臣：《故龙图阁学士宣奉大夫中山府路安抚使兼马步军都总管兼知定州军府事提举本府学事兼管内劝农使开封县开国子食邑六百户赠特进资政殿学士韩公行状》，《全宋文》卷2984，第138册，第256—262页。

② （宋）葛胜仲：《故显谟阁直学士魏公墓志铭》，《全宋文》卷3075，第143册，第57—60页。

③ （宋）刘一止：《知枢密院事沈公行状》，《全宋文》卷3278，第152册，第242—247页。

④ （宋）孙觌：《宋故左朝请大夫直龙图阁章公墓志铭》，《全宋文》卷3487，第160册，第466—468页。

⑤ （宋）陈俊卿：《李忠定公奏议序》：《全宋文》卷4647，第209册，第349页。

两宋时期文人特别是一些知名文人的文集，编纂完成以后，大多会在社会的不同层面进行传播，而文人的奏议特别是那些曾担任朝廷重臣的文人的奏议，往往会涉及一些重要的军国大事，不适宜广泛传播，因此，两宋时期的文人文集，无论是自己编纂，还是别人替为编纂，一般都不会把奏议纳入，奏议往往会另行编纂，形成单独的“奏议集”加以保存。北宋时期的文坛耆宿欧阳修、苏轼等人的奏议，就是如此处理：

公之薨，上命学士为诏，求书于其家，方缮写进御。尝著《易童子问》七卷、《诗本义》十四卷、《居士集》五十卷、《归荣集》一卷、《外制集》三卷、《内制集》八卷、《奏议集》十八卷、《四六集》三卷、《集古录跋尾》十卷、杂著述十九卷，诸子集以为《家书总目》八卷。①

公讳轼，姓苏，字子瞻，一字和仲，世家眉山……有《东坡集》四十卷、《后集》二十卷、《奏议》十五卷、《内制》十卷、《外制》三卷。②

北宋名臣韩琦、余靖、贾昌朝等人的奏议也是单独进行编纂、不收入文集：

（韩忠献公琦）所著《安阳籍类》五十卷、《二府忠议》五卷、《谏垣存稿》三卷、《陕西奏议》二十卷，手编《家传集》六十卷，藏于家。③

公讳靖，字安道……有文集二十卷，奏议五卷，《三史刊误》四

① （宋）吴充：《故推诚保德崇仁翊戴功臣观文殿学士特进太子少师致仕上柱国乐安郡开国公食邑四千三百户食实封一千二百户赠太子太师欧阳公行状》，《全宋文》卷1698，第78册，第82页。

② （宋）苏辙：《亡兄子瞻端明墓志铭》，《全宋文》卷2100，第96册，第252—261页。

③ （宋）李清臣：《韩忠献公琦行状》，《全宋文》卷1717，第79册，第52页。

十卷。①

> 公讳昌朝，字子明，姓贾氏……公所著书，有《春秋要论》十卷、《群经音辨》十卷、《通纪》八十卷、《本朝时令》十二卷，又奏议、文集各三十卷。②

需要说明的是，站在今天的角度来看，“奏议”也是“文”的一种，“奏议集”当然也属于“文集”，然而，两宋时期的大多数文人却不这么认为，他们把“奏议集”和“文集”分开编纂，就说明了“奏议”不同于一般的“文”，有其特殊性。

（二）“奏议不入文集”的原因探究

两宋时期文人的奏议大多不收入文集，这是一个不争的事实，究其原因，主要有以下两个方面：

1. 奏议的实时性和机密性

一般而言，奏议具有不同于普通文章的实时性和机密性，两宋时期许多文人同时肩负着朝廷重臣的责任，他们的奏议常常会涉及一些军国大事，这些事件往往具有很强的机密性，只能限于君臣之间或朝廷内部知晓，不便于外传③，北宋名臣李清臣的奏议，就不为外人所知：

> 公讳清臣，字邦直……其平生奏议盖多至数十百篇，而世亦莫

---

① （宋）欧阳修：《赠刑部尚书余襄公神道碑铭（并序）》，《全宋文》卷748，第35册，第253—255页。按：蔡襄《工部尚书集贤院学士赠刑部尚书谥曰襄余公墓志铭》亦云余靖“文集二十卷，奏议五卷”（《全宋文》卷1023，第47册，第278页），也说明余靖的奏议和文集是分开编纂的。

② （宋）王安石：《赠司空兼侍中文元贾魏公神道碑》，《全宋文》卷1410，第65册，第85—89页。

③ 欧阳修在至和二年（1055）所上的《论雕印文字札子》中表达的担忧，从一个侧面说明了两宋时期文人的奏议类文章不宜外传的原因：“臣伏见朝廷累有指挥禁止雕印文字，非不严切，而近日雕板尤多，盖为不曾条约书铺贩卖之人。臣窃见京城近有雕印文集二十卷，名为《宋文》者，多是当今论议时政之言。其首篇是富弼往年让官表，其间陈北虏事宜甚多，详其语言，不可流布。而雕印之人不知事体，窃恐流布渐广，传入虏中，大于朝廷不便。”（《全宋文》卷686，第32册，第226页）

之知也。[①]

有些文人的奏议甚至连家中的亲人都不允许知晓，程颢的奏议“子侄不得窥其稿”，韩维的奏议“虽亲昵莫可得而知”，就是很好的例子：

先生名颢，字伯淳，姓程氏……所上章疏，子侄不得窥其稿。[②]

公明达治体，论议侃侃，出入累朝，皆为人主敬信……虽未尝任言责，而职事所及，朝廷大利害，知无不言，所上章奏甚多，论一事或至七八，听与不听，其词不白不止。至危言鲠论，皆手自书，或焚其稿，虽亲昵莫可得而知也。[③]

两宋文人奏议的机密性，于此可见一斑。然而，文集作为文人追求声名“不朽”的重要工具，主要靠广泛传播来实现“不朽”的目的，奏议的传播禁忌与文集的传播需求形成矛盾，唯一的解决方法就是“奏议不入文集”。不仅不把奏议编入文集，许多文人甚至采用“将奏议焚毁”的方式来保守其机密性，这方面的例子不胜枚举，首先来看北宋的情况：

君讳固，字幹臣……君之疾革也，出其奏议焚之……盖其言详密，多世务之要。[④]

公讳君卿，字正叔，少颖悟，善属文……仁宗时，公以便亲调官江左，最为疏远，屡上封章，极言利病，即毁其奏稿，故今传者十无一二也。[⑤]

---

① （宋）晁补之：《资政殿大学士李公行状》，《全宋文》卷2741，第127册，第61—68页。

② （宋）程颐：《明道先生行状》，《全宋文》卷1757，第80册，第339—342页。

③ （宋）鲜于绰：《韩维行状》，《全宋文》卷2028，第93册，第211页。

④ （宋）王安石：《尚书祠部郎中集贤殿修撰萧君墓志铭》，《全宋文》卷1414，第65册，第160页。

⑤ （宋）富临：《金氏文集序》，《全宋文》卷1793，第82册，第298页。

公讳稷，字相之，明州鄞县人……公为章疏，必于密室躬自刻写，子弟多不得见，退多焚稿。①

文简公讳士安，字仁叟，太师之子也……尤善议论，其论朝廷事议奏甚众，然退辄毁其稿，今稀有存者。②

南宋时期亦是如此，奏议焚稿的现象依然广泛存在：

史君曰："吾先人备位夕郎，与中司日封驳抨弹，疏稿悉焚之……"③

若故中书舍人金华潘公者……其条奏草稿有补于时，可为后法者，又以公自焚削而不复存。④

公讳绚，字唐公……公自登侍从至政府，于时得失多所建明，章既上必焚稿，故世莫得知。⑤

当然，并不是所有的文人都会为了保密而将奏议焚毁，许多文人也会将自己的奏议编纂成集，不过，他们不会将其编入文集，而是单独进行编纂，编好以后藏于家中。北宋名臣韩琦的奏议就是这样处理的：

某景祐中任三司度支判官，以族贫求外补，得舒州。将行，而上以谏官缺，擢授右司谏而留之……在职越三载，凡明得失、正纪纲、辨忠良、击权幸，时人所不敢言，必昧死论列之。上宽而可其奏者十

① （宋）李朴：《丰清敏公遗事》，《全宋文》卷2910，第135册，第50—67页。

② （宋）毕仲游：《丞相文简公行状》，《全宋文》卷2403，第111册，第116—124页。

③ （宋）葛元骘：《高峰先生文集序》，《全宋文》卷4877，第220册，第121页。

④ （宋）朱熹：《金华潘公文集序》，《全宋文》卷5621，第250册，第336—337页。

⑤ （宋）张守：《资政殿大学士左光禄大夫王公墓志铭》，《全宋文》卷3794，第174册，第34—37页。

八九，卒免重戮，进登掖垣，实前日为诚之力也。其所存稿，欲敛而焚之，以效古人谨密之义。然念诗书所载，从谏而圣，君之德也；衮阙而补，臣之忠也。前代谏诤之臣，嘉言谠议，布在方册，使览之者知人主从善之美，致治之原。若皆削而燔之，则后世何法焉？于是存而录之，离为上、中、下三卷，命曰《谏垣存稿》，以藏于家。①

"藏于家"，不使之外传，这是两宋时期的文人在未焚毁奏议的情况下，处理奏议的一种基本方式，之所以如此，其根本原因就是奏议的重要性与机密性。不仅仅是作为臣子的文人，就算是皇帝，一旦涉及与军国大事相关的重要言论，在文集编纂的时候，也是单独将其录出，不收入文集。苏辙《进御集表》中所言就是明证：

窃惟神宗皇帝天纵圣德，文章僁伟，策略宏远，出于天性，不由学致……臣顷被圣旨，编次遗文……凡著录九百三十五篇，为九十卷，目录五卷。内四十卷皆赐二府及边臣手札，言攻守秘计，先被旨录为别集，不许颁行。②

由于"赐二府及边臣手札"的四十卷内容涉及"攻守秘计"，其机密性相当于文人的一些重要奏议，因此，采取"录为别集"（即"不入文集"）的方式，且"不许颁行"。由是可知，文人奏议的机密性及不便传播的性质，是两宋时期编纂文人文集时，不将奏议收入的一个重要原因。

2. 保护奏议当事人及其后人的需要

两宋时期的文集编纂中，不将奏议收入的另一个重要原因，就是为了对奏议的当事人及其后人进行保护。这一点，可以从曾肇元符三年（1100）四月上呈的《乞罢编类元祐臣僚章疏奏》中看出端倪：

窃见祖宗以来，臣僚所上章疏，未尝置局编写。盖缘人臣指切

---

① （宋）韩琦：《谏垣存稿序》，《全宋文》卷853，第40册，第19—20页。
② 《全宋文》卷2066，第95册，第90—91页。

朝政，弹击臣下，皆是忘身为国，不顾后祸。朝廷若有施行，往往刊去姓名，只作臣僚上言行出文字。所以爱惜言事之人，不欲暴露，使招怨怒。若一二编录，传之无穷，万一其人子孙见之，必成深隙。祖宗以来，未尝编录，意恐在此。①

由于文人的奏议常有“指切朝政，弹击臣下”的内容，有时甚至是“忘身为国，不顾后祸”的，所以，如果将奏议编入文集，一旦传播开去，会招致被“弹击”者对奏议作者或上呈者的怨怒，引起不必要的麻烦。钦宗靖康元年（1126），汴京城街市印卖的文字中，有太学正吴若上书弹劾曾任尚书右丞的徐处仁“以十事留蔡京”的奏议，徐处仁看到后，惶恐不已，赶紧给朝廷上了一篇长长的《上钦宗皇帝辩诬并乞致仕札子》，以表达自己的清白：

臣伏睹街市印卖文字，有太学正吴若所上书，言臣常以十事留蔡京，览之不胜骇愕，须至陈述本末，以祈聪察。臣于崇宁间与郑居中、刘正夫等同在从班，是时蔡京独持国政。至大观元年，蒙道君皇帝擢为尚书右丞，日与蔡京争论政事，京意不悦……今京事败势去，罪恶暴著，略正典刑矣……不意吴学正者，以十事留京相诬也。且以岁月考之，蔡京于道君朝斥者五……皆无上章留京之理。假使有之，则当时与京为敌之人，岂不暴臣之章，以治臣之罪哉？不知吴学正所谓以十事留京者果何时，而所谓十事者果何事耶？且上章留京，人臣之大恶也。假如脱已失计而为之，固难隐讳，自应默默羞愧，甘为名教之罪人；若实无其事，而谤言出于意外，使四方传播，以为口实，臣又安得不自辩明？……所有吴学正书随札子进，乞下有司诘问言之所从，苟有其实，不敢逃罪；若吴学正造为此言以相授诬，亦乞略加究办，以警观望附会妄言希进之人。②

① 《全宋文》卷2379，第110册，第55页。

② （宋）徐处仁：《上钦宗皇帝辩诬并乞致仕札子》，《全宋文》卷2871，第133册，第152—154页。

徐处仁认为吴若所言不实，乃为诬告，请求朝廷将其治罪，徐、吴当由此而结怨。这就是奏议外传所引起的官司，给奏议所涉及的双方当事人都造成了不小的麻烦。

而北宋名臣丰稷将奏议随手焚稿的习惯，却让他躲过了不少麻烦，这从另一个角度说明了奏议保存与否对于当事人的重要意义：

> 右清敏公遗事一编……惟是平生章奏，随手焚稿，晚陷钩党，有旨搜取，只字不留。①

“清敏公”即丰稷。哲宗朝，加龙图阁待制，知河南府。徽宗朝，任工部尚书兼侍读，后转礼部尚书。大观元年（1107）卒，建炎中，谥“清敏”。丰稷晚年曾陷党争之祸，朝廷搜取他的奏议以作为“罪证”，但由于他平日里将奏议“随手焚稿”，“只字不留”，所以免除了不少麻烦。

奏议的传播不仅会给奏议当事人带来许多麻烦，而且会使奏议所涉及人员的子孙后人之间产生矛盾，形成深远的负面影响，这一点，杨时在《与邹德久书（一）》中就有一个很好的说明：

> 先公奏议序纳去，鄙拙不足以发扬盛德，负愧多矣。闻令弟欲令福唐镂板传之久远，甚善。然其间有弹击权要，今子孙恐有当路者，见之遂为世仇，不可不虑也。如欧公有从谏，正谓此耳。若镂板可节去弹击之章，未须传也，公更思之。②

由于奏议中有“弹击权要”的内容，担心其子孙“有当路者”，会造成“见之遂为世仇”的结果，所以，杨时建议刊刻奏议集的时候，“可节去弹击之章”，以免造成不必要的麻烦。

因此，出于对奏议作者或子孙后代的保护，文人在编纂自己或他人文集的时候，常常会主动将奏议剔除在外，从而形成“奏议不入文集”

---

①（宋）李朴:《丰清敏公遗事跋》,《全宋文》卷2910，第135册，第49页。

②《全宋文》卷2682，第124册，第216—217页。

的现象。

即使单独编纂的奏议集，为了免除不必要的麻烦，也不是把所有奏议都收入的，北宋名臣包拯的《包孝肃公奏议》就是如此：

> 《包孝肃公奏议》，分门编类，其事之首尾，时之先后，不可考也……如劾罢张方平、宋祁三司使，而《奏议》不载，岂包氏子孙所不欲以示人者耶？①

此外，奏议作为“奏事言事”类文章，具有就事论事，直截了当、简明扼要的特点，很难具有文采，一般也难以显示作者的文学水平，对力图通过文学创作来追求声名“不朽”的文人而言，奏议对他们文学声名的提升，几乎起不到什么促进作用，因此，不将奏议收入文集，对于文人而言，并不是什么坏事。相反，如果将奏议大量收入文集，反而会削弱或减少文集的文学性，影响作者文采的展示，这大概也是两宋时期的文人文集编纂中，“奏议不入文集”的一个重要原因吧。

① （宋）汪应辰：《题包孝肃公奏议》，《全宋文》卷4777，第215册，第179页。

第 六 章

版刻与石刻:文集刊刻的两种样态

两宋时期是我国文集刊刻的第一个黄金时期，也是文集传播从手写时代走向刊刻时代的重要转折时期。两宋时期的文集刊刻，主要包括版刻和石刻两种样态。

第一节 两宋时期文人文集的版刻传播

一 两宋时期的书籍版刻生态

在两宋时期，虽然各类书籍的抄本传播仍然非常兴盛，但刻本传播凭借其高效率、多面向、广覆盖的优点越来越受到文人和大众的青睐，颇有“后来居上”之势。

两宋时期书籍版刻的覆盖面很广，涉及的书籍种类也很多，举凡经籍、佛典、史书、医书、农书、文集等，都曾版印：

> 国学见印经书，降付诸路出卖，计纲读领，所有价钱于军资库送纳。①

> 本监管经书六十六件印板，内《孝经》、《论语》、《尔雅》、《礼记》、《春秋》……等十件。②

---

① （宋）宋真宗:《国学见印经书降付诸路出卖诏》,《全宋文》卷243，第12册，第151页。

② （宋）刘崇超:《乞重雕孝经等书印板奏》,《全宋文》卷268，第13册，第275页。

端拱初太宗皇帝命国子司业孔维等校勘《周易》、《尚书》、《春秋》、《毛诗》、《礼记正义》，雕板布行。咸平中真宗皇帝命国子祭酒邢昺等刊定《周礼》、《仪礼》、《公羊》、《谷梁》传疏及别修《孝经》、《论语》、《尔雅》正义，遣国子直讲王焕赍诣杭州刻板，送国子监。①

这是两宋时期部分经部典籍版印的记录，从中可以看出，版印的经籍不仅种类多、范围广，而且存在国子监所印群经“降付诸路出卖”的情况，也就是说，经部典籍的版印已经呈现出“规模化”和“产业化”的态势，两宋时期书籍版印业的繁荣情况由此可见一斑。

再来看史部典籍的版印：

臣今日中使至，奉宣圣旨，赐臣印本《晋书》一部，计六十九册者。两晋遗编，具列秘书之目；九重稽古，新成镂板之功。②

臣先奉敕编修《资治通鉴》，共成二百余卷。于去年九月内奉圣旨，令秘书省正字范祖禹及臣男康用副本重行校定闻奏。近又奉圣旨，令据已校定到本，逐旋送国子监镂板。③

唐家新史，久模印以颁行。④

治平四年夏六月，两当县尹邓君惟良显甫自京师归，传殿中侍御史里行张唐英次功前在阆中监征时所编《蜀春秋》十卷，予尝得而观之……显甫好事，密购以归，予因为刊行，以广其传。⑤

① （宋）王之望：《乞颁行群经疏义奏》，《全宋文》卷4357，第197册，第215页。
② （宋）杨亿：《代集贤寇相公谢赐晋书状》，《全宋文》卷290，第14册，第294页。
③ （宋）司马光：《奏乞黄庭坚同校资治通鉴札子》，《全宋文》卷1205，第55册，第269页。
④ （宋）吴缜：《进新唐书纠谬表》，《全宋文》卷2183，第100册，第119页。
⑤ （宋）陆昭迥：《蜀梼杌后序》，《全宋文》卷1580，第72册，第322—323页。

大型史书如《资治通鉴》《新唐书》等典籍的成功版印，充分证明了两宋时期书籍版印技术已经趋于成熟。值得关注的是，治平年间，陆昭迥对《蜀春秋》的版印，说明在北宋时期，书籍版印已经出现了官刻和私刻并行的局面。私家版印的加入，不仅说明了两宋时期书籍版印技术的“大众化”，更代表了版印影响的“普泛化”。

两宋时期佛典、医书、农书等各类书籍的版印也呈现出繁荣局面。

> 届于京师，遍令求访《维摩经》十卷者，咸曰无之。不数月，余于所亲处睹一经函，发而视之，即《维摩经》一部十卷……因择工人，俾之雕刻，志愿散施，贵广传布。[①]

> （蒋）之奇尝苦《楞伽经》难读，又难得善本。会南都太子太保致政张公施此经，而眉山苏子瞻为书而刻之板，以为金山常住。[②]

> 朕尊居亿兆之上，常以百姓为心，念五气之或乖，恐一物之失所，不尽生理，朕甚悯焉！所以亲阅方书，俾令撰集，冀溥天之下，各保遐年，同我生民，跻于寿域。今编勒成一百卷，命曰《太平圣惠方》，仍令雕刻印版，遍施华夷。[③]

> 中书省勘会：下项医册数重大，纸墨价高，民间难以买置。八月一日奉圣旨：令国子监别作小字雕印。内有浙路小字本者，令所属官司校对，别无差错，即摹印雕版，并候了日广行印造，只收官纸工墨本价，许民间请买，仍送诸路出卖。[④]

> 伏请于《齐民要术》及《四时纂要》、《韦氏月录》之中，采其关于田蚕园圃之事，集为一卷，下三司雕木版广印，颁下诸州，流

---

① （宋）张齐贤：《新雕维摩经后序》，《全宋文》卷103，第5册，第385页。
② （宋）蒋之奇：《楞伽经序》，《全宋文》卷1706，第78册，第229页。
③ （宋）宋太宗：《太平圣惠方序》，《全宋文》卷78，第4册，第407页。
④ （宋）郑穆：《国子监雕印伤寒论等医书牒》，《全宋文》卷1114，第51册，第271页。

布民间。[①]

两宋时期，私人出资刊印佛经或僧侣著述的现象非常普遍，上引张齐贤个人雕印《维摩经》就是典型的例子。此外，两宋还有专门的佛教典籍刊印机构——印经院，代表官方从事佛经及其他各类佛教典籍的刊印工作。[②] 官、私并行的刊印模式，使两宋时期的佛典出版达到了空前的繁荣。两宋时期对医书和农书的大量刊印，再一次证明了两宋书籍版印技术的成熟。一般而言，农书和医书由于受众面广，其印刷量往往会比较大。这些书籍在社会上的广泛传播，一方面提升了印本书籍的市场占有率，另一方面，扩大了书籍刊印本的社会影响，提高了社会民众对印刷本书籍的接受度和认可度。这对推进文集印本的广泛传播和接受是有好处的。

一项技术的成熟与否，有时还要看普通大众的接受度和使用率。两宋民间丰富而多样的刊印现象，从另一个侧面印证了两宋时期书籍版印技术的成熟。深入考察两宋时期的民间刊印现象，我们可以发现，民间刊刻，不仅范围广，而且品种杂，举凡生活用书、进士考试复习用书、文人著述等，民间都曾加以刊印：

> 切见近日发解进士，多取别书小说、古人文集，或移合经注，以为题目，竞务新奥……至如近日学者编经史文句，别为解题，民间雕印，多已行用。[③]

---

① （宋）窦俨：《陈政事疏》，《全宋文》卷39，第3册，第10页。

② 按：王随《乞下印经院摹印颁行传灯玉英集札子》有“臣先进呈《传灯玉英集》一十五卷，计五册。蒙圣恩降敕，编入藏录。欲望圣慈下印经院开板模印颁行”（《全宋文》卷281，第14册，第131页）之语，王珪《诏夏国主乞赎大藏经诏》有“其请赎经文，已指挥印经院印造”（《全宋文》卷1122，第52册，第38页）之言，释惟白《上皇帝书》有“臣今遇陛下践祚改元，谨集禅门宗师心要语句三十卷，目为《建中靖国续灯录》，昧死上进。伏望陛下特降朝廷，依《传灯》、《广灯录》例赐序文，下印经院，编入大藏目录，随藏流行”（《全宋文》卷2873，第133册，第182页）之载，皆可证北宋印经院之存在。

③ （宋）李淑：《应考试进士只于国子监有印本书内出题奏》，《全宋文》卷597，第28册，第229页。

> 臣伏见朝廷累有指挥禁止雕印文字，非不严切，而近日雕板尤多，盖为不曾条约书铺贩卖之人。臣窃见京城近有雕印文集二十卷，名为《宋文》者，多是当今论议时政之言。①

更为有趣的是，两宋民间甚至出现了将揭发官员的检举信版印后到处张贴的现象。

> 臣窃闻日近有以匿名文字印百馀本，在京诸处潜然张贴，谤讟大臣，闻达圣听……以臣料其传写雕印谤书百余本，遍布辇下，似非一二人能独为之。②

> 比闻有印匿名书谤枢密副使王尧臣，布诸道以摇军情者。其令开封府揭榜召人陈告。③

这种现象也说明了两宋时期版印技术的普及和成熟，版印已经被社会大众所认可和接受。

总之，无论从官方层面还是从民间层面进行考察，两宋时期的书籍版印已经确立了其在书籍传播领域内的地位，在这样的氛围中，文集的版印大量出现在文坛并在社会传播领域中逐渐取代抄写传播的主导地位而开启两宋文集传播的崭新领域，也就顺理成章了。

二 两宋时期文人文集的刊印

（一）文人文集刊印的源头

两宋时期的文集刊印，形成了日趋繁荣的局面，但文集刊印并不始于两宋，早在晚唐五代，文人的文集已经出现了刊印本。

《分门古今类事》卷十九“毋公印书”条载：

---

① （宋）欧阳修：《论雕印文字札子》，《全宋文》卷686，第32册，第226页。

② （宋）赵抃：《乞缉捉匿名文字人状》，《全宋文》卷882，第41册，第148页。

③ （宋）宋仁宗：《募陈告印匿名书谤王尧臣者诏》，《全宋文》卷978，第45册，第328页。

> 母公者，蒲津人也，仕蜀为相。先是，公在布衣日，常从人借《文选》及《初学记》，人多难色。公浩叹曰："余恨家贫，不能力致。他日稍达，愿刻板印之，庶及天下习学之者。"后公果于蜀显达，乃曰："今日可以酬宿愿矣。"因命工匠日夜雕板，印成二部之书。公览之，欣然曰："适我愿矣。"复雕九经、诸书，两蜀文字由是大兴。[①]

按："母公"当为"毋公"，乃五代时后蜀宰相毋昭裔。《宋史·毋守素传》载：

> 毋守素字表淳，河中龙门人。父昭裔，伪蜀宰相、太子太师致仕……昭裔性好藏书，在成都令门人勾中正、孙逢吉书《文选》、《初学记》、《白氏六帖》镂板，守素赍至中朝，行于世。大中祥符九年，子克勤上其板，补三班奉职。[②]

由此可知，五代时，《文选》等典籍就已经在成都得到了刊印。不止这些，晚唐五代文人贯休、和凝等人的文集在五代时也都得到了版印：

> 先师名贯休，字德隐，婺州兰溪县登高里人也，俗姓姜氏……暇日，或勋贤见访，或朝客相寻，或有念先师一篇两篇，或记三句五句，或未闲深旨，或不晓根源。众请昙域编集前后所制歌诗文赞，日有见问，不暇枝梧。遂寻检稿草及暗记忆者约一千首，乃雕刻成部，题号《禅月集》……時大蜀乾德五年癸未岁十二月十五日序。[③]

---

① 《文渊阁四库全书》本，台湾商务印书馆1986年版。

② （元）脱脱等：《宋史》卷479，中华书局1977年版，第40册，第13893—13894页。

③ （五代）昙域：《〈禅月集〉后序》，（五代）贯休《禅月集》卷末附，《文渊阁四库全书》本，台湾商务印书馆1986年版。

和凝，字成绩，汶阳须昌人也……平生为文章，长于短歌艳曲，尤好声誉。有集百卷，自篆于板，模印数百帙，分惠于人焉。[①]

《禅月集》版印于前蜀乾德五年（923），被清代四库馆臣称为“自刻专集之始”[②]，开启了文人别集私家版印的先河，为后世的文集私刻传播奠定了基础。据《旧五代史·和凝传》所载，和凝“显德二年秋，以背疽卒于其第，年五十八”[③]，则其将文集“自篆于板”必在五代之时。将百卷文集“模印数百帙，分惠于人”，说明文人文集的大规模版印和传播早在五代之时就已经开始。五代时期的文集版印与传播，为两宋时期的文集版印打下了扎实的基础，预示了文集广范围、大规模版印时代的到来。

（二）文集版印的类型

两宋时期，文集的版印传播呈现出多层次（不同层次作者）、多模式（各类官刻、坊刻及私刻）、多地域的特点。从作者的身份、地位而言，从君主、功勋大臣到一般文人、普通僧侣，不同层次作者的文集在两宋都有版印传播的记录。具体而言，两宋时期所版印的文集，主要可以分为皇帝的文集和一般文人的文集两大类。

1. 君主文集的版印

两宋许多君主的文集都曾进行过刊印，苏辙在元祐四年（1089）十月所上的《进御集表》中就有如下之言：

窃惟神宗皇帝天纵圣德，文章儁伟，策略宏远，出于天性，不由学致……臣顷被圣旨，编次遗文，始于禁中，次及三省、密院，下至文武诸臣之家，凡尺牍寸纸，无所遗轶……臣窃见祖宗御集，皆于西清建重屋，号龙图、天章、宝文阁以藏其书，为不朽计。又刻

---

① （宋）薛居正等：《旧五代史》卷127，中华书局1976年版，第5册，第1671—1673页。

② 《四库全书总目提要·禅月集》称：“书籍刊版始于唐末，然皆传布古书，未有自刻专集者……自刻专集自是集始。”［（清）纪昀等：《四库全书总目提要》卷151，河北人民出版社2000年版，第3917页］

③ （宋）薛居正等：《旧五代史》卷127，第5册，中华书局1976年版，第1673页。

版模印，遍赐贵近。臣今已缮写，分为五幞，随表上进。欲乞降付三省，依故事施行。所有御集即付本所修写镂版。①

据苏辙所言，北宋君主文集的“刻版模印”为“故事”，也就是说，君主文集的版印是一贯以来的常例，因此，苏辙请求将宋神宗的文集也加以“镂版”。

从神宗文集在两宋时期的传播情况来看，苏辙的请求应该是得到了朝廷的同意，神宗文集版印以后，朝廷将其下赐给臣子，从而形成了两宋君主文集的下行传播。刘攽的《谢神宗御集表》和黄裳的《谢赐神宗皇帝御集表》就是这方面最好的证明。

此盖伏遇皇帝陛下孝惟善继，文极化成，明发徽猷，继承祖武。不独秘河图于东序，严策府于春山，乃眷具赉，锡之副本。承宣室之顾问，尝耳训言；畏轩台之威令，恪遵遗法。感慕往遇，炫耀新恩，企耸怔忪，罔知所措。②

国史移文，旁逮侯藩之远；宸衷传旨，仰膺御集之新。何殊《尧典》之文章，乃叹神宗之述作。篆晓香而拜赐，涤尘虑以开缄。云汉昭明，河图焕烂。训示千古，荣生四方。③

宋仁宗的文集版印后也曾下赐给臣子，欧阳修《谢赐仁宗御集表》中“伏蒙圣慈赐臣《仁宗御集》一部一百卷者。倬彼云章，方联于宝轴；刻之玉版，忽被于恩颁”④ 之语即为明证。

需要指出的是，两宋君主的文集虽然都有版印的惯例，但版印后的传播广度不如普通文人的文集。一般而言，君主的文集在刊印以后，除了放入“龙图”“天章”“宝文”三阁加以收藏以外，虽然也会将其下

① 《全宋文》卷 2066，第 95 册，第 90—91 页。
② （宋）刘攽：《谢神宗御集表》，《全宋文》卷 1495，第 69 册，第 43 页。
③ （宋）黄裳：《谢赐神宗皇帝御集表》，《全宋文》卷 2246，第 103 册，第 19 页。
④ 《全宋文》卷 676，第 32 册，第 59 页。

赐给部分臣子，但有幸得到御集赏赐的人员并不多，正如欧阳修所言：

> 方副本之颁行，非近辅而莫获。①

从这一层面而言，两宋君主文集的传播在整个两宋文坛的文集传播领域中所占的比重并不大。

2. 文人文集的版印

两宋时期文人文集的版印体现出“多点共呈”“多途并进”的局面，在全国许多地方都有文集的版印点，各种途径的官刻、坊刻和私刻文集现象，共同建构起两宋丰富而生动的文集版印局面。

目前所知两宋版印最早的文人别集是徐铉的文集，胡克顺《进徐骑省文集表》云：

> 窃见故散骑常侍徐铉，杰出江表，夙负重名……淳化之岁，被病考终……而翰墨罕存，难访茂陵之札。每思编缉，尤惧舛。数年前，故参知政事陈彭年因臣屡言，成臣夙志，假以全本，并兹冠篇。乃募工人，肇形镂板……其新印《徐铉文集》两部，计六十卷，共一十二册，谨随表上进。天禧元年十一月日，三司户部判官、朝散大夫、行尚书都官员外郎、上护军臣胡克顺上表。②

据胡克顺所言，其上献《徐铉文集》的时间为天禧元年（1017）十一月，则文集必在此前刊印完成，据王岚先生考定，《徐铉文集》刊刻完成“当在大中祥符九年八月之前”③。胡克顺所刊印的徐铉文集，被祝尚书先生称为“今知宋人别集第一刻”④，在两宋文集版印的历史上占有重要的地位。

---

① 《全宋文》卷676，第32册，第59页。

② 《全宋文》卷190，第9册，第292—293页。

③ 王岚：《宋人文集编刻流传丛考》，江苏古籍出版社2003年版，第3页。

④ 祝尚书：《宋人别集叙录》卷1，上册，中华书局1999年版，第2页。

到了南宋，由于“年世敻远，兵火中厄”，徐铉的文集存世稀少，高宗绍兴年间，明州公使库又对其进行了刊刻。

> 《骑省徐公文集》三十卷，天禧间尚书都官员外郎胡君克顺编录刊行，且奉表上进。章圣皇帝降诏奖谕，参知政事陈公彭年为之序引，丞相晏元献公复为后序。骑省在江南有重名，仕天朝为近侍，以文翰忠直在当时诸公先。既殁，丞相赵郡李文正公实志其墓，所以称述推尊之者甚至。距今且二百年，其英名伟节得以不泯而为后学法者，繄《文集》是赖。年世敻远，兵火中厄，鲜有存者。偶得善本，使公库镂板以传。绍兴十九年十一月十日，右朝议大夫、充敷文阁待制、知明州军州事、提举学事、赐紫金鱼袋徐琛跋。①

不同时间点的多次刊刻，无论对于文集的保存，还是对于文集的传播，都是极为有利的。

除了徐铉的文集以外，两宋诸多文人的文集在当时都得到过版印，著名文人黄裳、吕本中、李之仪等人文集的刊印就是很好的例子。

> 先君由布衣取巍科，历显要，享高寿。自少年已慕清修之道，其他一无所嗜好。居官之暇日，必以文墨自娱。每有著述，必高卧腹稿，既而走笔成章。其流传于世者，人竞以抄录。自后子孙以先君布衣时所为文章，相继编次为家集，几三十万言。建炎丁未，寓居钱唐，会兵乱，陷围城中，悉皆散亡。比寇平，凡历年求访，仅得二十余万言。其不存者，奏议表章居其半，竟不能成全集。然玠窃观古经书及后世名人所为文，必待圣贤删削订正，以取重当世。如先君之人，虽未经先哲去取，然皆自得于胸襟，故尽以其所求访之文厘为六十卷。迨乾道改元初夏，玠被命来守是邦，会乡人廖挺为军学教授，惜其文之不传，请校勘舛讹，镂板于军学，庶传之永

① （宋）徐琛：《明州重刊徐骑省文集后序》，《全宋文》卷4575，第206册，第254—255页。

久，为学者矜式。[1]

沈公之子公雅，以通家子弟从居仁游，居仁称之甚。乾道初元，几就养吴郡，时公雅自尚书郎擢守是邦，暇日裒集居仁诗略无遗者，次第岁月，为二十通，锓板置之郡斋。[2]

李公端叔以词翰著名元祐间。余始得其尺牍，颇爱其言思清婉，有晋宋人风味，恨未睹他制也。乾道丁亥，假守当涂，因访古来文士居此邦而卓然有声于世者，惟李太白、郭功父与端叔三人。郡旧有太白、功父集而端叔独缺然。求于其家，而子孙往往散落，无复遗稿。间得之邦人，类而聚之，命郡士戴掔订正，厘为五十卷，锓板于学。[3]

除了两宋本朝文人的文集以外，唐人文集在两宋的版印也多有可圈可点之处，仅韩愈的文集，在两宋时期就经历了多次版印，苏溥《昌黎先生文集后序》云：

益部所雕《昌黎先生集》，虽传行久矣，文字脱烂，实难披阅，唯余杭本稍若完正。庆历辛巳岁，溥求荐王府，时从兄涣以小著宰鄢陵，因即观之。语及古学，且谓："退之文自轲、雄没，作者一人而已。予近获河东先生所修正本，虽甚惜之，于子无所隐耳。比之杭、蜀二本，其不相类者十三四。"越明年，从兄改秘书丞，倅南隆，复以故龙图烨所增修本为示。又且正千余字，并获集外三十八篇。又得嘉州李推官诩传欧、尹二本重加校勘。溥既拜厚赐，不敢藏于家，期与好古之士共之，乃募工镂板，备于流行……时嘉祐六年六月旦。[4]

---

① （宋）黄玠：《演山先生文集跋》，《全宋文》卷4580，第206册，第353页。

② （宋）曾几：《东莱诗集序》，《全宋文》卷3800，第174册，第35页。

③ （宋）吴芾：《姑溪集序》，《全宋文》卷4350，第197册，第107页。

④ 《全宋文》卷938，第43册，第368页。

据苏溥所言，至嘉祐年间，韩愈文集的两宋刊印本至少有成都印本、余杭印本、河东先生（柳开）修正本、苏溥印本四个，两宋时期唐人文集版印的繁荣可见一斑。

对于两宋时期书籍（包括文人文集）的版印，当前学界已论之颇多，特别是官刻、坊刻、私刻等不同类型及版印对书籍（包括文集）传承之影响，成果已夥，为免重复，笔者只做如上简单申说，不多赘言。

第二节 两宋时期文人文集的石刻传播

两宋时期的文集刊刻，除了“版刻”这一主要形式以外，还存在一定量的“石刻”。“镌石以传久”的理念，古已有之，但两宋以前刻石以传播的文学作品大多是“单篇”的形式，除了一些儒家经典著述大规模刻石而形成的“石经”以外，一般文人的作品很少有多篇或“集群式”（也就是以“文集”的形式）刻石的现象。两宋时期文学作品的“集群式”刻石，相对于版刻而言，虽然仍不普遍，但相对于两宋之前的各个时期，已经有了长足的发展。

一 北宋时期文集的石刻传播

北宋时期，杜甫诗歌的多次“集群式”刻石，是一个值得注意的文集刻石现象。

> 自予谪居黔州，欲属一奇士而有力者，尽刻杜子美东西川及夔州诗，使大雅之音久湮没而复盈三巴之耳。而目前所见，录录不能辨事，以故未尝发于口。丹棱杨素翁拏扁舟，蹴犍为，略陵云，下郁鄢，访余于戎州，闻之欣然，请攻坚石，摹善工，约以丹棱之麦三食新而毕，作堂以宇之。予因名其堂曰大雅，而悉书遗之。此西州之盛事，亦使来世知素翁真磊落人也。①

① （宋）黄庭坚：《刻杜子美巴蜀诗序》，《全宋文》卷2307，第106册，第160页。

少陵游蜀凡八稔，而在夔独三年。平生所赋，诗凡千四百六篇。而在夔者，乃三百六十有一。治平中，知州贾昌言刻十二石于北园。①

杜甫蜀中诗，在夔州为最多……自居夔，逮出峡，过巫山，传于今者，其诗有三百六十一首……今夔州太守取其夔州诗，于刺史厅之北园为堂三楹，立八石以次刻之，属某序于其端。顾某安能知甫，独书之以证此方风物同异，及甫去来始末云。②

（少陵）平生所赋诗凡千四百六篇。而在夔者，乃三百六十有一。治平中，知州贾昌言刻十二石于北园。岁久，字漫灭，建中靖国元年，运判王蘧新为十碑。③

黄庭坚委托杨素翁将杜甫“东西川及夔州诗”刻石，“以丹棱之麦三食新而毕”，耗时不可谓不长。贾昌言将杜甫夔州诗三百六十一首刻于十二石，后王蘧又重新刻为十碑，从而形成了杜甫夔州诗“集群”刻石的现象，这是典型的石刻传播。

杜甫诗集的刻石代表了前朝文人文集在北宋的石刻传播，除了前朝文人的文集之外，北宋当时文人的作品集也存在刻石的情况，只不过没有像杜甫《夔州诗集》那样被多次刻石。北宋时期刻石的时人作品集，类型丰富，有多人作品的合集，如赋物集、纪赠集、唱和集等，也有某一位文人独立的作品合集。

首先来看多人作品合集的刻石。

公讳概，字叔平，姓赵氏，宋虞城人……公得知涟水军，故人葺公旧馆，为豹隐堂，朝贤自两禁而下凡三十余人，皆赋诗刻

① 《文渊阁四库全书》本，台湾商务印书馆1986年版。

② （宋）蒲宗孟：《唐杜工部夔州诗序》，《全宋文》卷1630，第75册，第17—18页。

③ （宋）王象之：《舆地碑记目》卷四《夔州碑记·杜少陵诗石刻》小注，《文渊阁四库全书》本，台湾商务印书馆1986年版。

于石。①

“朝贤自两禁而下凡三十余人”皆为“豹隐堂”赋诗，并刻石，从而形成了一部《豹隐堂诗集》，这是典型的“赋物集”刻石。

“纪赠集”刻石的现象在两宋时期也广泛存在，兹举一例：

奉新尉谢君世克过而谓其友庐陵刘弇曰……日者二三显人，因吾父子昆弟之南归，将翕赫之以告其乡闾也，至赋诗以张其事，自正字孔公而下继有所授，合数十篇。譬之锦纯珠琲，壮彩文发。诚恐日月之不贷，而诸公之辱不宜久虚，则独可移之石刻，以蔓其传，兹吾志也，敢以序属诸子。②

谢世克父子兄弟四人南归，诸人作诗相赠，共数十篇，合在一起刻石，就是典型的纪赠集刻石传播现象。

唱和集的刻石，在北宋时期也有不少，秦观《会稽唱和诗序》中提到的二十二篇唱和诗刻石就是一个例子：

给事中、集贤殿修撰、广平程公守越之二年，南阳赵公自杭以太子少保致仕，道越以归。南阳公与广平公其登进士第也为同年，其守浙东西也为邻国，又皆喜登临，乐吟赋，故其雅好，视游从中为厚，而山川览瞩之美，酬献之娱，一皆寓之于诗。旧所唱和多矣，集贤林公既为之序，而道于越也，复得二十有二篇，东南衣冠争诵传之，号为盛事，以后见为耻……某既获睹盛德之事为幸，因手写二十二篇之诗以遗越人，使镵诸石。③

二十二篇唱和之作，汇聚在一起就是一部诗集，因而，秦观“会稽

① （宋）王珪：《太子少师致仕上柱国天水郡开国公食邑四千五百户食实封一千四百户赠太子太师谥康靖赵公墓志铭》，《全宋文》卷1162，第53册，第327页。

② （宋）刘弇：《诸公纪赠四谢诗序》，《全宋文》卷2555，第118册，第352—353页。

③ 《全宋文》卷2577，第119册，第372页。

唱和诗”之命名就已经体现了以其为诗集之意。

除了多人作品的合集之外，北宋时期刻石传播的文集中，还有个人作品的合集，北宋著名诗人黄裳游览长乐山水创作而成的《长乐诗集》就曾刻石：

> 予自武林拜符往守长乐，踰闽岭，道延平，度龙津，肩舆而南，走两山中，与长江更无案据，回抱相逐而下，如游诸洞，未造乎中虚也……长乐山水，其体方正，其势环合，又其秀者，其为人间洞府之嘉者乎！……予尝公外登览，山川气象，风物意态，与吾才思邂逅相得，发于歌诗，日且盈轴。故序其经从游览，所以动予情者为诗之序云。裳之性喜自在，不能服膺于书，伸纸挥毫，形见意间，所欲运耳。然而自许其不俗，故以长乐所为词章，书刻于石。①

北宋著名词人潘阆的十首《酒泉子》，也曾被人多次刻石：

> 潘阆，谪仙人也。放怀湖山，随意吟咏，词翰飘洒，非俗子所可仰望。虽寓钱塘，而篇章靡有存者。《酒泉子》十首，乃得之蜀人，其石本今在彭之使厅。予适为西湖吏，宜镵诸石，庶共其传。崇宁五年重午日，武夷黄静记。②

潘阆十首《酒泉子》，组成了一部小型的词集，曾在彭州刺史厅刻石，黄静又将其刻石于杭州，从而实现了这部小型词集的多次刻石传播。

二　南宋时期文集的石刻传播

相较于北宋而言，南宋时期的文集刻石现象更为兴盛，不论是前朝文集还是本朝的文人文集，都存在比北宋更为广泛的刻石传播现象。

---

① （宋）黄裳：《长乐诗集序》，《全宋文》卷 2249，第 103 册，第 80—81 页。

② （宋）黄静：《石刻潘阆词跋》，《全宋文》卷 2636，第 122 册，第 215 页。

南宋时期刻石的前朝文集，大多是一些名家的文集，这一点和北宋有相似之处。比如韩愈的文集，在南宋不仅经历过多次版刻，而且存在石刻的现象：

> 韩文自校本盛行，世无全书。欧公谓韩文印本初未必误，多为校雠者妄改。仆尝得祥符中所刊杭本四十卷，其时犹未有《外集》，今诸集之所谓旧本者此也。既而得蜀人苏溥所校刘、柳、欧、尹四家本，此本嘉祐中尝刊于蜀，故传于世。继又得李左丞汉老、谢参政任伯所校秘阁本。李本之校阁本最为详密，字之误者皆标同异于其上，故可得以为据。大抵以公文石本之存者校之阁本，常得十九，杭本得十七，而蜀本得十五六焉。今只以三本为定。①

“以公文石本之存者校之阁本”，说明韩愈文章曾被刻石，以石刻本校对版印本，“常得十九，杭本得十七，而蜀本得十五六焉”，说明刻石的韩文有多篇，多篇石刻韩文集中在一起，在一定程度上也可视为韩愈文集的刻石传播，只不过刻石的文集不是全集而已。

相对于前朝文集刻石多为名家的现象，南宋时期对本朝文人文集的刻石则范围更宽广一些，名家和非名家的文集，都存在刻石传播的现象。朱熹《跋任伯起家藏二苏遗迹》提到的“其家藏两苏公文记诗篇甚众……将刻石以视子孙”的现象就属于“名家”（苏轼兄弟）文集刻石的情况：

> 元丰间，西南夷与疆吏不相得，怒且生事。时眉山任公伋字师中守泸州，曰：“我曲彼直，不可与校。”务一以恩信抚柔之……然任氏自此世有闻人，而龙阁公遂以刚直不挠进为于世。今其家藏两苏公文记诗篇甚众，盖诗犹真迹，而于泸事尤反复致意焉。龙阁之曾孙希夷将刻石以视子孙，而属予序之。②

---

① （宋）方崧卿：《韩集举正序》，《全宋文》卷5817，第258册，第408—409页。

② 《全宋文》卷5627，第251册，第32页。

既然是“文记诗篇甚众”，则“刻石以视子孙”的必不是单篇作品，而应该是苏轼兄弟作品的“集群”，从这一层面而言，此次刻石乃是一次特定的文集石刻传播。

除了名家创作的作品“集群式”刻石而形成的特定文集石刻传播以外，还有一种与名家相关的文集石刻传播，那就是名家书写作品的“集群式”刻石。洪迈将苏轼书写的十篇诗文刻石就是这方面的例子：

> 右，东坡先生所书诗文十篇，鄱阳洪迈得之，淳熙十六年刻石于当涂郡斋。①

苏轼书写的十篇诗文，汇集在一起，就是一部小型的文集，洪迈将这十篇诗文刻石，就相当于将苏轼书写的这部小型文集加以刻石。

南宋时，曾任邵阳太守的唐遵将其叔祖、北宋名臣唐介父子“斥谪初时台臣章疏、诸公送别及到任谢表等文一巨轴”刻石，实质上也是一次文集石刻传播过程。

> 绍兴乙卯秋九月朔，质肃公之侄孙、谏院公之从侄新邵阳太守遵，以质肃公、谏院公斥谪初时台臣章疏、诸公送别及到任谢表等文一巨轴携诣余曰：“遵叔祖父质肃公、伯父谏院公有直声于皇祐、熙宁间，卒不获伸其志。既殁，皆以怨仇当轴，若时公卿闻人往往畏偪，不敢志铭，俾前人业履，无以表见。虽事书信史，而孝子慈孙，不无憾焉。遵将刻诸石，以光昭先祖之令德，而传之于不朽。”②

“质肃公”即唐介，神宗朝曾拜参知政事，谥“质肃”。“台臣章疏、诸公送别及到任谢表等文”，汇在一起是一部不折不扣的多文体文集，唐遵将其刻石，实质上就是将这部多文体文集刻石。

值得注意的是，唐遵的这次文集刻石的行为，产生了一定的影响，

---

① （宋）洪迈：《东坡诗文帖跋》，《全宋文》卷4917，第222册，第61页。

② （宋）汪伯彦：《跋唐质肃公诗》，《全宋文》卷2970，第138册，第36—37页。

时人李纲、张守等人都曾提及：

唐氏父子继论时宰于权宠方隆之日，面折廷争，无所顾避，使名节之美萃于一门，可谓贤矣，复用与不复用，固不论也。然二公之殁，碑志不立。其族子邵阳太守遵惧岁月之绵远，而前德之堙坠，裒集表章及送行诗等合为一卷，将刻诸石，以垂不朽。其意岂独贻训后裔，为家世之光哉，使士大夫知前辈风节凛然若此，有补天下多矣，是可嘉也。①

唐氏父子皆以论宰相南贬，高名劲节，冠映两朝……至林夫之论荆公于裕陵委己信任之时，越班叩陛请对，而亟言其非，亦难矣哉……时熙宁五年秋，耆旧往往皆去朝廷，莫有出力援之者，卒不复召用，而流落以死，尤可哀也。林夫之从侄遵以其送行诗、谢表等编次而镵之石，既欲显扬前哲之美，且传示来世，饬稚昧于无穷，则遵之居官行己，必将无愧于其先云。②

由“裒集表章及送行诗等合为一卷”及“以其送行诗、谢表等编次”之言可知，唐遵在刻石之前，首先将相关作品编纂成集，因而，唐遵的此次刻石是一次典型的文集刻石无疑。从“其意岂独贻训后裔，为家世之光哉，使士大夫知前辈风节凛然若此，有补天下多矣，是可嘉也”“遵之居官行己，必将无愧于其先云”这些话可知，李纲、张守对唐遵的此次文集刻石行为是大加赞赏的。

像这类和名臣相关的作品结集刻石的现象，在南宋时有发生：

元符元年秋八月，诏以宝文阁待制知开封府平阳路公，迁本阁学士，充定州路安抚，出镇定州。公既拜命，乃赋诗一章，具道所以祇奉眷遇、对宠休之意。已而中朝公卿相率为诗，饯公之行，首

① （宋）李纲：《唐子方林夫送行诗章表跋尾》，《全宋文》卷3751，第172册，第64页。
② （宋）张守：《跋唐子方林夫送行诗卷》，《全宋文》卷3793，第174册，第5页。

自翰林承旨蔡公，合八十六篇。咸韶之音发自禁幄，而讽诵赓歌遍满都下。公既至镇，因以暇日出示僚属……然则送行之作，不独为公荣，抑所以推广上德，布宣皇灵，将使后之人恭天子之命而教承之，其风示远矣。盍亦刻之金石，以耀诸无穷乎？公曰："诺。"乃命下吏具其事而书之首。①

"宝文阁待制知开封府平阳路公"即路昌衡，其出镇定州，"中朝公卿相率为诗，饯公之行"，饯行之诗共八十六首，汇集在一起就是一部"饯行诗集"，至定州后，路昌衡命人将其刻石，亦是典型的"文集刻石"行为。

当然，南宋时期的文集刻石，并不都是名家名作，也不全是和名人有关，普通文人的普通作品汇集刻石的现象也随处可见：

崇宁初元，诏凡置学州并选教授二员。明年，故大司成葛公次仲以道德文学首应新书，分教于庐陵……州之士人思欲明于大君，纪于策书而不可得，又欲歌武公之缁衣、咏召伯之甘棠而不可尽，乃相与裒公旧所留古、律诗，得二十七篇，告于教授林仲熊，将刻之石，而俾余为序。②

浈阳郡山水于五岭为胜概，郡斋而南几千步，于一郡复秀绝，秀之中，鸣弦峰称最……主上应元符之岁，仲湛以佐著作局来守是郡，郡僻事简，间得与僚友游赏其下。既而叹曰："物之奋奇蓄异，虽在朝市，不遇知音者，则必与夫碌碌同弃，况其遐远者乎！"暇日，因用古体赋成十章，刻之石壁，庶以泄兹山之久愤，且使观之咏之者，识桑林之音耳。③

① （宋）赵鼎臣：《路宝文送行诗序》，《全宋文》卷2981，第138册，第214—215页。
② （宋）周必大：《葛亚卿庐陵诗序》，《全宋文》卷5121，第230册，第198页。
③ （宋）刘仲湛：《南山十咏序》，《全宋文》卷2862，第132册，第350—351页。

陵阳先生诗草，友人陆务观既刻石临川，又为跋语，不容复措辞矣。先生诸孙籍携以相示，为之一唱三叹。最后《赠张景方》一篇，由今观之，殆夫子自道也。①

无论是“哀公旧所留古、律诗，得二十七篇”以后的刻石、“用古体赋成十章”以后的刻石，还是陵阳先生韩子苍诗草的刻石，都是作品的“集群式”刻石，也就是文集刻石。

有时候，刻石的作品没有明言多少篇，表面上看不出来是不是“集群式”刻石，但从刻石之前的文学作品“生产者”的数量可以看出“作品集”刻石的实质：

先大父自地官贰卿，出帅庆阳，同省诸巨公，饮饯西城，分韵赋诗，盖一时盛事。岁律遄迈，垂四十年，遭时艰难，虑或遗坠，特命工刊石，以传好事君子。②

“同省诸巨公，饮饯西城，分韵赋诗”，形成的作品必为多首，将多首诗歌“命工刊石”，客观上形成了文集的刻石传播。

南宋时期的文集刻石，还出现了此前没有的新现象，就是奏议集的刻石：

岁在戊申，高宗策士，淮海胡忠简公年二十有七……后十年当绍兴戊午，以密院编修官上书，乞斩宰执，时年三十七，直声遂震于夷夏。尚有可诿曰年壮气刚也，已而窜逐岭海，去死一发，隆兴初然后还朝，摄贰夏官，年已六十余，议论盍少卑之？今览奏札残稿，忠愤峻厉视戊申、戊午反有加焉。其孙知邕州槻将刻石传远，见属一言。③

---

① （宋）周必大：《跋韩子苍诗草》，《全宋文》卷5128，第230册，第346页。

② （宋）范伯思：《跋元祐诸公西园饯别大父诗》，《全宋文》卷3995，第182册，第235页。

③ （宋）周必大：《跋胡邦衡奏札稿》，《全宋文》卷5135，第231册，第31页。

"淮海胡忠简公"即南宋名臣胡铨，胡铨上书"乞斩宰执"一事，在南宋是一个神话般的存在，"直声遂震于夷夏"，在当时影响很大，其孙胡槻将其奏议集刻石，在一定程度上是为了宣扬胡铨的忠愤精神，也是为了宣扬胡铨的名声。

两宋时期文人文集的版刻和石刻，各有优劣，相互补充，石刻由于作品的载体是石头，质地比较坚硬，不容易损坏，可以更长时间保存，有利于文集的长时间传承，但刻石要比刻板艰难，不利于大规模刊刻，所以，石刻的文集一般作品数量不多，不利于文集的大规模传承。此外，石刻的文集往往只能置于一地，不便移动，受空间的限制比较明显，不利于文集的广泛传播。两宋文人为了突破石刻文集的这种限制，采取将石刻文集进行"拓印"的方式，以"摹本"的形式加以传播，就在一定程度上解决了这一问题。朱熹《跋应仁仲所刊郑司业诗》中就提到了文集石本的拓印传播：

> 郑司业金华被召八诗，慈祥温厚之气蔼然发于笔墨畦径之外。其门人应君仁仲刻石，摹本见寄。[①]

八首诗汇刻在一起，就是一部小型诗集，"摹本见寄"就是将石刻拓印后以"摹本"的形式寄赠传播。

石刻文集虽然可以拓印传播，但毕竟没有版刻传播来得方便，也不如版刻文集传播得广泛，这就是两宋时期文集的石刻不如版刻兴盛的原因。但版刻印刷以后，文集的承载媒介是纸张，相对于石头而言，纸张比较容易损坏，从而造成文集的丢失，两宋之际，由于战乱，大量文集失传，其中一个重要的原因就是纸质文集毁于战火。因此，文集的版刻和石刻各有利弊，两宋文人深谙这一点，因此，他们往往在将一些重要的文集版刻印刷以后，还会将其中的一些重要篇目择取、汇聚后，加以刻石，以达到"广传"和"久传"的双重目的。

---

① 《全宋文》卷5627，第251册，第22页。

下　编

两宋时期文人文集的传播

第七章

两宋时期文人文集的抄写传播

两宋时期的文集传播，就传播方式而言，主要有“抄写传播”和“刊刻传播”两类。[①]“抄写传播”又可称为“抄本传播”，是两宋之前文人文集的最主要的传播方式，两宋时期，虽然文集的刊刻传播（包括“版刻传播”和“石刻传播”）已广泛存在，但抄写传播仍然是文集传播的主要方式之一。深入研究两宋时期文人文集的抄写传播，对深入了解两宋时期文人文集影响力的形成、提升与两宋时期文学生态的建构，都不无裨益。

第一节　两宋时期文人文集抄写传播的背景

在印刷术发明之前，“抄写”是书籍（包括文人的文集）传播的最主要途径。在两宋以前，文人的文集大多依靠“抄写”的方式得以传播，唐代诗人白居易将自己的诗集抄写多部，分藏各处，以利于传播之事就

---

① 除了这两类以外，偶尔还存在口头传播的方式，即通过吟诵、歌唱等方式一次传播多首作品的现象。文莹《玉壶清话》卷三所载李昉口诵宋太宗诗就是一个典型的例子：“至道元年灯夕，太宗御楼，时李文正昉以司空致仕于家，上亟以安舆就其宅召至，赐坐于御榻之侧，敷对明爽，精力康劲。上亲酌御樽饮之，选肴核之精者赐焉……又从容语及平日藩邸唱和之事。公遽离席，历历口诵御诗几七十余篇，一句不讹”（《宋元笔记小说大观》本，第2册，上海古籍出版社2001年版，第1467页），一次口诵“七十余篇”，相当于用口头吟诵的方式传播了一部文集。

是显例。[①] 文人长期沿袭的抄写传播方式，在两宋时期的书籍传播领域，仍占有重要的地位。无论经、史，还是文集，以抄写的方式进行传播，在两宋文坛都是司空见惯的事：

臣伏见故秘书丞、集贤校理朱寀，幼有俊材，服膺儒术，研精道训，务究本源……其所著《春秋指归》等若干卷，谨缮写上进，乞下两制详定。如实可收采，则乞宣付崇文院。[②]

公讳敏中，字常之，其先宋左师之裔也……数岁以来，手抄唐史，孜孜雠校，朱墨洞分。[③]

旧闻常州宜兴县进士单锷，有水学，故召问之，出所著《吴中水利书》一卷，且口陈其曲折，则臣言止得十二三耳。臣与知水者考论其书，疑可施用，谨缮写一本，缴连进上。[④]

公讳友直，字清卿，晚更字曰益之……得美书善本，必手自传

---

① 白居易《苏州南禅院〈白氏文集记〉》云："唐冯翊县开国侯、太原白居易，字乐天，有文集七帙，合六十七卷，凡三千四百八十七首……家藏之外，别录三本：一本置于东都圣善寺钵塔院律库中，一本置于庐山东林寺经藏中，一本置于苏州南禅院千佛堂内"（《白居易集》卷70，顾学颉校点本，中华书局1979年版，第1489页）。又，白居易《东林寺〈白氏文集记〉》云："今余前后所著文，大小合二千九百六十四首，勒成六十卷。编次既毕，纳于藏中……仍请本寺长老及主藏僧，依远公文集例，不借外客，不出寺门，幸甚"（同上，第1479页），《圣善寺〈白氏文集记〉》云："其集七帙，六十五卷，凡三千二百五十五首。题为《白氏文集》，纳于律疏库楼。仍请不出院门，不借官客，有好事者，任就观之"（同上，第1479页），"不借外客，不出寺门""不出院门，不借官客"，看似不利于文集的传播，其实是为了保证文集更好地传承，从"有好事者，任就观之"之语可以看出，白居易还是希望自己的文集能够被广泛传播的。

② （宋）范仲淹：《进故朱寀所撰春秋文字及乞推恩与弟寘状》，《全宋文》卷371，第18册，第91页。

③ （宋）祖士衡：《大宋故推忠协谋守正佐理功臣开府仪同三司行尚书左仆射兼门下侍郎同中书门下平章事充玉清昭应宫使昭文馆大学士监修国史上柱国河内郡开国公食邑一万二千七百户食实封五千一百户赠太师谥曰文简向公神道碑铭》，《全宋文》卷363，第17册，第367—374页。

④ （宋）苏轼：《进单锷吴中水利书状》，《全宋文》卷1877，第87册，第69页。

写，色无倦焉。[1]

两宋文人大多学识丰富，阅读广泛，且不少人拥有数量可观的藏书，两宋文人在阅读自己藏书的时候，往往喜欢一边阅读、一边校勘、一边抄写，形成了两宋文坛书籍抄写的独特风景。胡宿在为李仲偃写墓志铭时，就对其“平生藏书万余卷，皆亲加校正，多手抄者”[2] 的行为进行了赞赏，苏颂《龙图阁待制知扬州杨公墓志铭》亦有“所藏书万余卷，犹缮写不辍”[3] 之语，两宋时期，尽管印刷技术日趋成熟，但抄写书籍的习惯仍然在文人中延续着。有些文人所抄写的书籍数量颇为可观，这些文人是两宋时期书籍抄写传播的积极践行者：

公字子奇，用文取进士高第……手抄书千卷，字细如豆，无漏无误，老而益精。[4]

余友用可少力学，手抄经史至数十万言，皆能竟其义。[5]

维子翊姓曾氏，讳宰，字子翊……子翊少力学，六艺百子、史氏记、钟律地理、传注笺疏、史篇文字，目览口诵手抄，日常数千言，手抄书连榻累笥不能容。[6]

“手抄书千卷”“手抄经史至数十万言”“抄书连榻累笥不能容”，可

---

① （宋）胡宿：《宋故朝散大夫尚书工部郎中充天章阁待制兼集贤殿修撰知越州兼管内堤堰桥道劝农使提点银场公事充两浙东路屯驻驻泊兵马钤辖温台明越衢婺处州等诸州军并都同巡检兵甲贼盗公事护国军清河县开国男食邑三百户赐紫金鱼袋赠工部侍郎张公墓志铭》，《全宋文》卷469，第22册，第241—243页。

② （宋）胡宿：《故朝散大夫太常少卿致仕李公墓志铭》，《全宋文》卷469，第22册，第238—239页。

③ 《全宋文》卷1346，第62册，第86页。

④ （宋）柳开：《宋故中大夫左补阙致仕高公墓志铭（并序）》，《全宋文》卷129，第6册，第420—421页。

⑤ （宋）许景衡：《送韩用可序》，《全宋文》卷3096，第144册，第76页。

⑥ （宋）曾巩：《亡弟湘潭县主簿子翊墓志铭》，《全宋文》卷1270，第58册，第281页。

见两宋文人抄书之勤，抄书数量之多。两宋文坛兴盛的书籍抄写传播状况，为文人文集的抄写传播创造了良好的氛围，事实上，在两宋时期文人所抄写的书籍中，有相当一部分是文人的文集。

第二节 两宋时期文人文集抄写传播的类型

随着书籍抄写的繁盛，两宋时期的文集抄写传播呈现出异彩纷呈的局面，不仅涉及范围广，而且存在时间长，在整个两宋阶段，文集的抄写传播始终可以“兴盛”视之。就两宋时期文人文集抄写传播的类型而言，大致可以分为“抄写‘进献集’”“抄写‘干谒集’”“抄写‘赏读集’”“抄写‘求序集’”等几类。

一 抄写“进献集”

所谓“进献集”，就是指进献给朝廷收藏或上呈给皇帝“御览”的文集。两宋文人为了获得更高的文学认可或求得一定的物质、精神、仕途方面的利益，常常会把自己或家人、先辈的文集进献给朝廷，从而形成了兴盛一时的“文集进献”现象。这些进献的文集，不妨称为“进献集”，这些“进献集”常常以抄本的方式呈现，从而形成了两宋文坛上“文集抄写进献”的热闹景观。

两宋名臣宋祁《代人乞存殁臣僚纳家集状》云：

> 臣今欲乞降圣旨下中书，取四朝以来存殁臣僚及隐逸之士以文学显名者，各许其人及子孙献纳所著家集，乃降下两制详定。若其深厚温润，可以垂诸不朽者，具姓名闻奏，官为给纸墨，差人缮写三本，付龙图、天章阁、太清楼、秘阁收藏。足使增观本朝，垂荣来籍，开元之目大备，有司之副可求。①

将“四朝以来存殁臣僚及隐逸之士以文学显名者”的文集进献到朝

---

①《全宋文》卷500，第24册，第29—30页。

廷，在客观上就形成了文集的“进献传播”，所进献的文集文本是通过“官为给纸墨，差人缮写”完成的，很显然，就传播方式而言，属于典型的“抄写传播”。

宋初文人张咏将自己的作品“写录成百篇，昧死附进”，亦属于明显的文集“抄写进献”类型，其《进文字表》云：

> 臣某言：因接内侍高品赵履信言话，履信谓臣曰：多见朝臣言尚书文章高古，理道深远，圣君好文，何不写录一本进呈者。始闻此说，不觉惊心。又缘臣词学登科，圣君奖遇，若无所献，何谓尽诚？缮写之时，战汗交至……臣曾著《声赋》一篇，妄纪皇王治乱之本；《拟富民侯传赞》一篇，讥汉武不尽富民之术；《詹何对楚王疏》一篇，似近治身之要。过此片善，偶得一鳞，歌诗短章，稍免尘杂。共写录成百篇，昧死附进。①

张咏将《声赋》《拟富民侯传赞》《詹何对楚王疏》等文章与“歌诗短章”编成一集，“写录成百篇”，是一次精心编集和抄写进献的过程。

有时候，朝廷官员在履行“荐举”职责的时候，为了让朝廷对被荐举之人有更好的考察或增强自己荐举的理由，常常会将被荐举之人的作品抄写成一集，进献给皇帝，从而在一定程度上也形成了文集的抄写传播模式，苏轼举荐赵令畤、何宗元时，就是如此：

> 臣昨知颍州，曾荐签书本州节度判官厅公事赵令畤，乞置之馆阁，至今未蒙施行。其人近已替罢，旦夕赴阙朝见。计其所养，必不肯同众人奔走干谒。恐政府大臣无缘得知其所学，今缮写赵集平日与臣诗文三轴进呈。伏望圣慈清宴之暇，一赐观览，必有可取，然后付之三省近臣，考其人才，亦足以副神考教养宗子之意。②

---

① 《全宋文》卷109，第6册，第87—88页。

② （宋）苏轼：《再荐赵令畤状》，《全宋文》卷1884，第87册，第188页。按：文题下注云“任兵部尚书日”，知苏轼举荐赵令畤乃在其任兵部尚书之时。

伏见蜀人朝奉郎新差通判延州事何宗元，吏道详明，士行修饰，学古著文，颇适于用。近以所著《十议》示臣，文词雅健，议论审当。臣愚不肖，谓可试之以事，观其所至。谨缮写《十议》上进。伏望圣慈降付三省详看，如有可采，乞随才录用，非独以广育材之道，亦以慰答远方多士求用之意也。①

“诗文三轴”及《十议》，皆可称为一部小型的文集，苏轼将其“缮写”后进呈，这种类型的文集进献，就传播模式而言，显然属于“抄写传播”。

二　抄写“干谒集”

两宋时期的文人在科举考试之前或寻求举荐之际，往往会将自己平日里所创作的优秀作品遴选出来，编成一集，然后誊抄一遍，以抄本的形式投献给考官或权贵，进行“干谒”，从而形成了特定的干谒背景下的文集抄写传播。

为“干谒”而编纂的文集，我们称之为“干谒集”，“干谒集”的抄写传播是两宋时期文集抄写传播版图中最为热闹的现象，也是两宋时期文集抄写传播的最主要类型。

一般而言，文集的“进献传播”可以由别人代为完成，也就是说，在文集的“抄写进献”传播模式中，文集的“抄写者”不一定是作者本人，也可能是他人；而文集的“干谒传播”则往往由文集作者本人来完成，在文集的“抄写干谒”这一传播模式中，文集的“抄写者”一般皆为作者本人。对于这一点，我们在深入考察两宋时期“干谒”背景下的文集抄写传播时，可以找到不胜枚举的证据：

近文一编，谨缮写拜贽，非敢矜露浅陋，过希许与，盖偶夔民者思进声音之技，遇王良者思效驰踊之力，急于求知，而艰于自明

---

① （宋）苏轼：《荐何宗元十议状》，《全宋文》卷1873，第86册，第329页。

尔。伏冀曲示龟鉴，且加绳墨。[①]

窃惟阁下宇量拂世，业问追古，放言遣怀，刮昏出明，锐然欲掌弘大物，以晓聋众而起前弊，某故敢缮写杂文共八十有五篇，求为佐佑，又用此本原论以先之。[②]

今所挚者，旧文五卷，盖备举子常礼；《礼论》七篇，《潜书》十五篇，别写为净本一册。政治余闲，首乞观览。[③]

所谓“近文一编，谨缮写拜贽”“缮写杂文共八十有五篇”“别写为净本一册”，其抄写者皆为文集作者本人，这是和文集“进献传播”中可以由他人代为抄写和进献（上文中，苏轼抄写并进呈赵令畤、何宗元两人的文集就是如此）是明显不同的。

当文人进行广泛干谒时，所要用到的文集抄本数量就会很多，有时候往往会出现来不及抄写或缺乏纸墨用于抄写的情况，李觏在干谒时就遇到过这样的窘状，其《上聂学士言》云：

省判记注学士执事：……谨先以所著《潜书》十五篇，《野记》二篇，《礼论》七篇，尘秽几上，试加一览，可粗见其存心……谓其善，则荐之可也，誉之可也；其未至者，则教而成之，固儒师之职耳。羁旅贫困，无纸墨佣写之资，止于具草本而已。[④]

同样的窘境，苏轼和翟汝文也遇到过：

所进策论五十篇，贫不能尽写，而致其半。观其大略，幸甚。[⑤]

---

① （宋）孙抃：《上提点张郎中书》，《全宋文》卷474，第22册，第361页。
② （宋）苏舜钦：《上孙冲谏议书》，《全宋文》卷876，第41册，第38页。
③ （宋）李觏：《上苏祠部书》，《全宋文》卷893，第41册，第353页。
④ 《全宋文》卷893，第41册，第341—242页。
⑤ （宋）苏轼：《上富丞相书》，《全宋文》卷1889，第87册，第294页。

进卷五十篇，贫不能尽录，录其半系国事者，伏惟睹其大略。①

由于“羁旅贫困，无纸墨佣写之资”或“贫不能尽写（录）”，文人们只能将未誊写的草稿呈上或仅抄写文集的部分内容，这也说明了两宋文人用于“干谒”的文集常常是通过抄写来完成的。“抄写传播”是两宋时期文人“干谒”背景下的最主要的传播模式。

三 抄写“赏读集”

所谓“赏读集”，就是指文人将自己喜欢或尊崇的前辈文人或同辈友人的部分或全部作品抄录在一起，用于平时赏读的文集。当然，对于这样的文集，两宋文人有时候并不是关起门来自己独自赏读，他们还常常传抄给他人赏读，这在客观上就形成了“赏读文集”的抄写传播。杨崇勋编选并抄写传播《白氏编年集》就是典型的例子：

杨崇勋，字宝臣，年七十……公家有藏书积万余卷，修职之外，研味忘倦。尤嗜《白翰林集》，公因诠次乐天自未三十岁至七十五所著歌诗凡八十一篇，目之曰《白氏编年集》。公自制序，手写其集，传诸好事。②

杨崇勋喜欢白居易的作品，他编选《白氏编年集》，不仅自己赏读，而且“手写其集，传诸好事”，形成了典型的文集抄写传播。

宋初文人柳开从韩洎处借得卢仝诗集并加以抄写，也是为了“赏读”，其《与韩洎秀才书》云：

开于十年前，在京城书肆中见唐诸公诗一策，内有玉川生诗约四十余章，《与马异结交诗》为首篇。余寻托亡兄辟用百钱市而得

① （宋）翟汝文：《上曾丞相书》，《全宋文》卷3215，第149册，第207页。
② （宋）宋祁：《杨太尉行状》，《全宋文》卷524，第25册，第69—70页。

之。时有郑州宋严从予学文，卒与亡兄相遇，取而与之。至明年，严死，卢诗没而无复返矣。自后，予于江南及来河北，常欲求之，无能有也。今李生话足下所有，仿像类余昔年市之者焉，未悉足下于人传之耶？……今欲请足下所有卢仝诗而一观焉。因得具与足下之故，及卢诗之事，用达于左右，可否惟命。①

后又作《再与韩洎书》云：

卢仝诗非余昔市得之者，今写讫，纳上。②

柳开心仪韩愈、柳宗元，与韩、柳同属一派的卢仝，自然也属于其关注的范围，所以，对于卢仝的诗集，柳开千方百计想要看到，特别是当他所购买的卢仝诗集丢失而韩洎手中又有卢氏诗集的时候，这种愿望就会变得更加强烈，所以，他主动写信给韩洎，明确表达“欲请足下所有卢仝诗而一观”的想法。在借到韩洎手中的卢仝诗集以后，柳开就抄写了一部，并将原稿归还。柳开因喜爱而抄写，其抄写的目的自然是赏读，这是顺理成章的。

与之相似，欧阳修抄写梅尧臣诗集，除了心仪梅氏之诗外，多半也是为了“赏读”：

（圣俞诗）其体长于本人情，状风物，英华雅正，变态百出，哆兮其似春，凄兮其似秋，使人读之可以喜，可以悲，陶畅酣适，不知手足之将鼓舞也。斯固得深者邪！其感人之至，所谓与乐同其苗裔者邪！余尝问诗于圣俞，其声律之高下，文语之疵病，可以指而告余也，至其心之得者，不可以言而告也。余亦将以心得意会，而未能至之者也。圣俞久在洛中，其诗亦往往人皆有之，今将告归，余因求其稿而写之。然夫前所谓心之所得者，

① 《全宋文》卷124，第6册，第338—339页。

② 《全宋文》卷124，第6册，第340页。

> 如伯牙鼓琴，子期听之，不相语而意相知也。余今得圣俞之稿，犹伯牙之琴弦乎！①

欧阳修将自己与梅尧臣两人比作伯牙和钟子期，可见其是将梅尧臣视为知音的，对于梅氏之诗集，欧阳修之所以“求其稿而写之”，除了表达对知音的珍视以外，更主要的是梅尧臣的诗“英华雅正，变态百出……使人读之可以喜，可以悲，陶畅酣适”，况且欧阳修“尝问诗于圣俞”，因此，可以推知其抄写梅尧臣诗集在很大程度上是为了揣摩和赏读。不管目的如何，欧阳修的抄写，客观上形成的是梅尧臣的诗集在当时的抄写传播，这是毋庸置疑的。

周紫芝于南宋绍兴元年（1131）“使小儿辈抄为小集”的《诗八珍》也是一部典型的“赏读集”：

> 绍兴元年春，避地山间，不能尽挈群书以行，携古今诸人诗，唯柳子厚、刘梦得、杜牧之、黄鲁直、杜子美、张文潜、陈无己、陈去非，皆适有之，非择而取也。使小儿辈抄为小集，日诵于山中，行住坐卧必以相随，尝号为《诗八珍》。②

将柳宗元等八人的诗抄为一集，“日诵于山中，行住坐卧必以相随”，赏读之意甚明。

四 抄写“求序集”

所谓“求序集”，就是为“求序”而抄录的文集，具体而言，就是指文人为了请达官显贵、社会名流或文坛耆宿为自己或家人、先辈、朋友的文集作序，将文集整理或誊抄以后，送呈作序之人，所送呈的文集就称为“请序集”。“文集求序”是两宋文坛屡见不鲜的现象，文人的文集一旦获得社会名流或文坛知名人士所作的序言，就相当于得到了“名流

---

① （宋）欧阳修：《书梅圣俞稿后》，《全宋文》卷718，第34册，第78页。

② （宋）周紫芝：《诗八珍序》，《全宋文》卷3520，第162册，第159页。

印可”，这对文集地位和声誉的提升而言，是大有益处的。而对文集的传播而言，则是一股不容小觑的推动力量。两宋文人深谙其中的道理，因此，“编集求序”之风盛行文坛：

曼卿资宇轩豁，遇事辄旷，前后所为不可计，其遗亡而存者才三百余篇，古律不异，分为二册。一日觞予酒，作而谓予曰：“子贤于文而又知诗，能为我序诗乎?”予应曰：“诺。”遂有作。①

泰伯退居之明年，类其文稿，第为十有二卷，以寄南康祖无择，且属为序。无择既受之，读之期月不休。②

文叔姓张氏，讳彦博，蔡州汝阳人……文叔为袁州判官以死。其子仲伟集其遗文为四十卷，自蕲春走京师，属余序之。余读其书，知文叔虽久穷，而讲道益明，属文益工，其辞精深雅赡，有过人者。③

关中前辈有段延龄者，始见于皇祐、嘉祐间，与嗣宗游，为文法欧阳永叔，气格范模，似是深切，好事者有所不能辨……一日，有扈人段远者，袖书登门，乃延龄之孙。其说大略述其祖之平生，又出《圭峰集》谒余为序，将冠其编首。始得返复而肆观之，则凡诗、赋、赞、铭、书记、时务，总四十卷。其言汪洋浩博，从容溜滠。款而蓄之，不可测其深；决而放之，不可穷其远。④

文人的“请序集”，或是稿本，或是誊录本，无论何种类别，都属于写本。文集“请序”的过程其实就是文集传播的过程，即文集从作者或送呈者手里传播到了作序者的手里，作序者阅读后，以“序文”的形式

① （宋）石介：《石曼卿诗集序》，《全宋文》卷626，第29册，第287页。
② （宋）祖无择：《李泰伯退居类稿序》，《全宋文》卷935，第43册，第313页。
③ （宋）曾巩：《张文叔文集序》，《全宋文》卷1253，第58册，第11页。
④ （宋）张舜民：《圭峰集序》，《全宋文》卷1815，第83册，第294—295页。

对文集作出评价和推介，评价中不乏褒扬之辞，推介起来不遗余力。一方面，这些评价和推介对于提升文集的社会知名度和文坛的认可度，具有重要的作用。另一方面，由于作序者大多是文坛精英或社会名流，所写的序文本身就具有很高的思想价值或文学价值，序文的加入使文集拥有了重要的“附加值”，这类“附加值”对于提升文集传播的速度、拓展文集传播的广度而言，有着不可低估的作用。“文集带序”这一“加值”传播模式，是研究两宋时期文人文集传播过程中不可忽视的重要问题。

用于“求序”的文集，如果是稿本，则属于文集的“稿本传播”模式；如果是誊录本，则属于“抄写传播”模式。这类传播模式在两宋文坛中广泛存在，是两宋时期文人文集“抄写传播”的一个重要方面。欧阳修《代人上王枢密求先集序书》中所提到的王氏家集“求序”，就属于这类“抄写传播”模式：

> 伏惟阁下学老文巨，为时雄人，出入三朝，其能望光辉、接步武者，惟先君为旧，则亦先君之所待也，岂小子之敢有请焉。谨以家集若干卷数，写献门下，惟哀其诚而幸赐之。[①]

“写献门下”云云，明言此次用于“求序”的文集是抄录之文本，文集从送呈者（作者之子）到作序者之间的传播属于典型的“抄写传播”。

值得注意的是，两宋时期“求序文集”的抄写传播在很大范围和很长时间段内都存在，文人文集的这类传播，虽然“传播链”不长，往往只是从作者、送呈者到作序者之间的“单链传播”，传播时间较短，路径较为简单，传播的接受面也不广，显性影响也不大，但其所蕴含的对文集后续传播的巨大推动力和积极意义是不容小觑的。两宋时期的文人对于这一点有着深刻而清醒的认识，因此，“编集必求序”几乎成了两宋文坛的一种风气，有时甚至出现了多位名人共同为同一文人的文集作序的情况，两宋名臣余靖《宋职方忧馀集序》中所提到的宋祁、王陶、李觏等人为宋咸文集作序之事就是如此：

---

① 《全宋文》卷698，第33册，第80页。

> 同年贯之，自登第以来，莅政退公之暇，朋游独处，悲欢荣悴，未尝不发于文，故于著撰为多。今论思近臣侍读龙图宋君子京、侍讲龙图赵君祐之、缙绅闻人王子元、岩穴高士李泰伯并为君之集序，其言文之体要、道之用舍极矣。①

余靖所言之“同年贯之”即宋咸，字贯之。众多名流共同为宋咸的文集作序，这是颇为荣耀的，因此，余靖不厌其烦，将作序之人一一列出，以此作为对宋咸文集及其文学才华的褒奖。每一篇序文的加入，都是名流的一次“印可”，经过众多名流共同“印可”的文集，自然就具有了比一般的文集更高的地位和更大的影响力。

五　抄写传播的其他类型

两宋时期的文人文集抄写传播除了以上四种主要类型以外，还存在“为传承而抄写”“为寄送而抄写”“为应求而抄写”“为扬名而抄写”等类型。

（一）为传承而抄写

所谓“为传承而抄写”，主要是指文集作者的子嗣们为了让先辈的文集能够更好地保存下去，将文集抄写后加以传承的行为。王禹偁之子王嘉言将乃父的《小畜集》加以抄写后进行收藏和传承，就是这方面的典型例子：

> 公讳嘉言，字仲谟，翰林尚书元之之次子……手写翰林《小畜集》三十卷，藏于家。②

（二）为寄送而抄写

“为寄送而抄写”是指为了将文集寄送给友人而抄录复本加以传播的行为。两宋时期文人用于寄送的文集，大多是手抄的文本，因此，“寄

---

① 《全宋文》卷567，第27册，第23页。

② （宋）刘攽：《赠兵部侍郎王公墓志铭》，《全宋文》卷1506，第69册，第232—233页。

送”是两宋时期文集抄写传播的一条重要渠道。两宋时期的文集写本寄送现象非常普遍，文人寄送文集的目的多种多样，有的为了交流，有的为了干谒，有的为了求序，不一而足。但无论出于何种目的，其结果都是以寄送的方式实现了文集的一次或多次写本传播。

在两宋文坛上，文集以寄送的方式实现抄本传播的例子不胜枚举，限于篇幅，聊举数例，以见其一斑：

> 见寄数诗及近编诗集，详味，洒然如接清颜听软语也。①

> 承惠寄先公赞善诗稿，伏读增歎，虽相与昧平生，而风味可想见也。②

> 某屏居岭服，北来交问殆绝，和叔继以三编见寄，自华原通守至庐陵典城七八年间，凡得千首。③

> 予之诗始学江西诸君子，既又学后山五字律，既又学半山老人七字绝句，晚乃学绝句于唐人……故自淳熙丁酉之春上暨壬午，止有诗五百八十二首，其寡盖如此……自此每过午，吏散庭空，即携一便面，步后园，登古城，采撷杞菊，攀翻花竹，万象毕来，献予诗材，盖麾之不去，前者未雠，而后者已迫，涣然未觉作诗之难也……明年二月晦，代者至，予合符而去，试汇其稿，凡十有四月，而得诗四百九十二首。予亦未敢出以示人也。今年备官公府掾，故人钟君将之自淮水，移书于予曰：“荆溪比易守，前日作州之无难者，今难十倍不啻。子荆溪之诗未可以出欤?”予一笑，抄以寄之云。④

① （宋）苏轼：《与参寥子（二）》，《全宋文》卷1922，第88册，第466页。
② （宋）黄庭坚：《答王观复（二）》，《全宋文》卷2293，第105册，第217页。
③ （宋）余靖：《孙工部诗集序》，《全宋文》卷567，第27册，第17页。
④ （宋）杨万里：《诚斋荆溪集序》，《全宋文》卷5321，第238册，第219—220页。

有些接收者在收到寄送的文集以后，会对文集再次进行抄录，从而形成了文集的二次抄写传播。黄庭坚在收到别人寄送的苏轼岭外作品集以后，“遣观复手钞一通”就是典型的例子：

寄示东坡岭外文字，今日方暇遍读，使人耳目聪明，如清风自外来也。亦改正数字，今遣观复手钞一通。①

（三）为应求而抄写

“为应求而抄写”是指应别人各种原因的请求而将文集抄写赠予的行为。这类情况的文集抄写传播，在两宋文坛广泛存在，特别是一些名家的文集，索取的人很多，在不具备刊印的条件下，只能以手抄的方式来满足求书者的要求。南宋文人汪应辰就曾应乡人的请求，将吕公著、司马光、范镇三人的唱和词集抄写赠予：

吕申公知河阳，司马温公、范蜀公并驾访之。此其临岐倡和词也……乡人求此词，因手录以遣之，且书其后，庶几诵其词，想其风流人物，或者为之兴起也。②

按：“吕申公”即吕公著，“司马温公”即司马光，“范蜀公”即范镇，三人“临岐”（即分别）时，以词唱和，形成唱和集，因乡人求取，故汪应辰“手录以遣之”。

（四）为扬名而抄写

所谓“为扬名而抄写”，是指为了宣扬作者的名声，扩大作者的影响力，将其文集进行抄写传播，让“名”随“集”而传。“为扬名而抄写”这一类型常常出现在后辈抄写传播先人文集的情况中，南宋文人程因抄写其外祖父陈洎的文集数十本加以传播，就属于这种情况：

---

① （宋）黄庭坚：《与欧阳元老书》，《全宋文》卷2281，第104册，第295页。

② （宋）汪应辰：《题申温蜀三公倡和词》，《全宋词》卷4777，第215册，第189页。

不朽有三，曰立德，曰立功，曰立言。有一于斯，可以无愧于后世……异时闻彭城陈公之奋志高行闻于乡，乡人共师之以为先生；东州耆旧论搢绅人物，必以公为称首，蔼蔼乎为盛德之士矣……今公之外孙巩大夫程因显忠以全集示廌，古律诗凡百九十首，杂文一百四十六篇，列为二十卷，曰："吾家父子集而录之，虽残编断简，殆无遗矣，至巩将誊数十本传于人间。"……公名洎，字亚之，仕仁宗皇帝为尚书郎、三司盐铁副使云。[①]

陈洎由于"奋志高行闻于乡，乡人共师之以为先生；东州耆旧论搢绅人物，必以公为称首，蔼蔼乎为盛德之士"，名声甚隆，程因将陈洎的文集"誊数十本传于人间"，以抄写传播文集来宣扬其外祖父名声之意非常明显。

深入考察两宋时期文集的抄写传播，我们可以发现，虽然刊刻、印刷技术日益发达，各类书籍的刊印规模日益扩大，但"抄写"这一传统的文集传播方式，在两宋时期仍然有非常广阔的空间。虽然在传播效率上，"抄写"远不如"刊印"，但与刊印相比，文集的抄写具有"简单""随时""对经济和技术依赖小"等方面的优点，这就是两宋时期文人文集的抄写传播能与刊印传播并行不废的重要原因。值得一提的是，两宋时期大量的书籍（包括文集）抄写需求催发了一个特殊行业——"书籍抄写业"的繁荣，两宋社会存在大量从事书籍抄写工作的人员，这些人有一个独特的称谓，即"笔吏"或"书吏"。在两宋文人的笔下，这些人经常被提到：

孙明复《春秋》文字知在彼传录，欲告借一两册，或彼中已写了者，若或未写到者，皆得。此中一二笔吏闲坐，必不久滞。[②]

臣今更讨论经史，上自伏羲，下至周威王二十二年，略序大要，

① （宋）李廌：《陈省副文集后序》，《全宋文》卷2851，第132册，第133—134页。
② （宋）欧阳修：《与吴正肃公书（六）》，《全宋文》卷706，第33册，第232—233页。

以补二书之阙，合为二十卷，名曰《稽古录》。欲缮写奏御，而私家少得笔吏，恐日近不能了毕。①

熙宁中，得南京留台，无事，有一吏颇敏利，亦稍知文章体式，因付两箧，令编次之。便依篇目，各成伦类，亦不曾亲阅。有书吏三数人抄录成卷帙，其间差错脱漏，悉不曾校对改证。②

大量“笔吏”“书吏”的存在，正好说明了两宋“书籍抄写业”的繁荣，也为两宋时期文集抄写传播的兴盛提供了一个有力的注脚。

两宋时期多种类型的文集抄写传播，构成了两宋文学传播链条中的生动图景，这些传播行为，不仅对文人文坛地位的确立和文学影响的提升大有裨益，而且对两宋时期整个文学生态的建立和丰富也有着积极的贡献。

---

① （宋）司马光：《乞令校定资治通鉴所写稽古录札子》，《全宋文》卷1205，第55册，第270页。

② （宋）张方平：《谢苏子瞻寄乐全集序》，《全宋文》卷804，第38册，第4页。

第八章

两宋时期文人文集的“行卷式”传播

在两宋时期文集的众多传播方式中，“行卷式”传播是颇值得关注的一类。所谓“行卷式”传播，就是指文人将自己一定量的文学作品编纂成临时性的文集并通过投献来实现文集传播的方式。“所谓行卷，就是应试的举子将自己的文学创作加以编辑，写成卷轴，在考试以前送呈当时在社会上、政治上和文坛上有地位的人，请求他们向主司即主持考试的礼部侍郎推荐，从而增加自己及第的希望的一种手段。这也是一种凭借作品进行自我介绍的手段。”①

不可否认，科举行卷是中国古代文人作品结集传播的一种独特方式，在两宋时期，科举行卷之风始终存在，通过“行卷”来实现一定量文学作品的“集群式”（文集）传播，是两宋时期文集传播领域内一道亮丽的风景。深入探讨和细致考察两宋时期文集“行卷式”传播的概况、特点、途径、成效等诸方面的问题，对于全面把握两宋时期文集传播的整体风貌和特征，是大有裨益的。

第一节　两宋时期文人文集“行卷式”传播的概况

众所周知，唐代由于科举考试采取不糊名的方式，行卷之风在社会

① 程千帆：《唐代进士行卷与文学》，《程千帆全集》第八卷，河北教育出版社2001年版。

上广泛存在，而宋代自真宗、仁宗以后，由于科举制度的改革，进士考试“糊名”的方式被广泛推行，科举取士“由‘采誉望’变为‘唯卷面’”①，行卷之风受到了严重打击，但并没有因此偃旗息鼓，还是在两宋时期广泛存在。

> 近世进见于公卿大夫者，往往以文为贽，或搜摭经传，援古验今，以示其识习；或论次德猷，纪载事业，以极其称颂；或摛英吐奇以求售，或含凄茹恨而自怜。人情万状，难遍以一二举也。②

> 古之见者必以贽，今世之贽以文。文之作，所以道进见之意，当介绍之辞。③

这是宋人自己的话，说明行卷（贽文）在当时是大量存在的。北宋文人强至在其《谢秀才投卷启》一文中也说：

> 惟礼闱一开，猝然群萃，材与否者，无复自别，矧朝廷乡党之人可知哉！故连篇累轴，争贽于缙绅之门，迹其来，不过望甄别而博称遇，非有名当时，言足轻重，乌可塞所来之望耶？④

“连篇累轴，争贽于缙绅之门”，行卷之风兴盛不衰，甚至成了“举人常事”⑤，以至于到了北宋后期，不少臣子纷纷上书，请求革除“行卷”之弊，其中何浩就是有代表性的一位，且看其《乞令有出身人不得收接士人贽文奏》一文所言：

---

① 祝尚书：《论宋初的进士行卷与文学》，《四川大学学报》2003 年第 2 期。

② （宋）华镇《上侍从书（三）》，《全宋文》卷 2642，第 122 册，第 299 页。

③ （宋）陆九渊：《得解见提举书》，《全宋文》卷 6130，第 271 册，第 265 页。

④ 《全宋文》卷 1439，第 66 册，第 255 页。

⑤ 苏轼元祐八年（1093）四月上《奏马澈不当屏出学状》云：“至于投献书启文字，求知公卿，此正举人常事。”（《全宋文》卷 1882，第 87 册，第 154 页）北宋“行卷”风气之兴盛，可见一斑。

> 朝廷一新学校，革去科举之弊，而复兴乡举里选之制，法令至具矣。每年一试，类差有出身人以充考试官，而应举之士未尝经历学校，考以素行，徒用一日空言定为去取。故诸州士人亦意有出身官必差充考试而取其空言也，往往编集平昔所集经义论策之类，猥以投贽文字为名，交相请托于有出身官之门，以侥幸一得。且今合格之文，有司之公取也，尚不许印卖，使天下之士各深造而自得之，岂可容私自编集，以为请托之资乎？欲乞诸路州县应有出身之人将来合差充考试官者，不得收接见任或他州县士人投贽所业经义论策文字，庶绝前日科举侥幸之风，而上称朝廷所以委任考求行实之意。①

据《宋会要辑稿》“选举”四之六所载，何浩此奏上于大观二年（1108）十一月②，真实说明了“行卷”之风一直到了北宋末期依然存在。何浩文中所言的“诸州士人……往往编集平昔所集经义论策之类，猥以投贽文字为名，交相请托于有出身官之门，以侥幸一得”，正是科举“行卷”的生动图景。何浩奏请徽宗颁布诏令，让“诸路州县应有出身之人将来合差充考试官者，不得收接见任或他州县士人投贽所业经义论策文字，庶绝前日科举侥幸之风”，然而，科举“行卷”由来已久，根深蒂固，短时期内很难彻底革除，再加上有些文人的“行卷”带有一定的隐蔽性，这就增加了根除“行卷”风气的难度。

宋王朝重文抑武，要求带兵的武将也兼具文才，宋太祖赵匡胤就说过“朕欲武臣尽读书以通治道”③ 这样的话；宋真宗亲自教授杨崇勋等武将以《孝经》、《论语》、诗赋等④，也是显例。因此，“以文为贽”的行卷之风，不仅在进士科和制科考试中存在，在武举的考试中，也时有出现。王允中《宋故降授西上閤门使新就差知镇戎军事兼管内劝农使兼管勾泾原路沿边安抚司公事武功县开国男食邑三百户上骑都尉郭公（景修）

① 《全宋文》卷2942，第136册，第307页。
② （清）徐松：《宋会要辑稿》，中华书局1957年版，第4293页。
③ （元）脱脱等：《宋史》卷一《太祖本纪》，中华书局1977年版，第11页。
④ （宋）宋祁：《杨太尉行状》，《全宋文》卷524，第25册，第65—69页。

墓志铭》中就有这样的记载：

> 公少苦学，有大志。始举进士不利，会朝廷方踵唐制复武举，故相国吕公大防为河北转运使，公以所为文贽谒，吕公爱其文，以公应诏，熙宁六年中本科第。①

除了行卷之外，唐人的“温卷”之风在两宋文坛也有一定的市场，两宋名臣文彦博就曾著有两篇《温卷启》，其二云：

> 数日前曾贽芜编，上尘藻鉴。美芹快炙，实自享之过丰；藏疾纳污，谅曲容而无忤。惟干犯之为戾，在启处而靡遑。②

数日前曾行卷，此次再投，故有“温卷”之称。两次行卷的过程，实质就是其文集的两次“行卷式”传播过程。

需要指出的是，“行卷”和“温卷”的前提是要有“卷”，这些“卷”的形成，就是举子们在应试之前，将自己平日里创作的优秀作品遴选出来并编纂在一起的过程，这个过程在本质上就是一个文集的编纂过程，因而，从一定程度来说，举子们的行卷就是他们自身文集的一次临时性编纂和即时性传播的过程，两宋时期文集的“行卷式”传播是宋人作品结集传播的一种重要方式。

第二节　两宋时期文人文集“行卷式”传播的特点

两宋时期文人文集的“行卷式”传播，在传播目的、传播路径、传播内容、传播对象和传播时间等方面都有着与其他传播方式不同的特点，体现了“行卷式”传播在文人文集传播中的独特地位和价值。

---

① 《全宋文》卷2911，第135册，第76页。

② 《全宋文》卷657，第31册，第25页。

一 传播目的的功利性与传播路径的单一性

两宋时期文人文集的“行卷式”传播，就传播目的而言，具有极强的功利性，就传播路径而言，大多较为直接和单一。

众所周知，举子“行卷”的目的就是“先声夺人”，在科举考试之前，让主考官或相关重要人士通过阅读自己所投之“卷”而留下一个好印象，进而在接下来的考试中对自己有实质性的帮助。因此，文集的“行卷式”传播的目的很明确，就是给自己的科举考试“铺路”，正如田锡所言，“缮写献投，为举人事业”①，从这一层面而言，文集“行卷式”传播的功利性是很强的。宋人行卷，常常会把自己的这种功利性愿望表达得很直白：

> 去秋八月已来，遂有仕进之心，以干于世。故得今以所著文投知于门下，实为之举进士矣。窃冀于公者，公以言誉之，公以力振之，同于常辈而是念矣。②

> 顷者明公之典宋、鲁也，某尝策杖辞亲，揭厉行潦，编文著书，求明公之顾，一接威重。属明公有泰山之祷，某以晨羞阙贡，旅火是逼，不果志业，彷徨而归居鲁西……今年春始敢囊琴笈文，来诣辇毂，登明公之门以求誉，师明公之道以进身。③

编纂文集进行投献的目的是“举进士”，希望当政者能够“以言誉之”“以力振之”，从而实现“进身”的目标。由此可见，传播目的的功利性，是文集“行卷式”传播的一个突出特点。

一般而言，“行卷式”传播从传播行为的发出者（举子）开始，到传播行为的接纳者（文集的接收者）为止，整个传播过程就结束了，因而，

---

① （宋）田锡：《上中书相公书》，《全宋文》卷92，第5册，第222页。
② （宋）柳开：《答梁拾遗改名书》，《全宋文》卷120，第6册，第289页。
③ （宋）王禹偁：《投宋拾遗书》，《全宋文》卷151，第7册，第416页。

传播路径的单一性和传播过程的快捷性也是文人文集“行卷式”传播的重要特点。

在文集的“行卷式”传播中，还存在这样的现象，有些文集接收者，出于对举子所投献作品的真心喜爱或者为自己所青睐的举子进行造势等方面的原因，会对举子所投献的文集或作品进行再次传播。这类传播是在文集的“行卷式”传播完成之后才开始的，从严格意义上说，不属于“行卷式”传播的范畴，但其所传播的文本是由“行卷式”传播所提供的，因而，可以看作文集“行卷式”传播的延续，故此处略加说明。

举子“行卷”的接收者，既是文集“行卷式”传播的终点，又是举子“行卷”二次传播的起点，相对于“行卷式”传播而言，举子的文集和作品从行卷接收者手里开始的“二次传播”更为重要，其使举子为行卷而编纂的文集有了更广阔的传播空间，也使举子获得了更高的知名度。就文集传播的效果和价值而言，行卷接收者的“二次传播”显然要比举子自身的“行卷式”传播更大、更高。且看赵湘《后感知赋·序》中所提到的罗处约对其文集在“行卷式”传播完成之后的“二次传播”：

> 《后感知赋》，南阳赵湘作，其感罗著作处约也。端拱二年秋九月，湘穷悴在衢，适罗君衔钦恤之命南来。湘始闻罗君好诗，复以王命迅遽，罔以留驾，不暇以所为文为贽，但献诗二轴。就馆一见，称赏过分。且曰：“当垂名尔，岂止博一第、换一官而已！余当力荐子之善于公卿大夫之前也。”逮夫去衢赴辇下，过苏、杭、扬、泗之间，逢知识之士，往往不语他事，而腾口振齿，首鼓其名。南北之人有来衢言是事，时时闻之……又闻以湘章句题公卿屋壁间。其志也，盖欲使王公大人共知之，然后共成之……是所贽之浅而受知之深矣。[1]

赵湘所献的“二轴”诗，到了罗处约的手里以后，作为单纯的“行卷式”传播已经完成。但赵湘文集的“传播进程”并没有结束，罗处约

① 《全宋文》卷170，第8册，第350页。

又将赵湘所献诗集中的作品“题公卿屋壁间”，“欲使王公大人共知之，然后共成之”，这就形成了文集作品的“二次传播”。这种“二次传播”，一方面提高了赵湘的声誉，另一方面也扩大了赵湘作品的影响，从而促进了赵湘通过文集“行卷式”传播所想要达成的功利性目的的最终实现。

关于此事，陈鹄《西塘集耆旧续闻》也有记载：

> 余谓国初尚有唐人之风。赵叔灵，清献之祖也，初举进士，主司先题其警句于贡院壁上，遂擢第。[1]

“赵叔灵”即赵湘，其行卷所投献的作品得到了二次传播，“主司先题其警句于贡院壁上”，为其创造了声誉，从而为其顺利“擢第”提供了帮助。

二 传播内容的精品化和传播文本的临时性

为了更好地达到文集“行卷式”传播的功利性目的，举子们在编纂用于行卷的文集之前，普遍要对自己的作品进行反复挑选，力求精益求精，有着很强的精品意识。因此，“传播内容的精品化”是文人文集“行卷式”传播的又一重要特点。从某种意义上说，文集的“行卷式”传播是中国古代知识分子文学创作精品结集传播的一种重要方式。

毋庸置疑，举子行卷的目的在于向考官或有话语权的重要人士提前展示自己的实力和水平，建立自己的“文学声誉”，正因为如此，举子们对用于“行卷”的文集的编纂是非常认真的。秦观《淮海闲居集序》云：

> 元丰七年冬，余将西赴京师，索文稿于囊中，得数百篇。辞鄙而悖于理者辄删去之，其可存者，古律体诗百十有二，杂文四十有九，从游之诗附见者五十有六，合二百一十七篇，次十卷，号《淮

---

① （宋）陈鹄：《西塘集耆旧续闻》卷8，郑世刚校点，《宋元笔记小说大观》本，上海古籍出版社2001年版，第5册，第4844—4845页。

海闲居集》云。[1]

据钱建状先生考察，少游《淮海闲居集》乃为参加元丰八年春的礼部试而编纂的行卷[2]，“辞鄙而悖于理者，辄删去之”，可见作者编集之审慎和认真。集中有“古律体诗”“杂文”“从游之诗”，作品内容和体裁颇为多样，从《淮海闲居集》的“集”字来看，这次行卷无疑是作者作品的一次结集传播。

不仅编纂的态度认真，同时，由于用于行卷的文集是作者平时创作的精品汇聚，因而，文集质量也很高。且看邹浩《跋漳浦李大忠微叔所藏书画尾》所云：

> 钱塘方镂圣俞诗为新集，远方得之，犹知贵重，况圣俞所自编以贽当时公卿者乎？微叔不宝珠玉而宝此编，固其宜也。[3]

由“圣俞所自编以贽当时公卿者”一句可知，“钱塘方镂”的诗集乃为梅尧臣为行卷而编成的文集，从李大忠“不宝珠玉而宝此编”的态度来看，这部为“行卷”而编的诗集的质量是非常高的。

由于行卷所投献的文集是举子临时遴选和编纂的，因而，具有“文本临时性”的特点。正因为是“临时性”的文集，所以，大多只能以“抄本”的文本形式进入传播的过程。且看田锡《上中书相公书》所云：

> 四月二十三日，乡贡进士田锡谨以长书一通，献于相公黄合之下……锡以羁旅之人，怀丛脞之艺，去国三千里，宦游二十载。贫贱琐屑，迂懦暗钝，不言而晓，言之且惭。年龄在躬，三十有九。昔在于蜀，同与科场者，今皆列丹陛，升清贯，出奉帝皇之命，入居台省之职。而小人犹食人之食，衣人之衣，困为旅人，辱在徒步。

① 《全宋文》卷2577，第119册，第376页。

② 钱建状：《糊名誊录制度下的宋代进士行卷》，《文学遗产》2012年第3期。

③ 《全宋文》卷2837，第131册，第272页。

> 当明天子在上，贤宰相当国，仁犹及于草木，信尚孚于豚鱼。安可负六尺之躯，怀丈夫之志，而终日屑屑，不能自奋？非知己之罪，实自贻之戚也。寒贱幽忧之苦，不足为相公言之；希求遭逢之幸，不敢于相公伸之……锡生平所著文约百轴，择其自善者得二十编，虽缮写献投，为举人事业，固不乞用为卖名之货，亦不足为希赏之资；其实邀相公之知，回相公之鉴者，在此一书尔。①

由文意可知，这是田锡为行卷而写的一封书信，其“缮写献投，为举人事业”之语，道出了文集“行卷式”传播过程中基本的文本传播方式。

三 传播对象的明确性和传播时间的固定性

文人文集的“行卷式”传播是一种“点对点”（从举子到贽文接收者）的定向传播，其传播对象是当时社会上有重要政治地位或在科举取士中有话语权的重要人士（包括主考官和有可能参与阅卷的人），虽然传播的范围不大，但传播的指向非常清晰，因而，传播对象的明确性是文集“行卷式”传播的一个显著特点。王禹偁《送丁谓序》云：

> 主上躬耕之岁，仆始自长洲宰被召入见，由大理评事得右正言，分直东观。既岁满，入西掖掌诰，且二年矣。由是今之举进士者，以文相售，岁不下数百人。②

王禹偁由于身居高位，“入西掖掌诰”，在君主面前有重要的话语权，所以，举子们纷纷向其行卷，“今之举进士者，以文相售，岁不下数百人”，数百人向同一人行卷，并不是盲目的，更不可能是巧合，这只能说明王禹偁能够成为行卷的接收对象，是举子们清醒的选择。这也恰好表明举子们的文集在“行卷式”传播过程中，对传播对象的选择是非常明

① 《全宋文》卷92，第5册，第221—222页。
② 《全宋文》卷152，第7册，第425页。

确的。

对于自己为何成为举子文集“行卷式”传播的对象，王禹偁在《答郑褒书》中透露了一些信息：

> 前年八月，仆自长洲令征拜右正言、直史馆；既满岁，迁左司谏、知制诰。天下举人日以文凑吾门，其中杰出群萃者，得富春孙何、济阳丁谓而已。吾尝以其文夸大于宰执公卿间……明年，孙、丁俱取高第……今春，吾自西掖召拜翰林学士，天子宠遇任委，过于往时……将理装之官，有进士林介者，食于吾家七年矣，私谓吾曰：“今兹诏罢贡举，而足下出郡，进士皆欲疾走滁上，以文求知。”吾谓介曰：“为吾谢诸公，慎勿来滁上，吾不复议进士之臧否以贾谤矣……”①

由于“天子宠遇任委，过于往时”，又由于积极奖掖后进，“以其文夸大于宰执公卿间”，且能取得实质性的效果，所以，王禹偁必然会成为举子们纷纷行卷的对象。王禹偁对林介所说的“吾不复议进士之臧否以贾谤矣”，也恰恰说明他此前是“议进士之臧否”的，也就是说，对举子是有所推介的。他自己还曾经说过“举公投卷轴，时相觅文章”② 这样的话，这说明，以“行卷”的方式传播的文集到了王禹偁手上以后，不是石沉大海，而是受到关注的。这是王禹偁能够成为举子文集“行卷式”传播的明确对象的重要原因。“布衣之士身居穷约，不借势于王公大人则无以成其志。”③ 这应是推动文集“行卷式”传播的主要原因。

宋沿唐制，科举考试“秋取解，冬集礼部，春考试。合格及第者，列名放榜于尚书省”④。“每岁秋八月，士由乡县而举于州郡，由州郡而贡

① 《全宋文》卷150，第7册，第393页。

② （宋）王禹偁：《寄主客安员外十韵》，《小畜集》卷7，《宋集珍本丛刊》本，第1册，线装书局2004年版，第565页。

③ （唐）韩愈：《与凤翔邢尚书书》，《韩愈文集汇校笺注》卷8，中华书局2010年版，第841页。

④ （元）脱脱等：《宋史》卷155《选举志》，第11册，中华书局1977年版，第3604页。

于有司。有司试其艺能，择其行义，得中者，后进名于天子，始得为仕也。”① 而举子行卷，主要集中在郡县发解试和礼部试前，因而以秋冬季为多，也就是说，文集“行卷式”传播的时间，大多在每年的秋季或冬季。传播时间的相对固定，这是文集“行卷式”传播不同于其他传播方式的一个重要特征。

考察宋人关于科举行卷的表述或记载，皆可看出“行卷式”文集传播“时间基本固定在秋冬时期”这一显著特点：

今年冬，生再到阙下，始过吾门，博我新文，且先将以书，犹若寻常贡举人，恂恂然执先后礼，何其待我之薄也！②

十一月二十日，乡贡进士王某谨斋庄沐浴，裁书百拜于拾遗执事……今年春始敢囊琴笈文，来诣辇毂，登明公之门以求誉，师明公之道以进身。③

十一月日，进士田锡谨斋沐拜手，献书于补阙执事……谨以所编鄙陋之文五十轴，贽于几阁，卜进退于明公也。④

第三节 两宋时期文人文集“行卷式”传播的模式

一 “射线群”传播

文集的“行卷式”传播，虽然是一种“点对点”的直线、定向传播方式，但所定的“向”常常不止一个。也就是说，“行卷式”传播的指向是多元的。举子参加科举考试并不能够保证一举就成功，许多在考试中

① （宋）柳开：《上王学士第二书》，《全宋文》卷120，第6册，第280页。
② （宋）王禹偁：《送孙何序》，《全宋文》卷152，第7册，第424—425页。
③ （宋）王禹偁：《投宋拾遗书》，《全宋文》卷151，第7册，第414—416页。
④ （宋）田锡：《贻梁补阙周翰书》，《全宋文》卷93，第228—230页。

失利的举子往往会在来年乃至以后的若干年内再次或多次参加科举考试，在考试之前，他们依然会选择向朝中权贵行卷的方式来提高自己的声誉或知名度，提高考试成功的概率。即使只参加一次科举考试的举子，为了寻求最大范围的帮助和争取更多延誉的机会，也往往会选择向多人行卷的方式来增加成功的把握。为此，举子们往往会多次遴选、编辑和抄录自己的文集，在相同或不同的时间段里，进行不同方向的多次投献。也就是说，文集“行卷式”传播这一“点对点”的定向直线传播并不是实施一次就结束了，在相同或不同的科考年份中，同一举子的文集往往存在着多次“定向直线传播”的现象。这种多次传播的起点都是固定的，就是举子自身，而传播的终点（文集的接受者）却并不一定相同，如果忽略时间因素，“行卷”这一传播方式实际上就是举子的文集从“举子自身”这一中心向多个方向进行辐射的“射线群”传播。当然，随着时间的推移，举子们所创作的作品的数量和质量会有所变化，因而，他们在不同年份里所遴选、编纂的、用于行卷的文集（即传播的内容）会有所不同。但不管怎样，因行卷而造成的举子文集“射线群”传播这一模式是存在的。

且看下面这三则材料：

伏惟司业先生在尊儒隆道之世，以德行术业受明天子之休命，越诸公而执成均之政，此上类之海若，儒林之天孙也。慕圣人之门墙，趋道术而驰骛者，所宜宿舂晨驾，求先至于前列，而审闻绪言之逸响焉。某不敏，愿从事于儒林者有年矣，切慕先生之高义，思预前列而求绪言之益。用是不自知其愚且贱，而势在所距也，辄自饰以幸获进于门下。谨录所业杂文二卷，近体诗一卷，尘次左右。非敢以为文也，以备薪见之贽也。伏惟秉规矩之大器，无弃曲木；体医门之洪济，不屑病者，某之幸也。黩冒台严，伏增恐惧。①

某不肖，生七年而诵书，出入州闾，游息庠序，服师儒之善诱，

① （宋）华镇：《上司业书（一）》，《全宋文》卷2642，第122册，第302页。

闻缙绅之绪言，研异同而考今昔，操觚削牍，雕饰辞章，几二十年，然后再尘乡书，窃取名第。从事以来，虽栖迟劳役于尘泥坌冗之中，十余年间，未尝一日自废。投隙开卷，燃膏续昼，庶几睹作者之蕴奥，冀前修之万一。未弃天爵，不见讥于子舆之论。每谓郑璞非宝，辽豕未奇，片言半字，不敢通于宗匠之侧，由是题品未加，吹嘘弗逮。日月云迈，今四十岁矣。此人生强力之时也，过是则朽不可用。天下有道，群材并骛，岂宜鄙牺象之青黄，忘离苗于山上，与涧松沟木待尽于寂寞之地哉。谨录平日所为《会稽览古诗》一百有三篇，离为三卷，诣门下尘献。非谓足以称颂土风，动回藻鉴，聊以备不腆之贽。辄慕洁己之进者，庶见与于数仞之门。①

闻先生之余论，希往哲之行事，淬磨策砺，积有年矣。愿私陶冶之德，与多士周旋于盛时，实有心焉。漂泊江湖，末缘自致。今之官洛邑，道出都城，钧屏严密，许容进谒，敢诵所闻，祗伏门下，伏惟钧慈，曲加幸察。古律歌诗一编，缮写尘献，以备礼贽。冒渎钧重，伏深愧恐。②

这些材料出自华镇给三个不同人物的“行卷”，从“愿从事于儒林者有年矣”“辄自饰以幸获进于门下”“栖迟劳役于尘泥坌冗之中”“漂泊江湖，末缘自致”等语句可以看出，这三篇文章当皆作于科举未第之时，文中所云之“杂文二卷，近体诗一卷”“《会稽览古诗》一百有三篇，离为三卷”“古律歌诗一编”皆为行卷之文。无论是“二卷”“三卷”还是“一编”，都是作品的汇编，从某种意义上说，就是作品数量多寡不一的文集。虽然三次行卷所递交的文集内容各不相同，但“作者文集从作者出发向不同方向辐射传播”这一“射线群”传播模式毋庸置疑是存在的。

① （宋）华镇：《上侍从书（二）》，《全宋文》卷2642，第122册，第298页。
② （宋）华镇：《上执政书（二）》，《全宋文》卷2645，第122册，第345页。

二　代表作品“领衔”传播

举子们在向不同人行卷或者在不同时期行卷时，所编纂的文集在收录作品篇目和数量上可能会有所不同，但也不会完全没有“交集”，对于那些作者最为得意的作品，无论用于行卷的文集如何变化，始终都会被选录其中，从而反复进入“行卷式”传播的环节。这些作品因为被传播的机会多、被传播的范围广，所以就格外知名，自然而然成为作者的代表作品，成为每次“行卷式”传播中始终存在的“领衔者”。这些反复参与“领衔”传播的代表作品，在不断提升影响力的同时，由于深深打上了作者的“烙印”也在一定程度上成为作者本人的代号。在中国文学史上，由于作者代表作品的广泛传播而为作者赢得诸如“赵倚楼”“张三影”诸如此类名号的现象比比皆是。

代表作品的“领衔”传播，是文集“行卷式”传播过程中值得关注的问题，有时候，一部文集获得传播和接受的原初动力恰恰是文集中的某几首甚至是某一首优秀的作品。举子们在编纂用于行卷的文集的时候，也是深谙这个道理的，因此，无论什么时期的行卷文集，那些优秀的“得意之作”总能入选。

> 予见少游投卷多矣，《黄楼赋》、《哀镈钟文》卷卷有之，岂其得意之文欤？……此卷是投正献公者，今藏居仁处。居仁好其文，出予览之，令人怆恨。①

这段话出自张耒《跋吕居仁所藏秦少游投卷》一文，秦观一生行卷很多，但每次行卷所编定的文集中，都有《黄楼赋》《哀镈钟文》两文，说明这两篇文章是秦观的得意之作，在每次文集的“行卷式”传播中都起到“领衔”的作用。

“以点带面”，以单篇带动全集传播的现象，是我们在研究文人文集的传播和流动过程中需要关注的，我们不妨把这些推动全集传播的“单

① （宋）张耒：《跋吕居仁所藏秦少游投卷》，《全宋文》卷2755，第127册，第318页。

篇”称为文集传播中的“浮标”，“浮标效应”是我们在研究文人文集传播中不可忽视的。如果说，在文集传播中请名人作序、作推介，是“名流印可”的话，那么，文集传播中优秀的单篇作品所起到的“浮标效应”则是“自我印可”。

“射线群”传播和代表作品“领衔”传播的模式相对于单纯的“直线定向型”传播模式而言，在扩大文集的传播范围、提高文集的传播影响方面，是占很大优势的。但“行卷”本身的缺陷也决定了这种传播模式存在先天的不足。这种不足主要表现为由文集的临时性和不稳定性导致的传播的持续性影响力不够。

需要指出的是，为“行卷”而编定的文集虽然是作者作品的“精选集”，却是临时编成的文集，而且不同时期编进文集的作品数量和篇目又不完全相同，这就注定了这类文集具有不稳定、不成熟的特点，与成熟文本持续传播所形成的长久影响力相比，行卷文本要逊色很多。

当然，从另一层面而言，与一般的成熟文集相比，进入“行卷式”传播的文集虽然只能算作“半成品”，但它们是文人的正式文集进入传播领域之前的“探路石”或“预告片”，有些人就是因为这些“探路石”或“预告片”获得了巨大的成功，从而为自己赢得了很高的声誉，促进了正式文集的广泛传播。这种现象在中国文学史上不胜枚举，可以称为文人正式文集的“前传播”现象。就这一层面而言，文集的“行卷式”传播具有不可替代的价值和意义。

第四节　两宋时期文人文集“行卷式”传播的阻力和动力

宋代科举虽然沿袭唐人习俗，“行卷”之风始终存在，但和唐人相比，宋代文人的“行卷”需要面对更多的阻力。这种阻力一来表现为国家层面的不支持；二来由于“糊名”“誊录”等制度的实施，宋人行卷常常不能取得如唐人那般明显的效果，从而影响了举子行卷的积极性，这也是影响两宋时期文集“行卷式”传播的一大阻力。即便如此，两宋举子行卷仍有着强大的生命力，推动两宋时期文集“行卷式”传播的动力一方面来自前代举子"行卷"惯例的影响，另一方面来自部分举子因"行卷"获得成功而给其他举子所带来的巨大鼓舞。

一　文集"行卷式"传播的阻力

（一）制度层面的阻力

科举行卷之风虽然在宋代社会始终存在，但就制度层面而言，很多时候是不被认可甚至是遭到严厉抵制的。宋代统治者曾不止一次地发布严禁科举行卷、请托的敕命和诏令，真宗于景德元年（1004）九月就曾颁布过《以简札贡举人姓名嘱请者令馆阁台省官密闻诏》，文曰：

> 令御史台谕馆阁、台省官，有以简札贡举人姓名嘱请者，即密以闻，当加严断；其隐匿不言，因事彰露，亦当重行朝典。[①]

景德四年（1007）又颁布《榜贡院门诏》，曰：

> 国家儒学斯崇，材能是选，眷惟较艺，务在推公。而近岁有司罔精辨论，尚存请托，有失拟伦，其何以待八方英秀之流，辟四海孤寒之路？虑遗贤俊，深轸予衷。今乡赋咸臻，礼闱方启。俾司文柄，慎择春官，用革弊源，别申条制。靡间单平之选，庶无徼幸之人。咨尔众多，咸体予意。[②]

"以简札贡举人姓名嘱请""有司罔精辨论，尚存请托"，其实就暗示了举子的行卷，这说明"行卷"这一做法，是被国家明令禁止的。

何浩于大观二年（1108）十一月所上呈的《乞令有出身人不得收接士人贽文奏》一文，更是对举子的行卷之风提出了直接而尖锐的批评：

> 诸州士人……往往编集平昔所集经义论策之类，猥以投贽文字

---

① 《全宋文》卷222，第11册，第122页。
② 《全宋文》卷230，第11册，第297页。

为名，交相请托于有出身官之门，以侥幸一得。且今合格之文，有司之公取也，尚不许印卖，使天下之士各深造而自得之，岂可容私自编集，以为请托之资乎？欲乞诸路州县应有出身之人将来合差充考试官者，不得收接见任或他州县士人投贽所业经义论策文字，庶绝前日科举侥幸之风。①

这段话一方面说明了举子文集“行卷式”传播（即“编集投贽”）现象的存在，另一方面表达了对这一现象的不满。据《宋会要辑稿》“选举”四之六的记载，何浩的这篇奏文上呈之后，朝廷的反应是“从之，仍先次施行”②，这说明朝廷对科举行卷也是持反对态度的。可以这么说，国家制度层面的不认可，是宋人文集“行卷式”传播的最大阻力。

（二）非制度层面的阻力

宋代举子依靠行卷来博取科举中第的概率，相对于唐代而言，要低很多，特别是宋代科举考试在采取了“糊名”“誊录”等制度以后，“卷面”的表现成了录取与否的主要依据，即使一些事先阅读过某举子的文章、对其大有好感的考官，也不能保证一定能够准确录取该举子。罗大经《鹤林玉露》所载的苏轼知贡举而未能录李廌一事就很能说明问题：

元祐中，东坡知贡举，李方叔就试。将锁院，坡缄封一简，令叔党持与方叔，值方叔出，其仆受简置几上。有顷，章子厚二子曰持曰援者来，取简窃观，乃《扬雄优于刘向论》一篇。二章惊喜，携之以去。方叔归，求简不得，知为二章所窃，怅惋不敢言。已而果出此题，二章皆模仿坡作，方叔几于阁笔。及折号，坡意魁必方叔也，乃章援。第十名文意与魁相似，乃章持。坡失色。二十名间，一卷颇奇，坡谓同列曰：“此必李方叔。”视之，乃葛敏修。时山谷亦预校文，曰：“可贺内翰得人，此乃仆宰太和时，一学子相从者也。”而方叔竟下第。坡出院，闻其故，大叹恨，作诗送其归，谓

① 《全宋文》卷2942，第136册，第307页。
② （清）徐松：《宋会要辑稿》，中华书局1957年版，第4293页。

“平生漫说古战场，过眼终迷日五色”者是也。[①]

李廌曾多次贽文于苏轼，苏轼也对李廌赞赏有加，其《答李方叔（五）》云：“承示新文，如子骏行状，丰容隽壮，甚可贵也。有文如此，何忧不达，相知之久，当与朋友共之。”[②]《与李方叔书》云：“录示《子骏行状》及数诗，辞意整暇，有加于前，得之极喜慰。”[③] 甚至以“万人敌”来赞誉李廌。即使这样，由于“糊名”“誊录”制度的存在，虽然处于“知贡举”的位置，苏轼仍然不能保证顺利录取李廌，所以，不惜以“考前泄题”的方式来出手相助。谁知道阴差阳错，李廌还是没有被顺利录取。由此可知，宋人的行卷并不像唐人那样，能够对科考起到直接的帮助作用。这种情况直接影响了宋人行卷的积极性，也是宋代行卷之风远不如唐代兴盛的重要原因。如果说，统治者的不认可和抵制是制度层面影响宋人文集“行卷式”传播的一大阻力的话，那么，行卷成效的不确定性则是非制度层面的阻力。

二　文集“行卷式”传播的动力

虽然宋人文集的“行卷式”传播面临着制度层面和非制度层面的两大阻力，但宋代社会的科举行卷之风并没有消失，两宋社会中普遍存在的行卷现象就是显例，这就说明文集“行卷式”传播这一方式在两宋社会依然有着很强的生命力，生命力的维持要靠力量的推动，那么，是什么力量推动着文集的“行卷式”传播在阻力重重的两宋社会不断发展的呢？细加寻绎，这种推动力量主要来自前代举子“行卷”惯例的影响和部分举子因“行卷”获得成功而给其他举子所带来的巨大鼓舞这两个方面。

（一）前代举子“行卷”惯例的影响

从唐代一直到宋初，举子行卷在相当长的一段时间里，在全国范围

① （宋）罗大经：《鹤林玉露》甲编卷5“李方叔”条，《唐宋史料笔记丛刊》本，中华书局1983年版，第92页。

② 《全宋文》卷1903，第88册，第68页。

③ 《全宋文》卷1892，第87册，第337页。

内都是一件司空见惯的事，特别是中晚唐以后，“行卷”与科举相伴存在，“行卷”几乎成了举子在科举考试前的必备环节，形成惯例。即使在两宋朝廷明确颁布政令禁止科举行卷以后，由于惯例的影响，举子行卷仍然在一定范围内存在：

> 每年一试，类差有出身人以充考试官，而应举之士未尝经历学校，考以素行，徒用一日空言定为去取。故诸州士人……往往编集平昔所集经义论策之类，猥以投贽文字为名，交相请托于有出身官之门，以侥幸一得……岂可容私自编集，以为请托之资乎?①

这是徽宗大观年间何浩上呈给皇帝的奏文，据何浩所言，每年的考试，诸州士人“往往编集平昔所集经义论策之类，猥以投贽文字为名，交相请托于有出身官之门，以侥幸一得”。而“投贽文字”正是唐代以来举子“行卷”的惯例。这段话充分说明了在前代举子“行卷”惯例（即“以投贽文字为名”）的影响下，两宋文坛科举“行卷”之风的兴盛。

由于宋代朝廷多次对科举行卷加以明令禁止，一些举子不敢明目张胆地进行“行卷”，但“行卷”思想的影响根深蒂固，这些举子在“行卷”时，就采用其他的名目加以掩盖。北宋后期的举子程因在向苏轼“行卷”时，就打着“求教”的旗号。李廌《程因百诗序》云：

> 河内从事程因谓友人李廌曰：“吾将见子之先生翰林眉山公焉，吾作诗百首以为贽。非慕其势也，乃慕其德也；非欲求援也，将以求教也，子以为如何?”某曰：“子之慕异乎人之贽，子之贽异乎人之贽，子之求异乎人之求。”②

百首诗编定在一起，是一部名副其实的诗集，作者程因虽然打着

---

① （宋）何浩：《乞令有出身人不得收接士人贽文奏》，《全宋文》卷2942，第136册，第307页。

② 《全宋文》卷2851，第132册，第134页。

“求教”的旗号，表面上说投献诗作“非欲求援也，将以求教也”，其实谁都明白其投卷的真正目的。程因的投卷，其实就是“行卷”，他用“求教”的名义，完成了其文集实质性的“行卷式”传播。

（二）行卷成功者所带来的鼓舞

虽然宋人行卷的效果远不能与唐人行卷相比，但并不能说宋代举子的行卷完全起不到作用，在众多行卷的举子中，偶尔会有部分举子因行卷而让自己步入了成功的殿堂。这种例子虽然不多，但只要真实存在，对广大举子而言，也是莫大的鼓舞。这种由行卷而偶然带来的成功会激起宋代举子们的侥幸心理。多方行卷，只要有一次能够真正起到作用，就算成功了，这种心理也是人之常情。

事实上，宋人行卷也确实存在这样的“碰巧”之事：

> 往在简，君尝以诸生谒入，袖文卷贽我家君，予时窃寓目焉。其文严劲简古，非若近时举子陈腐冗陋，姑以决得失于有司者。予固已惊叹，曰：是将砥柱斯文，一第陋哉。未几，果以里选冠逢掖，相继上第，昼锦而西矣。①

这是李流谦《送李仲明司户序》一文中的一段话，李仲明贽文于李流谦之父，不久即中第。也许，这只是一个巧合，但李仲明的登榜，不管与他之前的行卷是不是有关系，对周围的举子而言，都是一个莫大的鼓舞，坚定了他们行卷的决心。

当然，并不是所有人都有李仲明那样的好运气，更多的举子选择了反复行卷、多向行卷的方式来提高好运降临的概率。通过反复行卷，可以不断强化考官对自己文风的印象，形成强烈的“心理暗示”，从而在阅卷中，通过对文风的辨认，锁定自己，给予拔擢。楼钥《书张武子诗集后》就记载了这样的例子：

> 武子天资绝高，少以流寓名荐书，文已怪怪奇奇。或诮之，笑

① 《全宋文》卷4903，第221册，第220页。

曰："吾宁僻无俗，宁怪无凡。"此意卒不变，然亦以此不偶。闲居好与诸禅游，佛日宏智皆入其室，颖悟超卓，学亦与之大进。结交老苍，闻见多前辈事，听之使人忘倦。丞相寿春魏公作尉姚江，一见君奇之，君亦归心，投以诗曰："愿同丑万辈，终老孟子门。"后二十年试南宫，魏公得其三策，心知为武子之文，袖以见知举张公真定，曰："适得一卷，舍人如欲取时文，则不敢进。果欲得士人否?"张公曰："吾尝言，宁取有瑕玉，不欲取无瑕石。"读之以为佳，魏公曰："此某故人张某之文也。"舍人异而记之，比揭榜，惊谓魏公曰："果张某也。"①

"张武子"即张良臣，"丞相寿春魏公"即魏南夫，张良臣从游魏南夫二十年，魏南夫对张良臣的文风自然十分熟悉，因而能在众多的考生试卷中将其准确锁定。这种现象虽然不多，就像某一彩民偶尔中了大奖，但这一事件本身就充满了诱惑，激起了广大举子的侥幸心理，促使他们以极大的热情投入"行卷"实践。因此，在成功者鼓舞下的举子行卷，是宋代文集"行卷式"传播的又一推动力量。

总之，科举背景下的两宋文人文集"行卷式"传播，是一种以投献者（举子）为中心、在相同或不同时间段里向不同方向（即不同接受者）进行辐射传播的"射线群"传播方式，这种传播是以作者的代表作品为"领衔"的多向度传播，具有"传播目的功利性与传播路径单一性""传播内容精品化和传播文本临时性""传播对象明确性和传播时间固定性"等多方面的特点。两宋时期文人文集的"行卷式"传播可以视作文人的成熟文集在进入传播领域之前的"探路"或"试点"，虽然在朝廷禁令及"糊名""誊录"等制度的影响下，宋人文集的"行卷式"传播受到了很大的打击，但由于前代举子"行卷"惯例的影响和部分举子因"行卷"获得成功的鼓舞，在整个两宋时期，"行卷"之风始终存在。由"行卷"所带来的文集的编纂和传播，是两宋文人文集传播的一种重要形式，值得重视。

---

① 《全宋文》卷5953，第264册，第175页。

第九章

荐举与两宋时期文人文集的传播

在两宋荐举制度下，文人为了寻求被荐举的机会，常常会将自己的作品精选、编集，然后向朝中权贵与社会名流广泛投献，从而形成了两宋荐举制度下文集广泛传播的生动图景。深入研究荐举对两宋时期文人文集传播的影响以及这类文集传播的模式、路径、特点，有利于更加全面和深入地观照北宋时期文学传播的整体生态，也有利于从传播学角度管窥北宋时期文坛风貌的形成和文学思想的演进。

第一节　两宋时期的荐举制度

所谓“荐举”，就是指推荐、举荐，特指推荐有才德的人获得某一职位的任职资格或担任某一职位的工作。宁欣《唐代选官研究》认为：“荐举有广义与狭义之分，但凡举士、举官、举高德、硕学、至孝、节妇都可包括在广义的荐举中，是一种由下而上的推荐；狭义的荐举则只限于荐官的范围内，是一种有别于科举的荐。”[①] 虽然说的是唐代的情况，但同样适用于宋代。对于宋代文人而言，荐举可以分为“举士”和“举官”两类。所谓“举士”，就是推荐某人获得特定职位的任职资格（即后备官员人选），《全宋文》中收录了大量的《举人自代状》，所谓“举人自代”，就是宋代官员推荐人员在自己现任职位任职期满以后来接任自己的工作。“举士”所荐举的人不一定马上任官，但具备了任官的资格。这对

① 宁欣：《唐代选官研究》，台湾文津出版社1995年版，第67页。

宋代知识分子而言，也是一个很大的诱惑。所谓“举官”，就是推荐某人担任某一职位的官员。无论是“举士”还是“举官”，都是宋代朝廷选纳贤才和宋代知识分子进入仕途的重要途径，因而广受宋代社会和文人的关注。

北宋文人华镇《任举论》一文就坦言：

> 今取士不由乡党，黜陟不由考比。外官委郡守、监司保任之，内官则本司长官保任之。吏部据其所任而受用其人，任以为令，则因以为令；任以为幕职，则因以为幕职；任以为京官，则因以为京官。其人苟无大过，皆得序进，至其贤否，吏部一不可得而知也。则吏部第为出纳之地，若铨择审察之权，则举在于郡守、监司与在京诸司之官长矣。①

胡坤先生也指出：“荐举制度是宋代选官制度的重要组成部分。它与科举制度相辅相成，构成了牵动宋代选官体制发展的两驾马车，使宋代选官制度得以正常运行。”②

宋代的荐举制度颇为完善，荐举之风非常兴盛。据胡坤先生研究，宋代的荐举有“选人改官”“辟举”“荐举差遣”“举人自代”“奏荫”等不同形式。同时，宋代的荐举又有“特诏荐举”和“常程荐举”两种类型：

> 特诏荐举，或曰准敕举官，一般是帝王针对当时统治、管理、御边等方面的需求，颁布诏令，指定一定范围内的官员，令其依照一定标准推荐人才。常程荐举则涉及更为广泛，既是指大批中下层官员（特别是幕职州县官）循资、改官、叙迁以及委派差遣等关键时机，作为被审核者，照例需要一定数量的举主保荐；又是指身居一定职任的长官，依一定期限，作为保证人（举主），可以（甚至被

① 《全宋文》卷2652，第123册，第68页。
② 胡坤：《宋代荐举制度研究》，博士学位论文，河北大学，2009年。

要求）奏荐一定数量的官员改秩迁资或担任某类差遣。①

“荐举”成为宋代社会发现人才、储备人才和任用人才的重要途径。“荐举”不仅是宋代知识分子进身的重要方式，也是宋代朝廷对各级官员提出的责任要求。早在宋太祖建隆三年（962）二月，朝廷就发布诏书：

> 诏翰林学士、文班常参官曾任幕职州县者，各举堪为幕职令录一人。如有近亲，亦听内举，即于举状内具言。除官之日，仍列举主姓名。或在官贪浊不公、畏懦不理、职务废阙、处断乖违，量轻重连坐。②

诏书对朝廷各级官员的荐举义务作出了明确要求。此后，类似的诏令不断发布，仅太祖、太宗两朝，就多达十余次。南宋刘光祖在淳熙九年（1182）所上的《进两朝圣范札子》中，就对太祖、太宗两朝的荐举诏令发布情况作了很好的梳理与评价。由此可见两宋荐举需求之一斑：

> 臣观太祖皇帝建隆三年，诏翰林学士、文班常参官曾任幕职州县者，各举堪为宾佐令录一人，听其内举，而坐以失举之罪。乾德二年，又诏制举三科不限内外职官、前资见任、布衣黄衣，并许直诣阁门，听其自荐。是岁，又诏吏部南曹，自今常调赴集选人，取其历任有课绩、无阙失，而其人才可副升擢者，具名送中书门下引验以闻，量才甄奖。盖太祖虑失铨衡之职，止凭资历，而英俊或沉于下僚故也。五年，又诏诸道节度使、留后、观察使，各举部内才职优长、德行尤异二人；防御、团练、刺史各举一人……由此观之，祖宗创守之初，思得多士布列中外，其选拔盖如此也。其后太宗或诏从臣，或诏监司，或诏州牧，或诏四品，或诏五品，各令举人。尝谓宰相曰：“国家选才，最为切务。人君深居九重，何由遍识，必

① 邓小南：《宋代文官选任制度诸层面》，河北教育出版社1993年版，第124页。
② （清）徐松：《宋会要辑稿》选举二七之一，中华书局1957年版，第4662页。

须采访。苟称善者多，即是操履无玷，若择得一好人，为益无限。”尝诏李昉、杨徽之等十一人举三司判官及转运使各一人，又诏苏易简、陈恕、魏庠、寇准、赵昌言等各举堪任京官二人，又诏左司谏吕文仲等九十七人各举五千户以上县令二人。当是时民务丰庶，天下少事，太宗听政之暇，悉索两省两制清望官名籍，阅朝士有德望者，悉令举官。他日又谓吕蒙正等曰：“求贤之要，莫若责之举主。”因诏蒙正以下至知制诰，各举有器业可任以事者一人。他日，有司奏诸州阙官五十余员，又诏尚书左丞李至等八十四人举廉恪有吏干者各一人补之。因谓宰相曰：“卿等职在抡才，今令朝臣举官，已为逐末，苟更不择举主，何以得人？”至哉斯言，可谓得取人之要矣！王禹偁、罗处约皆东南一县令耳，闻其名，并召而试之，擢为直史馆。钱若水，同州推官耳，闻其事，亦召而试之，又擢为直史馆。[①]

到了南宋，由于面临比北宋更加严重的内忧外患，朝廷迫切需求更多的人才，所下达的荐举诏令比北宋更多，频率也更高。仅高宗绍兴年间，就密集下发过《荐举除授京朝官知县诏》[②]（绍兴元年正月十四日）、《令内外侍从等各举中原流寓士人诏》[③]（绍兴二年四月二十一日）、《令侍从荐士诏》[④]（绍兴四年三月十一日）、《令职事官等各举所知充监司守令诏》[⑤]（绍兴五年三月四日）、《许户部长贰等荐举总领淮西江东军马钱

---

① （宋）刘光祖：《进两朝圣范札子·圣范六》，《全宋文》卷6314，第279册，第23—24页。

② 文曰：“今后京朝官知县阙次，并令三省选择差除，仍内外侍从官各举堪充县令京朝官二员，中书门下省籍记姓名，以次除授。俟有善政，任满升擢差遣；或犯赃罪，连坐举官依保举法。”《全宋文》卷4458，第201册，第387页。

③ 文曰：“比自宗朝播越，国步艰难以来，中原士夫隔绝滋久。间有流寓东南者，往往乏谋寡援，致姓名不能上达，良可惜也。可诏内外侍从监司郡守各搜访，荐举三两人，以备器使。”《全宋文》卷4467，第202册，第120页。

④ 文曰：“遍咨侍从之臣，别进多闻之士。采乡评而无玷，必先行谊之修；访时务而可稽，斯取艺文之富。观其素业，待以规程。庶因选择之公，获睹治安之策。惟尔群隽，体予至怀。”《全宋文》卷4480，第202册，第289页。

⑤ 文曰：“职事官监察御史至侍从并馆职正字已上，及在外侍从官监司帅守，各举所知充监司守令，限半月具奏，馀依元年十一月壬子荐举诏赏罚施行。”《全宋文》卷4487，第203册，第14页。

粮属官诏》[①]（绍兴十三年九月二十一日）、《荐举户部总领所酒库监官事诏》[②]（绍兴十六年六月五日）、《国子监书库官许礼部长贰荐举诏》[③]（绍兴十七年十二月二十八日）、《许临安知府荐举点检赡军酒库官属诏》[④]（绍兴二十四年六月二十二日）、《令六曹尚书侍郎等荐诸州守臣诏》[⑤]（绍兴三十年正月十四日）、《侍从台谏等荐举武臣诏》[⑥]（绍兴三十年正月二十六日）、《令侍从举士诏》[⑦]（绍兴三十二年三月）等十余道不同类型的荐举诏令。

由此可见，不论是北宋朝廷还是南宋朝廷，都主张不拘一格荐举人才，三番五次地对各级官员下达荐举人才的命令。“荐举”不仅成了普通文人自下而上的入仕渴求，也成了宋代朝廷自上而下的选才需要。

两宋时期，为了保证官员们认真履行“荐举”之责，保证所推荐的人才的质量，朝廷严格推行“保举连坐”之法：

---

① 文曰：“总领淮西、江东军马钱粮所属官，今后许户部长贰、太府、司农卿少通行荐举。”《全宋文》卷4517，第204册，第58页。

② 文曰：“监户部总领所酒库官，今后许令本路总领官并户部长贰将合举官员数通融荐举。”《全宋文》卷4520，第204册，第106页。

③ 文曰：“国子监书库官今后许礼部长贰荐举，仍理作职司收使。”《全宋文》卷4522，第204册，第126页。

④ 文曰：“知临安府兼点检赡军酒库，即与两浙漕臣兼领上件职事一同，许令荐许令。”《全宋文》卷4527，第204册，第188页。

⑤ 文曰：“诸州守臣间有阙官，可令六曹尚书侍郎、翰林学士、两省台谏官、正言以上各举曾任通判及通判资序、公勤廉慎、治状显著可充郡守者二员闻奏，以备铨择。仍保任终身，犯赃及不职与同罪。其曾任郡守，虽有公累而才实可用者，亦许荐举。”《全宋文》卷4541，第205册，第11页。

⑥ 文曰：“今后侍从、台谏右正言以上，在外帅臣、前两府及待制以上，于所部举荐武臣，其荐到统制、统领官，与转一官。正任防御使以上及碍止法人，三省、枢密院籍记，候有内外近上兵官阙，取旨升擢。将官以下，令赴三省、枢密院审察取旨；若在远不愿赴阙审察人，令本军与升一等差遣，遇阙先次升差，三省、枢密院籍记，以备擢用。馀人所荐，并籍记，三省、枢密院审访材能以闻。”《全宋文》卷4541，第205册，第14—15页。

⑦ 文曰：“朕屈群策以康济，辟数路以详延。参稽历代贤良之科，冀得天下方闻之士。顾岁月之寖久，亦诏旨之屡颁。曾无卓尔之才，来副褒然之举。岂器业之茂有惭于古，抑招徕之道未备于今？惟予侍从之臣，宜广搜扬之术。使异人辈出，无愧汉唐之时；庶治具毕张，尽复祖宗之盛。其体予意，毋怠钦承。”《全宋文》卷4548，第205册，第102页。

凡被举擢官，于诰命署举主姓名，他日不如举状，则连坐之。[①]

自今文武群臣，举官犯赃，举主同罪。[②]

在宋代官员的荐举状中，经常可以看到“如所举不如状，甘当同罪”[③]“若不如所举，臣等甘当同罪”[④]“如蒙朝廷擢用后犯正入己赃，臣甘当同罪”[⑤]之类的话。南宋名臣周必大就曾因举人不当而主动向朝廷请罪：

臣昨任敷文阁待制日，曾同王淮荐举眉州布衣李塾堪应制举。后来王淮为执政，其李塾词业系臣缴进。缘止蒙恩召试，今闻李塾所试六论率不应格，无以副陛下孜孜求士之意，罪无所逃。欲望圣慈特赐绌责，以惩谬举。[⑥]

这些都说明，“保举连坐”的做法在两宋荐举制度中是广泛施行的。

第二节　两宋“荐举”对文人文学素养的要求

大好的荐举政策和众多的荐举机会，对宋代文人而言，是莫大的诱惑。朝廷一而再再而三的荐举诏令，对广大官员而言，则是不小的压力。基于这两方面的原因，宋代的官员和普通知识分子就从“上”“下”不同的方向和层面不约而同地进入“人才荐举”这一环节。对于官员和普通文人而言，“荐举”和“被荐举”首先涉及的就是“考察人才”和“接受考察”的工作。

---

① （元）脱脱等：《宋史·选举六》卷160，中华书局1977年版，第3740页。
② （宋）宋真宗：《不许举官陈首诏》，《全宋文》卷252，第12册，第355页。
③ （宋）文彦博：《举刘航等札子》，《全宋文》卷655，第30册，第379页。
④ （宋）范仲淹：《奏举雷简夫充边上通判》，《全宋文》卷375，第18册，第178页。
⑤ （宋）张方平：《准敕保举京官状》，《全宋文》卷800，第37册，第286页。
⑥ （宋）周必大：《举李塾贤良不应格待罪札子》，《全宋文》卷5047，第227册，第255页。

那如何“考察人才”和“接受考察”？考察的依据是什么？从现有的文献记载来看，宋代荐举人才，主要考察的是被荐举人的“才”“德”“能”。陈彭年于咸平四年（1001）二月在《上真宗答诏五事》中，言及“举官自代”一事，云：

臣请依唐朝故事，新授常参官朝谢日，并进状举官自代，各随所长，具言其状。或以文学，或以吏能，或以强明，或以清白，务在摭实，不许饰词。①

其所提到的“文学”“吏能”“强明”“清白”，其实就是“才”“能”“德”三个方面的内容。司马光在元祐元年（1086）给宋哲宗上的《乞以十科举士札子》中，提出了宋王朝需要接纳荐举的十类人选：

欲乞朝廷设十科举士：一曰行义纯固、可为师表科……二曰节操方正、可备献纳科……三曰智勇过人、可备将帅科……四曰公正聪明、可备监司科……五曰经术精通、可备讲读科……六曰学问该博、可备顾问科……七曰文章典丽、可备著述科……八曰善听狱讼、尽公得实科……九曰善治财赋、公私俱便科……十曰练习法令、能断请谳科……应职事官自尚书至给舍、谏议，寄禄官自开府仪同三司至太中大夫，职自观文殿大学士至待制，每岁须得于十科内举三人。②

“十科举士”提出了宋代荐举的基本科目，在这十科中，“行义纯固、可为师表科”“节操方正、可备献纳科”“公正聪明、可备监司科”主要考察受荐举者的“德”，“经术精通、可备讲读科”“学问该博、可备顾问科”“文章典丽、可备著述科”主要考察受荐举者的“才”，而“智勇

① （宋）赵汝愚：《宋名臣奏议》卷145，影印《文渊阁四库全书》本，台湾商务印书馆1986年版。

② 《全宋文》卷1206，第55册，第296—297页。

过人、可备将帅科”“善听狱讼、尽公得实科”“善治财赋、公私俱便科”“练习法令、能断请谳科”则更多地关注受荐举者的“能”。可见，“德”“才”“能”是宋代荐举的主要考察依据。

对于宋代未入仕或未改官的下层文人而言，朝廷各级官员在准备举荐他们之前，关注更多的还是他们的“才”和“德”。因为“能”的高下往往要等他们正式履任某项职务以后，才能真正体现出来。而且，“能”的强弱也往往取决于“才”的高下。所以，在两宋文人的荐举状中，我们看到更多的是对他们“才”和“德”的认可：

> 臣窃见奉议郎、编修《资治通鉴》范祖禹，文行操守，为众所推，臣曾论荐堪文馆任用。①

> 臣窃见本州将仕郎、试国子四门助教龙昌期气正行介，学纯虑深……著书传道，动成简编……臣欲望圣慈依张元用等例改昌期一京官，充本州州学讲说。②

> 臣伏睹左迪功郎、监潭州南岳庙朱熹，志尚宏远，学识纯正，不守章句而以自得为本，不事华藻而以躬行为用，尊其所闻，充养益厚。③

> 伏见左从事郎、江阴军军学教授尤袤，学问该洽，富于文词，议论详明，通于世务。④

> 臣伏见左迪功郎、福州州学教授闻人阜民，学博而知要，气和

① （宋）文彦博：《举范祖禹札子》，《全宋文》卷655，第30册，第381页。

② （宋）文彦博：《荐龙昌期札子》，《全宋文》卷656，第31册，第11页。

③ （宋）汪应辰：《除敷文阁待制举朱熹自代状》，《全宋文》卷4766，第214册，第385页。

④ （宋）汪应辰：《荐尤袤札子》，《全宋文》卷4766，第214册，第386页。

而有守……持身谨严，守法坚确，人既不敢干以私，久之亦无间言也。[①]

所谓“文行操守，为众所推”“气正行介，学纯虑深”“志尚宏远，学识纯正”“学问该洽，富于文词，议论详明，通于世务”“学博而知要，气和而有守”，关注的都是“才”和“德”两方面的内容。

宋真宗下诏要求臣子举荐人才，也以“才”和“德”作为考量标准。天禧四年（1020）九月下《令晁迥等举文学优长履行清素者各二人诏》说：

其有修词博古之可称，絜矩践方而无玷，俾从类举，各以名闻。资该洽而复温纯，进清修而抑贪竞……宜令工部尚书晁迥，翰林学士杨亿、刘筠、晏殊，龙图阁直学士吕夷简，户部侍郎利瓦伊，知制诰李咨、宋绶、张师德，于朝官内各举有文学优长、履行清素二人。[②]

所谓“文学优长”“履行清素”，其实指的就是对被举荐者“才”“德”两方面的条件。朝廷官员在举荐人才的时候，也常常将“才”“德”的优秀，作为最重要的理由。例如，孙奭在向宋仁宗举荐郭稹时，其理由就是郭稹“文学优长，履行修谨”[③]。

对文人而言，“才”的直接体现就是其自身的著述（包括文学性的作品、学术性的论析和政治性的策论、时议等），而“德”也往往可以从平时的著述中侧面反映出来。因此，文章（著述）的优劣往往成为两宋时期的文人是否能够被成功举荐的重要因素。许多文人受到荐举的直接原因，就是其文章优秀。韩琦向宋英宗大力推荐崔公度，理由就是其“所

① （宋）汪应辰：《荐闻人阜民状》，《全宋文》卷4766，第214册，第386页。

② 《全宋文》卷260，第13册，第93—94页。

③ 孙奭天圣三年（1025）十月所上之《乞令郭稹在监分经讲诵奏》云：“近诏河南县主簿郭稹充直讲，却令发遣归任，所阙直讲别择官以闻。臣等知稹文学优长，履行修谨，欲望且令在监分经讲诵。”《全宋文》卷193，第9册，第364页。

为文章雄奇赡逸，当求比于古人，而时人未易得也”①。王珪荐举丘与权改官，也是因为其“艺文优深，议论纯正”②。

第三节 “荐举”制度与文人文集传播的路径

荐举虽然是朝廷为了笼络人才而在科举之外设立的一项制度，但毕竟为知识分子提供了一条颇具诱惑力、又蕴藏更多可能性的进身阶梯。两宋时期，文人对于荐举是颇为热衷的，他们使出浑身解数，遂启荐举奔竞之风：

> 窃以去就之义，实儒者之难能；制举之公，盖古人之深惧，自开请托之路，遂成奔竞之风。③

在“荐举入仕”或“荐举进阶”这一路径面前，两宋文人兴奋而热切，一如秦观《进策序篇》一文所说的那样：

> 幸陛下发德音，下明诏，使大臣任举贤良方正、能直言极谏之士……呜呼，此亦愚臣效鸣之秋也！④

而荐举的前提，则是“才”与“德”的考量，“才”的范围宽广，包括辞藻文华、思维逻辑，也包括对社会的判断、对时局的领悟，有笔下之思，也有口头之辩。而“德”则相对隐蔽，从外表很难看出来。荐举者在不具备与被荐举者长时间共处或长期接触条件的情况下，阅读被荐举者的文集就成为了解和判断其“才”与“德”的最好方法，而求荐者想要让荐举者全面了解自己，向其进献自己的文集也就成了最方便、最有效的途径。这就在客观上造就了荐举制度下文人文集传播的生动场景。

① （宋）韩琦：《荐崔公度奏》，《全宋文》卷849，第39册，第295页。
② （宋）王珪：《荐丘与权札子》，《全宋文》卷1150，第53册，第130页。
③ （宋）刘安上：《谢荐举启（一）》，《全宋文》卷2967，第137册，第358页。
④ 《全宋文》卷2579，第120册，第16页。

一 “荐举”制度下文集的特定渠道传播

通过对被举荐者的著述（文章）来考察其才与德，是宋代举荐体制中常见的方式。但要想全面了解一个人的才与德，仅仅看其一两篇文章，是远远不够的；又由于“保举连坐”之法的威慑，各级官员在行荐举之权以前，必须对所要举荐之人作深入详尽的了解。而想深入全面了解一个人，又必须对其著述及其所显示的思想、才略等作尽可能全面的了解和评判。因此，通过对举荐对象的各类著述的“集群式”考察，全面了解其思想、德行、才略，进而作出是否加以举荐的评判，是宋代荐举制度下各级拥有荐举权的官员普遍采取的方式。要想对被举荐者的著述作“集群式”考察，首先需要获得其文集（一定量的著述的集合），这就在客观上促使了宋代文集的流动与传播。

而下层文人，为了入仕或者改官，多方奔走，广行干谒，以寻求获得荐举的机会。“崇饰纸笔以希称誉，或邀结势援以干荐举。”[①] 在对各级有荐举资格的朝臣进行干谒时，为了显示自己的才略和德行，他们也往往将自己精心编纂的文集作为证明材料进献上去，以作为荐举者考察的依据。正如蔡襄在《谢昭文张相公笺》一文中所言的那样：“今之学文章者，或属联简编，挟持以趋大人之门，祈倡一言，得名誉加众人上，取显重于当世。”[②] 这样，宋人文集就在荐举体制的带动下，实现了特定渠道的传播。

八月日，承奉郎、守大理寺丞苏某，惶恐百拜，顿首上书，挚文于昭文相公阁下……矧若某者，有志于斯道为日久矣。然而以材质驽下，不能自奋以趋时。汩没下吏，逮十余年。惟其荣进之阶，非跂望之可及也……某重惟朝廷进人之路，莫尚于文学之选，其所以甄待之异者，非特取其言词而已，必也要其有所用……伏遇相公当国任政，方且慎择人才，责成众职。而某之所学，专在文字，辄

① （宋）李觏：《上江职方书》，《全宋文》卷892，第41册，第337—338页。

② 《全宋文》卷1013，第47册，第118页。

敢裒采旧著，离为五轴，恭贽庭下。①

某也不敏，早以试艺，猥中铨衡。尝蒙荐名朝廷，窃禄仕籍；蹉跎岁月，后于众人。退省其愚，真自弃置。今之官洛邑，道出都城，钧屏深严，许容进谒，敢诵所闻，祗伏门下。簿书之隙，知惜寸阴，时学为诗，浸盈卷轴，谨录所为古律歌诗若干篇，缮写为一编，诣门下尘献。②

某叨冒元祐第，闭伏东西蜀二十年……去年春，始以潼川城赏改官，用非稽古之力……借令深相知不过以一纸书荐诸朝而已。力量止此，何能为也！……某前日固尝抱书以泣，今之来岂其时乎？所业一编，副书以贽，幕为阁下取，则某之名声旦振。③

“裒采旧著，离为五轴，恭贽庭下”“录所为古律歌诗若干篇，缮写为一编，诣门下尘献”“所业一编，副书以贽”，皆是指将自己的作品编集、投献，虽然选录的作品有多有少，所编纂的文集有大有小，但在荐举的背景下，宋代文人通过投献实现了自身文集在一定范围内的传播，则是不争的事实。

二 “荐举”制度下文集的“二次传播”

被举荐者向举荐者投献的文集，不仅是用以考察品德和才干的依据，也是举荐者向朝廷推荐时的重要佐证材料。范仲淹荐举李觏的时候，就是将李觏所写的二十四篇文章（收录在一起，就是一部小型的文集）随举状一起上呈，使朝廷看到了李觏的文才，因而举荐成功。宋仁宗在皇祐二年（1050）七月所颁布的《赐李觏敕》中云：

---

① （宋）苏颂：《上时相书》，《全宋文》卷1335，第61册，第320—321页。
② （宋）华镇：《上门下许侍郎书》，《全宋文》卷2645，第122册，第341—342页。
③ （宋）李新：《上李承旨书》，《全宋文》卷2883，第133册，第355—356页。

敕建昌军草泽李觏：藩臣仲淹以觏所著文二十四篇来上，予俾禁掖近侍详较，皆曰学业优，议论正，有立言之体，且履行修整，诚如荐章所云，故特以一命及尔……可特授将仕郎、试太学助教，不理选限。①

欧阳修在嘉祐五年（1060）推荐苏洵的荐举状中，亦有“其所撰书二十篇，臣谨随状上进。伏望圣慈下两制看详，如有可采，乞赐甄录”②之语，这说明，被举荐者的文集到了举荐者手里，文集的传播过程并没有结束，还会向更高层级进行再次传播，这种文集向不同层级作阶梯状的二次传播方式，是文集的“荐举传播”与“行卷传播”很不一样的地方。

有时候，为了考察荐举者对荐举权履行的公正与否，朝廷会主动要求荐举者将举荐对象的相关著述与荐状一并上呈：

今后馆阁阙官，即据合举人数，降敕委学士院与在京龙图阁直学士以上，或舍人院与在京待制，同共保举有文字德行官员，具姓名并所著述该时务文字十卷以闻。③

---

① 《全宋文》卷973，第45册，第227页。

② （宋）欧阳修：《荐布衣苏洵状》，《全宋文》卷688，第32册，第249页。按：苏洵《上皇帝书》云：“嘉祐三年十二月一日，眉州布衣臣苏洵谨顿首再拜，冒万死上书皇帝阙下。臣前月五日，蒙本州录到中书札子，连牒臣：以两制议上翰林学士欧阳修奏臣所著《权书》、《衡论》、《几策》二十篇，乞赐甄录。陛下过听，召臣试策论舍人院，仍令本州发遣臣赴阙。”（《全宋文》卷918，第43册，第2页）由是可知，欧阳修举荐苏洵所献的二十篇文章包括《权书》《衡论》《几策》三个部分，据苏洵《嘉祐集》所载，《几策》包括《审势》一篇文章，《权书》分上、下两卷，包括《心术》《法制》《强弱》《攻守》《用间》《孙武》《子贡》《六国》《项籍》《高祖》十篇文章，《衡论》也分上、下两卷，包括《远虑》《御将》《任相》《重远》《养才》《用法》《议法》《兵制》《田制》九篇文章，《权书》《衡论》《几策》三个部分加起来正好是二十篇文章，这二十篇文章在《嘉祐集》中占了五卷的份额（见《嘉祐集》卷一至卷五），合在一起就是一部小型的文集。又，这二十篇文章通过欧阳修之手传播到朝廷以后，最后为北宋朝廷所收藏，蒲宗孟《祭老泉先生文》“《衡论》《机策》，前人不到。石穴金匮，已收遗草”之语可为证。详见《全宋文》卷1631，第75册，第40页。按：蒲宗孟所言之《机策》当即为《几策》。

③ （宋）李焘：《续资治通鉴长编》卷148，中华书局1995年版，第3580页。

这是宋仁宗于庆历四年（1044）四月所颁下的《举补馆阁阙官诏》，明确规定“具姓名并所著述该时务文字十卷以闻”，十卷的“著述文字”完全可以称得上一部文集。

由于要将文集随举状一并上呈，所以决定被荐举者命运的不是文集的第一次传播，而是更高层级的二次传播。苏颂《资政殿学士通议大夫孙公（永）神道碑铭》记载了孙永的一则事迹，亦可见出被荐举者的文集二次传播的重要作用：

> 初，（韩）忠献公之知公也，因得其诗稿。读之，叹爱称誉不已。一日相见，慰籍如平生。谓之曰：“公贵人也。”遂见引用。储僚之议，它执政未有知者。忠献公出其文稿示之，咸曰：“真舍人才也。”暨公声称大显，皆谓忠献公为知人。[1]

“韩忠献公”即韩琦，韩琦举荐孙永，朝臣有未明缘由者，韩琦就将孙永的文稿出示，得到了大家的一致认可。据墓志所载，孙永有文集三十卷，韩琦所看到的“诗稿”，当不止一两首诗，所示于众人面前的“文稿”亦当是一部文集（放在一起的众多文章）。正是文集的二次传播（从韩琦到“它执政”），不仅为其自身赢得了声誉，也使举荐者韩琦获得了“知人”的美名。

与韩琦举荐孙永相似，范仲淹举荐富弼，也经历了“亲怀其文以见丞相王沂公、御史中丞晏元献公洎诸近侍”[2] 的过程，从而使富弼的才华获得了广泛认可。

三 “荐举”制度下文集的广辐射面传播

宋王朝对文人受举荐入官或者改官，有着严格的规定。一般而言，要想成功入仕或者改官，必须经过多人举荐。换言之，一个人要想被成

---

① 《全宋文》卷1343，第62册，第41页。

② （宋）范纯仁：《故开府仪同三司守司徒检校太师武宁军节度徐州管内观察处置等使徐州大都督府长史致仕上柱国韩国公食邑一万二千七百户食实封四千九百户富公行状》，《全宋文》卷1556，第71册，第312页。

功举荐，必须经过多人考察，获得多张荐举状。

初仁庙时，患县令非材，不能通晓民事，故诏用荐者三人，方得选令。令满三考无过咎，又用荐者五人已上乃得转京官。[①]

（真宗大中祥符七年四月）文武臣僚年终举到幕职州县官，今欲定五人以上同罪保举者，替日，令吏部流内铨磨勘引对，从之。[②]

故事，选人用荐者五人为京官。[③]

担任县令，必须三人举荐，幕职州县官改京朝官，必须五人举荐。这是北宋的情况，南宋与北宋相比，对人才的需求更迫切，但即使这样，被荐举者若想获得成功，仍需多人同荐。宋高宗在绍兴二十五年（1155）十一月颁发的《诫谕臣僚诏》中就明确规定：

臣僚荐举人才，必三人以上同荐。[④]

事实上，并不是求荐者的每次诉求都能得到荐举者的接受。因此，宋代文人往来奔走、干谒的人数往往要多于荐举法令所规定的举主人数。总之，两宋文人要想通过荐举入仕或改官，必须多方奔走，广泛求荐，他们的文集也在四处求荐中不可避免地被广泛传播。姑且以毛滂的求荐为例，以见宋人文集在荐举背景下的传播情形。毛滂为了求得他人的举荐，先后给宰相、镇南节度吕吉甫、韩尚书、丰待制、詹运使等人上书，并附以成编的作品（文集）：

使某幸而得窥四部之书，益闻所未闻，则岂特用以资为赋而已？

---

① （宋）郑獬：《论县令改官状》，《全宋文》卷1473，第68册，第62页。

② （宋）李焘：《续资治通鉴长编》卷82，中华书局1995年版，第1873页。

③ （宋）陈师道：《先君行状》，《全宋文》卷2670，第124册，第7页。

④ 《全宋文》卷4528，第204册，第208页。

谨献旧诗文一编，并去年所奏《圣德颂》一编，不敢繁也。譬之度材于匠氏，大木为宲，细木为桷，要之所用不容于私意，至必欲成屋室者，无有可弃之材也。唯相公留意，幸甚。[①]

故辄奉鄙文两编，去屠龙之术不远。又窃自笑，怪能骂人而不能自骂。然舍此则亦无他技矣，妄意主人亦捐大钧巨緡五十犗而赐之，将假道冰夷之都，投竿龙门之下尔。谨属干将以为笔，越砥以为研，淬之墨池之清泉，退而敬待主人之命。惟留意幸甚。[②]

某小人也，何足以知其他。又流落不振，无阶朝廷，独幸时和岁丰，行与樵夫牧竖受赐于长林丰草之间尔。谨献旧诗文一编，因道天下喜怼意，以责望于阁下，甚狂妄也。[③]

阁下闻道最先，是有以振我。辄献旧诗文一编，皆应事俗下语。虽欲以此钓名声，与一时名人文士争价，是犹听白雪之音，观渌水之节，而东野巴人辄叩盆拊瓴于其间，无乃嗤鄙益著？虽然，顾有深于此者，以告阁下，然中欲告而忘之矣。[④]

某忍穷不自勇决，投老于簿书间，苟为升斗计，旧学荒落，无分可采。今成编而献左右，亦礼俗故事尔，是乌足比数哉？独胸中有所约结，不可为俗人道者，慨然临纸，不能自休。阁下驾言德音，滋味道腴，盖有日矣，亦将何以诏之？[⑤]

从“譬之度材于匠氏……至必欲成屋室者”“将假道冰夷之都，投竿龙门之下”“欲以此钓名声”“苟为升斗计”等话语中，可见毛滂急于求

① （宋）毛滂：《上时相书》，《全宋文》卷2856，第132册，第251页。
② （宋）毛滂：《上镇南节度吕吉甫书》，《全宋文》卷2857，第132册，第257页。
③ （宋）毛滂：《上韩尚书书》，《全宋文》卷2857，第132册，第262页。
④ （宋）毛滂：《上丰待制书》，《全宋文》卷2857，第132册，第261页。
⑤ （宋）毛滂：《上詹司业运使书》，《全宋文》卷2857，第132册，第263—264页。

荐的昭昭之心。

宋朝拥有举荐资格的官员人数众多，除了馆阁重臣以外，还有地方上任职的转运使、发运使、知州、通判等。故毛滂投献文集以求荐的，不是馆阁重臣，就是地方大员。

我们知道，在科举“行卷”中，存在“温卷”这类多次投递文卷（文集）的现象，其实，在两宋时期的“荐举”中，也存在类似科举“温卷”的多次投文求荐的现象，毛滂就曾多次向时任宰相投文求荐，其《重上时相书（五）》就曾说：

> 某客此八阅月，而数十登门，书凡三上矣，羁旅偪仄，势不可须臾矣。士之进退去就，亦于此可决矣。幸相公见收，则某幼而学之，壮而欲行之者，是岂无心于世者哉？必弃捐不录，则抱关击柝，某之志也。某近作《古风》九首，录在异卷，语虽不工，亦可观其所向背，并用冒浼尊威。伏惟左右怜其愚，不攻其过，幸甚。①

“客此八阅月”“数十登门”“书凡三上”，可见毛滂已经多次请求宰相予以荐举，但并未达成愿望，所以，再次上书，并另纸誊写“近作《古风》九首”上献，做了类似科举“温卷”的举动。然即使如此，依然未获得对方的荐举，毛滂于是再次献文求荐：

> 嗟乎，阁下能知某于甚瘦之时，不知某无以自振于终穷之日。顾得求列于骏足良桐之间，少副阁下所以期待之意哉？……谨书旧诗文一编，阁下儒宗也，某非敢以此求知，舍是又无他技得自效于见知之地，故辄冒及之。②

“非敢以此求知，舍是又无他技得自效于见知之地”，毛滂求荐道路

---

① 《全宋文》卷2858，第132册，第276页。

② （宋）毛滂：《重上时相书（六）》，《全宋文》卷2858，第132册，第277页。

上的凄凉与无奈，由此可见一斑。

虽然此后不同时期，朝廷对荐举资格有不同程度的限制，但相对于科举行卷而言，具有荐举资格的官员还是远远多于各级科举考试的考官。因此，宋代文人寻求举主的机会要远远多于干谒考官的机会，换言之，宋人文集在荐举制度背景下的传播要比科举行卷背景下的传播广泛得多。

第四节 “荐举”背景下文人文集传播的特点

一 传播过程的“放”“收”合一

荐举背景下的文集传播是以举子为中心，在不同时间向各个不同方向（即不同接受者）作辐射状的“射线群”传播。传播的范围宽泛、辐射面大。宋代官员的任命，基本上都是由朝廷决定，地方官员没有人事任免权。所以，荐举要想获得成功，文人品德和才干的考察材料（文集）往往要通过举主再次上传至朝廷或其他重要人士。这种以举主为“二传手”的文集二次传播方式，是两宋时期文集传播的一种独特方式。荐举背景下的文集传播，是一种“离心传播”和“向心传播”兼而有之、“放”和“收”合一的传播过程。文人向各位有荐举资格的官员求荐并投献文集的过程，是文集的“离心”传播过程，是一种“放”；而不同的举主将同一文人的文集再次随举状上呈朝廷的过程，则是文集的“向心”传播过程，是一种“收”。

少数文人的文集在经过“放”和“收”的二次传播以后，还有一次“放”的传播过程，即从朝廷或皇帝手中再次传播到其他朝臣和士大夫那里，这样，就形成了文集“放—收—放”的三次传播，苏洵的文集经过欧阳修上传到朝廷，再从朝廷传播到其他公卿士大夫，就是一个典型的例子：

> 有蜀君子曰苏君，讳洵，字明允，眉州眉山人也……当至和、嘉祐之间，与其二子轼、辙偕至京师，翰林学士欧阳修得其所著书

二十二篇，献诸朝。书既出，而公卿士大夫争传之。[①]

苏洵投献给欧阳修的二十二篇文章，放在一起，就相当于一部小型的文集，文集经苏洵投献给欧阳修，再经欧阳修上呈至朝廷，再从朝廷传播到公卿士大夫那里，呈现了“放—收—放”的三次传播轨迹。

需要说明的是，由于文人为寻求举荐而投献的文集大多为文人在求荐前临时编定，不同时间编纂的文集在内容上不一定完全相同。因而，不同的举主所拿到的同一文人的文集很可能不完全一致，这是“非成熟型文集”（或称“临时性文集”）传播中的普遍现象。

二　传播文本的“成熟”“非成熟”兼有

荐举背景下传播的文集大多是临时编纂的“非成熟型”和“不稳定性”文本，但也不排除“成熟型”和“稳定性”文集在荐举考察过程中的传播。北宋文人华镇的文集《会稽览古诗》的传播就是“成熟型”“稳定性”文集一个典型的例子：

> 某不肖，生七年而诵书，出入州闾，游息庠序，服师儒之善诱，闻缙绅之绪言，研异同而考今昔，操觚削牍，雕饰辞章，几二十年，然后再尘乡书，窃取名第……天下有道，群材并骛，岂宜鄙牺象之青黄，忘离苗于山上，与涧松沟木待尽于寂寞之地哉。谨录平日所为《会稽览古诗》一百有三篇，离为三卷，诣门下尘献。非谓足以称颂土风，动回藻鉴，聊以备不腆之贽。辄慕洁己之进者，庶见与于数仞之门。[②]

> 恭惟知府大夫阁下，孔门德裔，公族华胄，生服名教，克世其美。剖符爰来，为此师帅，聪明骏发，威德并用，千里之内，方受

---

① （宋）欧阳修：《故霸州文安县主簿苏君墓志铭（并序）》，《全宋文》卷756，第35册，第370页。

② （宋）华镇：《上侍从书（二）》，《全宋文》卷2642，第122册，第298页。

其赐。某窃幸备员掾属，托庇节下，敢诵所闻，以修贽见之礼。尝思古之人显晦之间，不忘其本，前史以为美谈。谨录平日所为《会稽览古诗》一百三篇，随此尘献。[1]

某备员小官，幸预属吏之末，可得望清尘而觇余光，熏沐高明之绪，辄诵管见，并择旧所为《会稽览古诗》一百三篇，缮写诣节下尘献。[2]

毫无疑问，收录诗歌一百零三篇的三卷本《会稽览古诗》是一部已经编定完成的“成熟型”文集，《会稽览古诗》的多方投献，体现了文集多向流动和传播的态势，这是两宋文人文集在荐举背景下广泛传播的生动案例，对于考察荐举对两宋文人文集传播的推动，更有说服力和典型性。

两宋荐举制度下的文集传播，大多具有文集“临时性”（“不成熟性”）、传播“功利性”的特点。两宋文人为寻求举荐而进行的文集投献传播，其目的是以投献者（文集作者）的“仕途进身”为主，其“功利性”是非常明显的。正因为投献的文集关系到投献者自身的“功名”和“仕途”利益，所以，他们在编纂用于投献的文集的时候，往往会对自己的文章和著述精挑细选、精益求精，“去其甚恶而取其觕者”[3]，“择其可录者”[4]。因而，从一定意义上说，荐举背景下所传播的文集，是文人作品的“精选集”或“精粹集”。由此，荐举制度下的文集传播，除了具有“文集临时性”和“传播功利性”两个特点以外，还具有“作品精粹性”的特点。

总之，两宋荐举制度对文人才学的看重，促使文人将自己的优秀作品编集进献，这在客观上形成了两宋时期文人文集传播的一种独特模式。荐举背景下的文集传播，在履行文人“功利”目的的同时，也丰富了两宋时期文学传播的生态，对于深入考察两宋时期文坛风貌的形成和文学思想的变迁也有一定的参考价值。

---

① （宋）华镇：《上道守曾大夫书》，《全宋文》卷2643，第122册，第315—316页。

② （宋）华镇：《上湖南运使程大卿书（一）》，《全宋文》卷2643，第122册，第317页。

③ （宋）强至《谢运使司勋书》，《全宋文》卷1443，第66册，第312页。

④ （宋）郑獬：《投卷书》，《全宋文》卷1475，第68册，第98页。

第十章

两宋时期文人文集的商业模式传播

宋代结束了五代的割据局面，实现了南北的基本统一，在南北一统、相对和平的形势下，经济得到了迅速发展，商业空前繁荣，为人所熟知的北宋张择端的《清明上河图》就是宋代商业经济繁荣的有力证据。宋人孟元老在其《东京梦华录》中对宋代商业的繁荣景象亦是屡屡提及：

> 自宣德东去东角楼，乃皇城东南角也。十字街南去姜行，高头街北去，从纱行至东华门街、晨晖门、宝箓宫，直至旧酸枣门，最是铺席要闹。宣和间展夹城牙道矣。东去乃潘楼街，街南曰“鹰店”，只下贩鹰鹘客，余皆真珠、匹帛、香药铺席。南通一巷，谓之“界身”，并是金银彩帛交易之所。屋宇雄壮，门面广阔，望之森然，每一交易，动即千万，骇人闻见。以东街北曰潘楼酒店，其下每日自五更市合，买卖衣物、书画、珍玩、犀玉，至平明，羊头、肚肺、赤白腰子、你房、肚胘、鹑兔鸠鸽野味，螃蟹、蛤蜊之类讫，方有诸手作人上市，买卖零碎作料。饭后饮食上市，如酥密食、枣䭔、澄砂团子、香糖果子、密煎雕花之类。向晚，卖河娄头面、冠梳、领袜、珍玩、动使之类。东去则徐家瓠羹店。街南桑家瓦子，近北则中瓦，次里瓦，其中大小勾栏五十余座。内中瓦子莲花棚、牡丹棚；里瓦子夜叉棚、象棚最大，可容数千

人……瓦中多有货药、卖卦、喝故衣、探搏、饮食、剃剪、纸画、令曲之类。终日居此，不觉抵暮。①

相国寺，每月五次开放，万姓交易。大三门上皆是飞禽猫犬之类，珍禽奇兽，无所不有。第二、三门皆动用什物，庭中设彩幕、露屋、义铺，卖蒲合、簟席、屏帏、洗漱、鞍辔、弓剑、时果、脯腊之类。近佛殿，孟家道院王道人蜜煎、赵文秀笔及潘谷墨，占定两廊，皆诸寺师姑卖绣作，领抹、花朵、珠翠、头面、生色销金花样幞头、帽子、特髻冠子、绦线之类。殿后资圣门前，皆书籍、玩好、图画，及诸路散任官员土物、香药之类。后廊皆日者、货术、传神之类。②

寺东门大街，皆是幞头、腰带，书籍、冠朵铺席，丁家素茶。③

在两宋的商业流通领域，书籍的买卖是其中的一项重要内容，从上面所引孟元老《东京梦华录》的记载中就可以看到，在北宋汴京的相国寺和寺东门大街，都存在书籍买卖的现象。

第一节 两宋时期官、私刊印与书籍售卖

两宋时期，随着印刷业的发展和逐步成熟，书籍的刊刻与售卖，已经成为普遍现象，无论是官方还是民间，书籍的商业模式传播，都非常活跃。北宋朝廷就曾多次刊印和售卖书籍：

---

① （宋）孟元老：《东京梦华录》卷二“东角楼街巷”条，伊永文笺注本，中华书局2007年版，第144—145页。

② （宋）孟元老：《东京梦华录》卷三“相国寺万姓交易”条，伊永文笺注本，中华书局2007年版，第288页。

③ （宋）孟元老：《东京梦华录》卷三“寺东门街巷”条，伊永文笺注本，中华书局2007年版，第301页。

国学见印经书，降付诸路出卖，计纲读领，所有价钱于军资库送纳。①

元祐三年九月二十日，准都省送下当月十七日敕，中书省、尚书省送到国子监状："据书库状，准朝旨，雕印小字《伤寒论》等医书出卖……"治平二年二月四日进呈，奉圣旨，镂版施行。②

国家博采艺文，扶翼圣化，至于庄、列异端，医方细伎，皆命摹刻，以广其传……今欲乞降敕下崇文院，将《荀子》、《扬子法言》本精加考校讫，雕板送国子监，依诸书例印卖。③

除了朝廷之外，地方官员也会刊印书籍，并加以售卖，北宋后期，淮南节度推官、越州州学教授慕容彦逢就曾刊印、售卖过"三史"：

公讳某，某字……弱冠登元祐三年进士第，调主池州铜陵簿……会朝廷初设宏词科，以罗天下文学之士，公从试，中之，迁淮南节度推官、越州州学教授。推所以教诸生，孜孜不倦，南方士喟然兴于学。益缮治黉舍，刊印三史，雠校精审，遂为善书，四方士大夫购求之，鬻以养士，迨今蒙利焉。④

慕容彦逢刊印的三史，由于"雠校精审"，所以形成了"四方士大夫购求之"的局面，产生了一定的影响力。

除了朝廷和地方官员刊售书籍以外，两宋时期，民间对书籍的刊印

① （宋）宋真宗：《国学见印经书降付诸路出卖诏》（大中祥符五年九月十五日），《全宋文》卷243，第12册，第151页。按：官方刊印经书加以售卖，在五代时就已经存在，《资治通鉴》卷277《后唐纪六·明宗长兴三年》"二月辛未"条载："初令国子监校定九经，雕印卖之。"胡三省注云："印卖九经始此。"中华书局1956年版，第9065页。

② （宋）吕大防：《雕印伤寒论牒》，《全宋文》卷1573，第72册，第204页。

③ （宋）司马光：《乞印行荀子扬子法言状》，《全宋文》卷1176，第54册，第183页。

④ （宋）蒋瑎：《慕容彦逢墓志铭》，《全宋文》卷2874，第133册，第209—210页。

与售卖也非常活跃，举凡儒家经典、科举用书、史部典籍等，都曾在民间刊印、售卖：

圣人之经仅出于鬻书之肆，刊印射利，乃与传记、小说、巫医、卜祝、下里淫邪之词并寿于麈闬，大抵捐数千钱则巾箱五经可以立办。故士子于经亦亵慢不虔，苟取名第，则委弃籍蹦，粘牖覆瓿，炷灯拭案，不复顾惜。盖得之也易，则用之也轻，而传之也不久，凡以志于利而已矣。①

每三岁取士，考官所要书率科之书肆，文具而已。②

顷年书肆所鬻有五：曰《运统纪》，曰《帝王绍运》，曰《列圣节要》，曰《古今易览》，皆为图焉。虽详略不同，经画小异，要有意于参备，不为苟作。③

“书肆”即书坊，是两宋时期的民间书籍刊印机构。书肆为了谋利，大量刊印书籍，扩大了书籍的流通量，使各类典籍的获得比以前更为容易，“大抵捐数千钱则巾箱五经可以立办”。但也正是着眼于谋利，对所刊印书籍的质量不够重视，造成书籍质量很差，为人所诟病：

以书刻印者未有不利焉者……病夫书肆之刻五经者，字画之不精，脱讹之不更，求善书者写而刻之，使来者皆得以印印之。④

先生父子文体不同，世多混乱无别。书肆久亡善本，前后编节刊行，非繁简失宜，则取舍不当，鱼鲁亥豕，无所是正，观者

① （宋）张守：《秦楚材易书序》，《全宋文》卷3793，第174册，第3页。
② （宋）李石：《跋王金州送赠学钱书》，《全宋文》卷4562，第205册，第347页。
③ （宋）廖刚：《古今通系图后序》，《全宋文》卷2997，第139册，第121页。
④ （宋）杨万里：《跋陈与权印五经善本》，《全宋文》卷5324，第238册，第270页。

病焉。[①]

两宋时期，民间刊印的书籍，不仅质量不高，而且常常会有一些不宜公开的机密内容，这让两宋统治者很是担忧。这种担忧从宋徽宗大观二年（1108）三月十三日所颁布的《严禁擅行印卖文集诏》中可见一斑：

访闻虏中多收蓄本朝见行印卖文集书册之类，其间不无夹带论议边防兵机夷狄之事，深属未便。其雕印书铺昨降指挥，令所属看验，无违碍，然后印行。可检举行下，仍修立不经看验校定文书擅行印卖告捕条禁颁降。[②]

诏书中所提到的“雕印书铺”“擅行印卖”，就是指民间刊印和售卖书籍的情况。宋代文人大多以学问相尚，注重读书，他们中的许多人都拥有一定数量的藏书，而这些藏书大多为购买所得。两宋许多文人在书籍的购买方面，可谓“不遗余力”，此聊举数例，以见其一斑：

潭州衡山县紫盖乡云峰朱昂字举之，年八十三……所得之物取三之一散购奇书，躬自补缀，是正文字。及其退居，有书万卷。[③]

比游京师，有为余言：“吾里有蔡致君，隐居以求志，好古而博雅，闭门读书，不交当世之公卿，类有道者也。”余矍然异之。一日造其门，见其子，从容请交焉。其子为余言：“吾世大梁人，业为儒。吾祖、吾父皆不事科举，不乐仕宦，独喜收古今之书。空四壁，捐千金以购之，常若饥渴然。尽求善工良纸，手校而积藏之。凡五十年，经、史、百家、《离骚》、风雅、儒、墨、道德、阴阳、卜筮、

① （宋）吴炎：《题东莱标注老泉文集》，《全宋文》卷6563，第289册，第1页。

② 《全宋文》卷3568，第164册，第142—143页。

③ （宋）夏竦：《故金紫光禄大夫行尚书工部侍郎致仕上柱国彭城郡开国侯食邑一千三百户食实封四百户赠刑部侍郎朱公行状》，《全宋文》卷355，第17册，第218—221页。

技术之书，莫不兼收而并取，今二万卷矣。”①

> 南充秀才于概仲平，少时卖城北之田二百亩，购书数千卷。今老矣，子孙未免寒饥，而不悔。方即其居起阁，次第以藏焉。②

朱昂将自己收入的三分之一用来买书，蔡氏父祖“独喜收古今之书。空四壁，捐千金以购之，常若饥渴然”，于概“少时卖城北之田二百亩，购书数千卷”，由此可见两宋文人对书籍之热衷。

有些文人甚至还为购买的书籍专门建造藏书楼或藏书阁加以保存，上文提到的于概，就是如此。除此以外，两宋文人建造楼阁藏书的例子还有很多：

> 弟辟既建为重楼，连黉堂于户之隅，以聚古书，以来学徒，功立事就，乃走仆奉书于汉阳，告乞记于其兄某，且曰：“辟尝欲积书劝学，每患坟集之多阙、文字之多谬也。去岁中遂离蜀川，抵京辇，纳橐金于国库，据书府都市所有之书，尽请之以归。自六艺之典，诸子之篇，史臣记录之策，儒生解诂之说，至于或纂旧闻殊号，或集小说名家，文士之述作，才人之章句，今皆波分云屯，溢于私室。且念素编露积多腐蠹之虞，巾箱所设乃蕞陋之事，故敞斯楼，庶宝斯书。”……时天圣四年丙寅岁七月十七日，汉阳公署为记。③

> 南川自豫章右上，其大州曰吉，又其大曰虔……故人许某，家石城，虔属邑也。此年夏，踵予门，道其乡进士温某……图山泉美好处，奠居柏林，因作讲学堂房数十其楹……凡书在国子监者，皆市取，且为楼以藏之。④

---

①（宋）苏过：《夷门蔡氏藏书目叙》，《全宋文》卷3102，第144册，第163—164页。

②（宋）邵博：《于氏藏书阁记》，《全宋文》卷4056，第184册，第407页。

③（宋）孙堪：《孙氏书楼记》，《全宋文》卷476，第22册，第404—406页。

④（宋）李觏：《虔州柏林温氏书楼记》，《全宋文》卷914，第42册，第309—310页。

朱氏有神童焉，名天申，年十有二岁而背诵十经，颠倒问诘，其应如响。元丰七年秋九月，其父琇挈神童赴阙下，上书因自荐。既闻，命神童试于礼部，验数百通，具以实闻……天子嘉之，存问礼意甚优，即命赐五经出身，遂释褐。仍赐钱五万买书，俾令无废所学。遂将命以归，惧无以发扬天子之德惠大赐，乃建阁于私第，置赐钱鬻书于其上。①

市场的需求是推动两宋时期书籍的商业模式传播的重要力量，在通过“售卖—购买”方式进行传播的书籍中，有一部分就是文人的文集。②因此，研究文集的商业模式传播也是全面考察两宋时期文集传播生态的一个重要方面。

第二节　两宋时期文人文集售卖的渊源与表现

一　两宋时期文集售卖的渊源

文人的著述乃至文集的刊刻与售卖，在唐末至五代时期就已经出现。五代诗人徐夤《自咏十韵》有“拙赋偏闻镌印卖，恶诗亲见画图呈”③之句，据李致忠先生研究，徐夤的赋受到“镌印卖”的是《斩蛇剑赋》《御水沟赋》《人生几何赋》这几篇④，可见，五代时期，文人的作品就已经有了商业模式的传播。

孙光宪《北梦琐言》卷七“郑准讥陈咏”条记载了唐末陈咏于蜀中为“求售”而刊印文集之事：

① （宋）倪真孺：《赐书阁记》，《全宋文》卷2709，第125册，第246—247页。

② 例如，唐人芮挺章编选的著名唐诗集《国秀集》就曾在北宋时期以商业模式传播，曾旼《国秀集跋》云：“《国秀集》三卷，唐人诗，总二百二十篇，天宝三载国子生芮挺章撰，楼颖序之……此集《唐书·艺文志》洎本朝《崇文总目》皆阙而不录，殆三馆所无，浚仪刘景文顷岁得之鬻古书者。”（《全宋文》卷2236，第102册，第275页。按：“鬻”原文作“鬵”，误）所谓“得之鬻古书者”，就是指通过商业买卖的方式得到《国秀集》的。

③ （清）彭定求等：《全唐诗》卷711，第21册，中华书局1960年版，第8186页。

④ 参见李致忠《五代版印实录与文献记录》，《文献》2007年第1期。

> 唐前进士陈咏，眉州青神人，有诗名，善奕棋。昭宗劫迁，驻跸陕郊，是岁策名归蜀，韦书记庄以诗贺之……颍川尝以诗道自负，谒荆幕郑准，准亦自负雄笔，谓颍川曰：“今日多故，不暇操染，有三数处回缄，祈为假手。”颍川自旦及暮，起草不就，盖欲以高之。其诗卷首有一对语云：“隔岸水牛浮鼻渡，傍溪沙鸟点头行。”京兆杜光庭先生谓曰：“先辈佳句甚多，何必以此为卷首?”颍川曰：“曾为朝贵见赏，所以刻于首章。”都是假誉求售使然也。①

文中的“颍川”即为陈咏。如果说，徐夤赋的刊印售卖还仅仅是文人单篇作品的商业模式传播，那么，陈咏为“求售”而刊印自己的诗集，则是名副其实的文人作品的“集群式”商业传播，也就是说，文集通过“刊印—售卖”这种商业模式的传播，至迟在唐末或五代之初就已经出现。② 陈咏为了使自己刊印的文集有一个好的销路，采取了将“为朝贵见赏”的诗句“刻于首章”的策略，相当于借名人声望为自己的文集进行推介，可见，陈咏是有着很强的文集传播意识的。

五代时期，青州印卖王师范的判文集《王公判事》，也是文集的商业模式传播的典型例子。南唐刘崇远《金华子杂编》卷下有如是之载：

> 王师范性甚孝友，而执法不渝……至今青州犹印卖王公判事。③

王师范，据李致忠先生考证，“唐末青州（今属山东）人。王敬武子。父卒时年仅十六，嗣为平卢节度使。为人喜儒学，谨孝道，执法无私”④。“王公判事”即王师范的判文集，“封建社会的地方官都要掌管刑

---

① （五代）孙光宪：《北梦琐言》，贾二强点校，《唐宋史料笔记丛刊》本，中华书局 2002 年版，第 158 页。

② 据李致忠先生推证，陈咏“自刻文集，当不晚于五代之初”。参见李致忠《五代版印实录与文献记录》，《文献》2007 年第 1 期。

③ （五代）刘崇远：《金华子杂编》，阳羡生校点，《唐五代笔记小说大观》本，上海古籍出版社 2000 年版，第 1764 页。

④ 李致忠：《五代版印实录与文献记录》，《文献》2007 年第 1 期。

狱，将折狱判牍加以整理，即可成书。这类书常被称为某公判牍或某公判事。王师范的判牍成书后即名《王公判事》"[①]。王师范的判文集在青州的印卖，虽然表达的是民众对其判案水平的推崇，但在客观上是文人的某一特定内涵的文集以商业模式进行传播的典型表现。

二　两宋时期文集售卖的表现

两宋时期，随着印刷术的逐步成熟、社会印刷业的发展和商业的繁荣，文集的商业模式传播比晚唐五代更为活跃。北宋前期，穆修刊刻韩愈、柳宗元文集，并在京师相国寺售卖之事，为治宋代文史者所熟知：

穆修伯长在本朝为初好学古文者，始得韩、柳善本，大喜。自序云："天既餍予以韩，而又饫我以柳，谓天不予飨，过矣。"欲二家文集行于世，乃自锓板鬻于相国寺。性伉直不容物，有士人来，酬价不相当，辄语之曰："但读得成句，便以一部相赠。"或怪之，即正色曰："诚如此，修岂欺人者。"士人知其伯长也，皆引去。[②]

本朝穆修首倡古道，学者稍稍向之……晚年得柳宗元集，募工锓板，印数百帙，携入京相国寺，设肆鬻之。有儒生数辈至其肆，未评价直，先展揭披阅，修就手夺取，瞑目谓曰："汝辈能读一篇，不失句读，吾当以一部赠汝。"其忤物如此，自是经年不售一部。[③]

先生字伯长，名脩，幼嗜书，不事章句，必求道之本原，皆记生徒无意处，熟习评论之……后得柳子厚文，刻货之，售者甚少。逾年，积得百缗。[④]

---

① 李致忠：《五代版印实录与文献记录》，《文献》2007 年第 1 期。

② （宋）朱弁：《曲洧旧闻》卷四"穆修伯长自刻韩柳集鬻于相国寺"条，孔凡礼点校，《唐宋史料笔记丛刊》本，中华书局 2002 年版，第 142 页。

③ （宋）魏泰：《东轩笔录》卷三，李裕民点校，《唐宋史料笔记丛刊》本，中华书局 1983 年版，第 30—31 页。

④ （宋）苏舜钦：《哀穆先生文（并序）》，《全宋文》卷 881，第 41 册，第 136—137 页。

穆修刊印、售卖韩愈和柳宗元文集的目的是“欲二家文集行于世”，可以说是直接采用商业的模式来推进韩、柳文集的传播，其刊刻柳宗元文集，“印数百帙”，在推动柳宗元文集的广泛传播方面，可谓不遗余力。

尽管穆修通过售卖的方式传播韩愈、柳宗元文集的效果不太理想，“售者甚少”“经年不售一部”，但文人文集的这种商业化的传播方式本身，就颇值得关注。

两宋时期，文集通过售卖得以传播的现象广泛存在，杨璠刊印王安石《唐百家诗选》并通过售卖的方式“广其传”，就是其中的一个典型的例子：

> 丞相荆国王公，道德文章天下之师，于诗尤极其工……公自历代而下无不考正，于唐选百家，特录其警篇……合为二十卷，号《唐百家诗选》。得者几希，因命工刻板以广其传，细字轻帙，不过出斗酒金而直挟之于怀袖中，由是人之几上往往皆有此诗矣。[1]

客观而言，穆修刊印、售卖韩、柳文集，杨璠刊印《唐百家诗选》，主要是为了广泛传播文人的文集和作品，而不是为了谋利，因而，这些文集可以廉价出售（“不过出斗酒金而直挟之于怀袖中”），甚至可以免费赠送（“但读得成句，便以一部相赠”）。在这类传播中，对传播效用的追求是主要的，而经济利益则处在次要的地位，甚至可以没有。因此，文集的这类商业模式传播，显得纯粹得多。

同样是商业模式的传播，还有一类是以追求经济利益、以赚钱为目的的文集刊印与售卖传播：

> 因读孟郊诗，言及足下有卢仝诗数十章。开于十年前，在京城书肆中见唐诸公诗一策，内有玉川生诗约四十余章，《与马异结交诗》为首篇。余寻托亡兄辟用百钱市而得之。[2]

---

① （宋）杨璠：《刻王荆公百家诗选序》，《全宋文》卷1045，第48册，第242—243页。

② （宋）柳开：《与韩洎秀才书》，《全宋文》卷124，第6册，第338页。

书肆售卖文集，自然是以赚钱为目的。值得注意的是，以赚钱为目的的文集售卖传播，售卖者为了追求经济利益的最大化，非常注重所刊印的文集的销售量，这在客观上促进了文集的广泛传播。

> 臣伏见朝廷累有指挥禁止雕印文字，非不严切，而近日雕板尤多，盖为不曾条约书铺贩卖之人。臣窃见京城近有雕印文集二十卷，名为《宋文》者，多是当今论议时政之言。其首篇是富弼往年让官表，其间陈北虏事宜甚多，详其语言，不可流布。而雕印之人不知事体，窃恐流布渐广，传入虏中，大于朝廷不便。及更有其余文字，非后学所须，或不足为人师法者，并在编集，有误学徒。臣今欲乞明降指挥下开封府，访求板本焚毁，及止绝书铺，今后如有不经官司详定，妄行雕印文集，并不得货卖。①

欧阳修于至和二年（1055）所上的这道札子，包含了如下信息：

其一，在北宋当时，有商家（即“书铺贩卖之人”）为了谋利，将当时的“论议时政”之文编纂成文集二十卷，名曰《宋文》，进行售卖。同时，也有商家将“非后学所须，或不足为人师法”之文编成文集进行售卖。

其二，当时商家所刊印的这些文集达到了一定的规模，“雕板尤多”，通过售卖的方式形成了一定的传播影响，从而引起了欧阳修的重视。

其三，商家所刊印、售卖的这些文集有可能传到“境外”，“恐流布渐广，传入虏中”，因而，欧阳修请求朝廷加以干预，采取措施，规范文集的商业模式传播。

从欧阳修的这段话可以看出，北宋时期文集的商业模式传播已经形成一定的气候，甚至引起了官方的重视。

其实，早在宋仁宗康定元年（1040），北宋朝廷就已经对民间出版机构的刊印和售卖行为提出过明确的限制要求：

---

①（宋）欧阳修：《论雕印文字札子》（至和二年），《全宋文》卷868，第32册，第226页。

访闻在京无图之辈及书肆之家，多将诸色人所进边机文字镂板鬻卖，流布于外，委开封府密切根捉，许人陈告，勘鞫闻奏。[①]

“诸色人所进边机文字”主要是文人对“边机”情况的汇报、陈述或论议，这些文字汇聚在一起，就是两宋文人关于“边机”情况的一部文集。从朝廷的限制法令可以看出，这类文字的商业模式传播在当时社会的存在。

“边机文字”涉及国家机密，所以北宋朝廷不允许民间私自刊印售卖，和“边机文字”类似，一些重要臣子的奏议、日常记录等，也会涉及国家机密，也是不允许民间私自传播的，但书商们为了谋利，依然会不顾国家禁令，私自印卖。北宋后期，民间售卖王安石《日录》就是一个明显的例子：

窃闻神宗皇帝正史多取故相王安石《日录》以为根柢，而又其中兵谋政术往往具存，然则其书固亦应密。近者卖书籍人乃有《舒王日录》出卖。臣愚窃以为非便，愿赐禁止，无使国之机事传播闾阎，或流入四夷，于体实大。[②]

《日录》就是日常事务的记录，可以看作“日记体”文集，由于王安石《日录》中“兵谋政术往往具存”，具有很强的机密性，“流入四夷，于体实大”，所以和“边机文字”一样，不能随便售卖。

事实上，只要有利益空间的存在，这类民间的出版和商业传播行为是很难被彻底禁止的，而且，利益空间越大的文集，越容易被民间出版机构刊印和售卖，各类与举子应试相关的“程文”“义解”“时务策”等，就是如此：

---

① （宋）宋仁宗：《禁将边机文字镂板鬻卖诏》（康定元年五月二日），《全宋文》卷962，第44册，第437页。

② （宋）赵子昼：《乞禁止民间出售王安石日录奏》，《全宋文》卷3974，第181册，第252页。

诸子百家之学，非无所长，但以不纯先王之道，故禁止之。今之学者程文短晷之下，未容无忤，而鬻书之人，急于锥刀之利，高立标目，镂板夸新，传之四方。往往晚进小生，以为时之所尚，争售编诵，以备文场剽窃之用，不复深究义理之归。忌本尚华，去道逾远，欲乞今后一取圣裁，傥有可传为学者式，愿降旨付国子监并诸路学事司，镂板颁行，余悉断绝禁弃，不得擅自卖买收藏。①

诸路转运司行下所部州军，将见卖举人时务策并印板日下拘收焚毁，令礼部检坐见行条法，申严禁约，延致违戾。②

一定量的“诸子之学”和“时务策”的汇聚刻印，客观上就形成了各具特色的文集。这些文集的售卖和传播，产生了一定的影响，“晚进小生，以为时之所尚，争售编诵，以备文场剽窃之用，不复深究义理之归”，对正常的科举考试产生了冲击，因此，朝廷才会出面对其加以干预。但从另一个方面而言，这是某些特殊文集在一定时期内的商业模式传播，这一点不可否认。

当然，两宋时期以商业模式传播的文集，并不都是急功近利之作，不少文人的文集都曾进入商品流通领域以商业模式进行传播，前文提到的韩愈、柳宗元等人的文集就是如此。如果说，文集的商业模式传播在北宋时期还不够兴盛的话，那么，到了南宋时期，随着民间出版机构（书坊）的大量涌现，文人文集的商业模式传播方式大放异彩，许多文人的文集都进入了商品市场：

祠部叔祖诗文至多，今皆不传。此小集，得之书肆，盖石氏所藏也。③

---

①（宋）苏棫：《乞诸子之学颁行卖买悉取圣裁奏》，《全宋文》卷2942，第136册，第313页。

②（宋）宋孝宗：《拘收焚毁见卖举人时务策并印板诏》，《全宋文》卷5266，第236册，第91页。

③（宋）陆游：《跋祠部集》，《全宋文》卷4940，第223册，第68页。

按国史，野，陕人……庆元戊午，（文集）得之书肆。十月十九日，龟堂病叟手识，时年七十有四矣。[1]

先父长短句一百四十八阕，先是，浔阳书肆开行，讹舛甚多，未及修正。适乡人经由渭宣城搜寻，此未得其半，遂以金受板东下。未几，好事者辐凑访求，鬻书者利其得，又复开成，然比宣城本为善，盖桀亲校雠也。[2]

强至的《祠部集》、魏野的《魏先生草堂集》、周紫芝的《竹坡词》都曾进入南宋的商品流通市场，以商业的方式传播，特别是周紫芝的《竹坡词》，接连受到书坊两次刊印，这对《竹坡词》的广泛传播是有益的。

第三节 两宋时期文人文集的盗版销售

在商业利益的驱使下，两宋时期还出现了对文集进行盗版刊印和售卖的现象，这是文集的非正规商业模式传播。这类传播，虽然是文集的作者不愿看到的，但客观而言，其在扩大文集的传播影响方面，也不是全无益处的。

两宋时期，书籍的盗版刊印和售卖现象颇为突出，许多民间出版机构甚至是地方官员，为了牟取暴利，都纷纷加入盗版刊印和售卖书籍的行列。《宋会要辑稿》之“刑法二之二六”项记载了北宋仁和知县翟昭应盗版刊印、售卖《刑统律疏》一事：

庆历二年正月二十八日，杭州言知仁和县、太子中舍翟昭应将《刑统律疏》正本改为《金科正义》，镂板印卖。诏转运司鞫罪，毁

① （宋）陆游：《跋魏先生草堂集》，《全宋文》卷4937，第223册，第12—13页。
② （宋）周桀：《竹坡词跋》，《全宋文》卷5716，第254册，第303页。

其板。[1]

作为堂堂的一方知县，竟然公开将《刑统律疏》改头换面为《金科正义》，盗版加以刊印和售卖，由此可见盗版活动之猖獗。

在被盗版刊印和售卖的书籍中，有一部分就是文人的文集。相对而言，文人的知名度越高，其文集被盗版刊印的可能性就越大，北宋著名文人尹洙、李觏等人的文集就曾被盗印。且看欧阳修作于皇祐五年（1053）的《与梅圣俞书（二八）》所云：

师鲁文字，俗本妄传，殊不知昨范公已为作序，李厚编次为十卷，甚有条理。厚约春末见过，当与之议定，别谋镂本也。[2]

“师鲁”乃尹洙之字，所谓“俗本妄传”即是指尹洙文集被盗版传播的情况，而“别谋镂本”云云，则表达了想要刊刻尹洙的正版文集之意。

李觏对自己的文集被盗印传播尤为生气，其《皇祐续稿序》云：

觏庆历癸未秋，录所著文曰《退居类稿》十二卷。后三年，复出百余首，不知阿谁盗去。刻印既甚差谬，且题《外集》尤不韪，心常恶之，而未能正。于今又六年，所得复百余首，暇日取之，合二百三十八首，以续所谓《类稿》者。[3]

“不知阿谁盗去”、刻印“甚差谬”，所以，李觏“心常恶之”，表达了对盗版行为的愤慨。

苏轼作为两宋最为著名的文人之一，其文集更是遭到疯狂盗版，甚至出现了当时传播的苏轼诗文“真伪相半”的状况：

---

① （清）徐松：《宋会要辑稿》刑法二之二六，中华书局1957年版，第6508页。
② 《全宋文》卷710，第33册，第326页。
③ 《全宋文》卷896，第42册，第40页。

> 世之蓄轼诗文者多矣，率真伪相半，又多为俗子所改窜，读之使人不平。①

对于这种情况，苏轼虽然愤怒，却也没有办法，只能力图亲自编定一部自己的文集，以尽量消除盗版传播所带来的负面影响：

> 某方病市人逐于利，好刊某拙文，欲毁其板，矧欲更令人刊耶！当俟稍暇，尽取旧诗文，存其不甚恶者，为一集。②

“市人逐于利”，这是苏轼文集被盗版的最主要原因。然而，正是由于文集被盗版，从而从反面刺激和推动了文人对自己文集的主动编纂和传播（李觏、苏轼都是如此），这恐怕也是盗版所带来的一个意想不到的文集传播推动力吧。

相较于北宋而言，南宋由于刊印技术的推广和民间出版机构的大量出现，私自盗版印刷的现象更加普遍，以致不少臣子上书朝廷，要求禁止书籍的擅自刊印：

> 建州郡或军乡镇民间，或以非僻之书妄行开印，乞委州县检察止绝。③

> 乃者监司郡守妄取诡世不经之说，轻费官帑，近因臣僚论列，已正其罪，重加窜责矣。臣愚窃谓全蜀数道，素远朝廷，岂无诡世不经之书，以惑民听？欲申严法禁：非国子监旧行书籍，不得辄擅镂板；如州郡有欲创新刊行文字，即先缴纳副本看详，方行开印。庶几异端可去，邪说不作。④

---

① （宋）苏轼：《答刘沔都曹书》，《全宋文》卷1892，第87册，第348页。
② （宋）苏轼：《答陈传道（二）》，《全宋文》卷1903，第88册，第63页。
③ （宋）曹绂：《乞止绝妄印非僻之书奏》，《全宋文》卷4648，第209册，第377页。
④ （宋）蔡宙：《乞禁擅印诡世不经之书奏》，《全宋文》卷4673，第210册，第401页。

南宋时期，甚至出现了假托名人著述或名人编纂的文集进行刊印的现象，福建刊刻的假托苏轼的《杜诗事实》就是一个显例：

闽中所刻东坡《杜诗事实》者，不知何人假托，皆凿空撰造，无一语有来处。①

郭知达《九家集注杜诗序》中也提到了此事：

杜少陵诗世号诗史，自笺注杂出，是非异同，多所抵牾。至有好事者掇其章句，穿凿附会，设为事实，托名东坡，刊镂以行，欺世售伪，有识之士所为深叹。②

杜诗在两宋颇受欢迎，苏轼又是颇具影响力的社会名人，刊印假托苏轼编纂的《杜诗事实》，无非是想谋得更多的经济利益。

两宋时期，文人文集的刊印和售卖行为，除了少数像穆修刊印、售卖韩愈、柳宗元文集那样纯粹为了广泛传播文集、扩大作者影响以外，大部分是以追求经济利益为主要目标（文集的盗版刊印和售卖就是一个典型），由于要追求经济利益的最大化，所以文集的刊印和售卖者往往就会尽一切力量来提高所刊印文集的销售量，而文集销售量的提升在客观上就造成了文集传播面的扩大和传播影响的增加，这是商业手段对文人文集的传播所带来的最直接影响。商业机制的进入使文集的传播变得不纯粹，却取得了更好的传播效果，这是非常有意思的现象。

---

① （宋）汪应辰：《书少陵诗集正异》，《全宋文》卷4776，第215册，第174页。

② 《全宋文》卷6265，第277册，第29页。

第十一章

两宋时期文人文集的上行与下行传播

两宋时期，文人文集的传播存在“上行”“下行”两个方向。所谓“上行”传播，就是指文集的“进献”；而“下行”传播则以文集的“恩赐”为主。

所谓“进献”，就是臣子或普通士人将文集进献到朝廷或上呈给君主；所谓“恩赐”，就是君主或朝廷出于特定目的，将某一种或某几种文集下赐给臣子或士人，以供观瞻、学习或保存。“进献”与“恩赐”，构成了两宋时期文集“上行”与“下行”这两种传播模式。

第一节　进献：两宋时期文人文集的上行传播

一　两宋时期书籍（包括文集）进献的背景

（一）北宋时期的书籍进献

两宋王朝以文治国，对文人倍加尊重，对图书典籍也格外珍视。宋初，经历了五代战乱，各类图籍散佚严重，“国初承五代之后，简编散落，三馆聚书才万卷”[①]。“我国家承五代之后，简编残阙，散落殆尽。建隆之初，三馆聚书，才仅万卷。”[②] 为了增加国家的图书储备，北宋初期，一方面将被征服诸国的图书收归已有，另一方面广开献书之路。

---

① （宋）李焘：《续资治通鉴长编》卷192，中华书局1985年版，第14册，第4640页。

② （宋）宋仁宗：《求遗书诏》，《全宋文》卷982，第45册，第415页。

及平诸国，尽收其图籍，惟蜀、江南最多，凡得蜀书一万三千卷，江南书二万余卷。又下诏开献书之路，于是天下书复集三馆，篇帙稍备。①

祖宗平定列国，先收图籍；亦尝分遣使人，屡下诏令，购募所至，异本间出，补缉整比，部类渐多。②

鼓励天下臣民进献图书，是两宋王朝增加图书储备的重要途径，宋初几位皇帝，都非常重视图书进献的工作。宋太祖乾德四年（966）：

诏求亡书。凡吏民有以书籍来献者，令史馆视其篇目，馆中所无则收之。献书人送学士院试问吏理，堪任职官，具以名闻。③

宋太宗雍熙元年（984）：

上谓侍臣曰："夫教化之本，治乱之源，苟无书籍，何以取法？今三馆所贮，遗逸尚多。"乃诏三馆以《开元四库书目》阅馆中所阙者，具列其名，募中外有以书来上及三百卷，当议甄录酬奖，馀第卷帙之数，等级优赐，不愿送官者，借其本写毕还之。自是，四方之书往往间出矣。④

宋真宗咸平四年（1001）：

上因阅书目，见其阙者尚多，仍诏天下购馆阁逸书，每卷给千钱，及三百卷者，当量材录用。⑤

---

① （宋）李焘：《续资治通鉴长编》卷19，中华书局1979年版，第3册，第422页。
② （宋）宋仁宗：《求遗书诏》，《全宋文》卷982，第45册，第415—416页。
③ （宋）李焘：《续资治通鉴长编》卷7，中华书局1979年版，第2册，第178页。
④ （宋）李焘：《续资治通鉴长编》卷25，中华书局1979年版，第3册，第571页。
⑤ （宋）李焘：《续资治通鉴长编》卷49，中华书局1979年版，第4册，第1080页。

宋太祖、宋太宗明确提出“吏民有以书籍来献”“募中外有以书来上”，宋真宗虽“诏天下购馆阁逸书”，用一“购”字，其实表达的是对献书者的物质奖励，其实质亦是要求天下臣民献书。① 关于这一点，宋真宗于咸平四年（1001）十月二十七日发布的《访遗书诏》亦可以作为证明：

> 国家设广内、石渠之宇，访羽陵、汲冢之书。法汉氏之前规，购求虽至；验开元之旧目，亡逸尚多。庶坠简以毕臻，更出金而示赏，式广献书之路，且开与进之门。应中外士庶有收得三馆所少书籍，每纳到一卷，给千钱。仰判馆看详，委是所少之书及卷帙，别无违碍，收纳其所进书。如及三百卷已上，量材试问，与出身酬奖。或不亲儒墨，即与安排。宜令史馆抄出所少书籍名目于待漏院张挂，及遣牒诸路转运司，严行告示。②

经过宋初几代皇帝的努力，至庆历年间《崇文总目》编成的时候，北宋的国家藏书已经达到“三万六百六十九卷”③，即便如此，仍然未达到理想状态，因此，北宋王朝的书籍进献要求仍在继续，宋仁宗于嘉祐五年（1060）八月颁布《求遗书诏》，“宜开购赏之科，以广献书之路”就是一个明证：

> 朕闻自昔致理之君，右文之世，曷尝不以经籍为意也……以今秘府之所藏，比唐开元旧录，年祀未远，遗逸何多。宜开购赏之科，以广献书之路。应中外士庶之家，有收馆阁所阙书籍，许诣官送纳，如及五百卷，当议与文武资内安排；不及五百卷，每卷支绢一匹。④

---

① 其实，太祖、太宗两朝“献书有奖”的做法，亦可以用“购”形容之，蔡襄《进黼扆箴状》就有“窃闻太宗皇帝兵戎初定，乃作三馆，购藏天下之书”之语。《全宋文》卷1007，第46册，第429页。

② 《全宋文》卷218，第11册，第34页。

③ （宋）何志同：《乞访求遗书奏》，《全宋文》卷2879，第133册，第293页。

④ 《全宋文》卷982，第45册，第415—416页。

一直到北宋后期，朝廷“访求遗书”“号召书籍进献”的努力仍在持续，这种努力从何志同于大观四年（1110）五月所上的《乞访求遗书奏》中可以明显感受到：

> 《汉书》七略凡为书三万三千九十卷，隋所藏至三十七万卷，唐开元间亦不下八万九千六百卷。庆历间，尝命儒臣集四库为籍，名之曰《崇文总目》，凡三万六百六十九卷。庆历距今未远也，试按籍而求之，十才六七，号为全备者不过二万余卷。而脱简断编、亡散阙逸之数寖多。谓宜及今有所搜采，视庆历旧录有未备者，颁其名数于天下，委逐路漕臣选文学博雅之士加意求访。《总目》之外，别有异书，并许借传或官给笔札，即其家传之，就加校定，上之策府。此外更有诸处印本及学者自著之书，臣僚私家文集，愿得藏之秘府者，皆许本省移文所属，印造取索。①

与前朝相比，北宋的藏书量相去甚远，这与北宋王朝“崇文”的“身份”不匹配，这大概是北宋历代君王着力增加国家图书拥有量的重要原因吧。另外，对图书收藏的持续关注，又恰恰体现了北宋王朝对“崇文”国策的坚持。

从北宋初期至北宋末期，北宋朝廷对图书进献的要求，一直持续着，正如郑樵《献皇帝书》所言：

> 臣伏睹秘书省岁岁求书之勤，臣虽身在草莱，亦欲及兹时效尺寸。顾臣究心于此，殆有年矣。今天下图书，若有若无，在朝在野，臣虽不一一见之，而皆知其名数之所在，独恨无力抄致，徒纪记之耳。谨搜尽东南遗书，搜尽古今图谱，又尽上代之鼎彝，与四海之铭碣。遗编缺简，各有彝伦；大篆梵书，亦为厘正。②

---

① 《全宋文》卷2879，第133册，第293页。

② 《全宋文》卷4373，第198册，第33页。

从“秘书省岁岁求书之勤”一句中，可以看出北宋朝廷对图书的渴求，亦可看出“图书进献”这一策略在北宋社会的持续，正是由于朝廷对图书进献的重视，所以郑樵“搜尽东南遗书，搜尽古今图谱，又尽上代之鼎彝，与四海之铭碣”，准备整理、编纂后上献。

北宋末期，翁彦深上书要求“访求国初至今诸儒论纂可传永久者，并以来上”，得到皇帝的认可，此亦可视作北宋朝廷对“图书进献”政策的一以贯之：

> 讳彦深，字养源，世居建州崇安县之白水……徙为秘书监。公建言：“唐人文章悉藏御府，而本朝不然，宜访求国初至今诸儒论纂可传永久者，并以来上。”从之。宣和元年冬，盗起睦州……①

此为翁彦深墓志之载，虽未言明翁氏上书建言具体在何时，然据墓志依时纪事之惯例与后文“宣和元年冬，盗起睦州”之言合而推之，则翁彦深是次建言必稍前于宣和元年（1119），当属北宋末期无疑。

（二）南宋时期的书籍进献

北宋竭力完善的国家藏书，到了南宋初期，由于战乱和南渡，遭受到了严重的损失：

> 自靖康之乱，中秘图书之府与夫私家所藏、鬻书之肆，焚灭为灰烬无遗者，学者访异书，问奇字，属古文，漫然无所考按，始有墙面之叹。②

不仅如此，就连皇帝的亲笔御书，也流落在外：

> 绍兴六年冬十有一月甲申，左正议大夫、提举临安府洞霄宫臣

---

① （宋）胡寅：《右朝奉大夫集英殿修撰翁公神道碑》，《全宋文》卷4191，第190册，第221—223页。

② （宋）孙觌：《切韵类例序》，《全宋文》卷3476，第160册，第312页。

> 汪某，谒右朝奉大夫、前权发遣漳州军州事臣宇文师瑗，有书一卷，且曰得之于行朝鬻书者。出以相示，白玉轴，黄罗表焉，饰以泥金游龙，标题曰“徽宗皇帝御书草圣诗什”。臣某视之，太上道君皇帝之宸翰也。惊竦儵忽，若无所见。徐疏精神，披卷恭览，熙陵亲札，古诗凡五十有二章。章或五言，或七言，几千字。乾文羲画，倬然飞动，若龙翔凤翥。诗之大概，如曰“似彼造化力，由兹方寸中”，有以见其以大宗师出而应帝王业也；如曰“巷有千家月，人无万里心”，有以见当时戢戈偃武之意也……嗟乎！运遭阳九，山河大地，玉石俱焚，皇居帝室之书散逸人间，或混瓦砾，或污腥膻。渊圣皇帝于是失其传，而斯文不知其几流散，转落于鬻书者之手。天其意者，未丧斯文，稍转而归诸公卿大夫之家。师瑗邂逅有之，以须搜访。[①]

“古诗凡五十有二章。章或五言，或七言，几千字”，俨然是一部御制诗集，这么重要的材料，本应该重点保存，却流落到“鬻书者之手”，南宋前期国家图书的散落情况，于此可见一斑。因此，宋高宗也发出了“御前图籍以累经迁徙，散亡殆尽”[②] 的感叹。

为了弥补缺失，增加图书收藏量，南宋朝廷发出了比北宋更加急迫的图书上献和访书要求，仅高宗绍兴十六年（1146）的七月、八月这两个月中，朝廷就接连下发了《献书赏格诏》（绍兴十六年七月二十五日壬辰）、《搜访四川书籍诏》（绍兴十六年八月四日）和《申严访求书籍令诏》（绍兴十六年八月二十九日）三道诏令：

> 应有官人献秘阁阙书善本及二千卷，与转官，士人免解，余比类增减推赏，愿给直者听。诸路监司守臣访求晋、唐真迹及善本书籍准此。[③]

---

① （宋）汪伯彦：《跋徽宗皇帝御书草圣诗》，《全宋文》卷 2970，第 138 册，第 37—38 页。

② （宋）宋高宗：《尽数收买贺铸家所藏图籍诏》，《全宋文》卷 4466，第 202 册，第 98 页。

③ （宋）宋高宗：《献书赏格诏》，《全宋文》卷 4520，第 204 册，第 108 页。

闻四川藏书甚多，宜委逐路帅臣恪意搜访，仍令提举秘书省每月检举催促。[①]

昨降指挥求访书籍，至今投献尚少，盖监司郡守视为不急，奉行灭裂，可检举申严行下。[②]

由“昨降指挥求访书籍，至今投献尚少”之言可知，南宋初期书籍进献的状况并不理想。[③]

事实上，早在此之前，南宋君臣就已经为增加国家图书的拥有量做过不少积极的努力。绍兴二年（1132）二月，宋高宗就曾颁发《尽数收买贺铸家所藏图籍诏》，要求守臣尽数购买曾为北宋文人贺铸所藏的图书，进献朝廷：

御前图籍以累经迁徙，散亡殆尽，访闻平江府贺铸家所藏，见行货之于道涂，可委守臣尽数收买，秘书省送纳。[④]

同年十一月，洪炎向朝廷递呈《乞令逐州献纳藏书奏》，要求“逐州献纳藏书”：

福州故相余深、泉州故相赵挺之，家藏《国史》、《实录》善本，严州前执政薛昂收书亦广，太平州芜湖县僧寺寄收蔡京书籍。望下逐州，谕令来上，优加恩赉。内有蔡京寄书，乞令本路转运司差官

① （宋）宋高宗：《搜访四川书籍诏》，《全宋文》卷4521，第204册，第109页。

② （宋）宋高宗：《申严访求书籍令诏》，《全宋文》卷4521，第204册，第110页。

③ 南宋初期的书籍进献状况不理想，并不代表没有图书进献的情况，绍兴六年（1136），胡安国就曾向南宋朝廷进献三十卷《春秋传》，且看其《进春秋传表》所言：“臣安国言：臣昨奉圣旨，纂修所著《春秋传》，候书成进入。续奉圣旨，令疾速投进。今已成书，谨缮写奏御……而臣以荒芜末学，荣奉诏音，辄不自揆，罄竭所闻，修成《春秋传》三十卷，十万余言，上之御府……绍兴六年十二月日，左朝散郎、充徽猷阁待制、提举江州太平观、赐紫金鱼袋臣胡安国上表。”（《全宋文》卷3148，第146册，第143—145页）

④ 《全宋文》卷4466，第202册，第98页。

前去根取。[①]

绍兴三年（1133）四月，刘岑又上《乞诏四方购求遗书奏》：

> 切惟祖宗创业之初，开三馆以储未见之书。艰难以来，兵火百变，文书之厄莫甚今日。虽三馆之制具在，而向来之书尽亡。乞诏四方求遗书，以实三馆。果得异书，且应时用，则酬以厚赏。[②]

这些都说明了南宋王朝建立不久，南宋君臣就已经关注到国家图书收藏的问题，并已经积极付诸行动了。这种行动在南宋前期一直持续着：

> 恭睹陛下比岁以来，屡下求书之令，然州县施行未称上旨。盖州县以谓文籍之事固非刑政所急，秘书之缴初无赏罚之权，是以得而慢之。臣以谓宜以求书之政令命以专行，施于四方，皆知有重臣一意总核，则一卷之书必有受其功者，搜裒以献，当不敢后。[③]

这是王曮于绍兴十五年（1145）向朝廷上呈的《乞专行求书之政令奏》，从“比岁以来，屡下求书之令”之言，足见南宋朝廷对书籍的渴求，由“州县施行未称上旨”可知，求书结果并不理想。王曮分析了具体原因，认为是“州县以谓文籍之事固非刑政所急，秘书之缴初无赏罚之权”，州县对此事不重视，负责图书收集的部门又没有赏罚之权，没有约束机制。所以，他认为，要办成此事，必须“以求书之政令命以专行，施于四方”，要专行政令，达于四方，换言之，要“专事专办”，要“有重臣一意总核”，要“一卷之书必有受其功”。

相比于王曮的主张，秦熺同年十一月提出的建议更具有可操作性：

---

① 《全宋文》卷2879，第133册，第288页。

② 《全宋文》卷3884，第177册，第310页。按：据《宋会要辑稿》“崇儒”四之二二所载，刘岑此《奏》上于绍兴三年（1133）四月。（中华书局1957年版，第2241页）

③ 《全宋文》卷4659，第410册，第143页。

奉诏下诸路搜访遗书及先贤墨迹图画。如愿径赴秘阁投献者，并许从本所保明，依故事推赏。不愿投献者，令所在州军借本，专委见任官一员，依本下所定下册样字体传写，候岁终，据已传录申发到，取卷秩最多，缮写如法及最灭裂处取旨赏罚。及臣僚藏书之家，仍乞从本所说谕置历，逐旋关借，令所在州军差人如法送秘书省，候抄录毕给还。如遇投献到书籍，先下秘书省看详，如实系阙书并卷秩全备者，方许计数推赏。今错置欲行下逐路专委转运司，逐州军专委知通，广行搜访，仍每季具见行抄录名件申所。[①]

秦熺提出，对于主动愿意进献书籍的，给予奖赏；对于不愿意把书籍进献给朝廷的，可以先把书籍借过来，由官方负责抄写副本，待抄写完毕，再将原本返还，这就解决了那些想要进献书籍却又担心将书籍进献以后自己不能阅读之人的后顾之忧。而且，秦熺提出，并不是所有进献之书，朝廷都要收纳，而是“先下秘书省看详，如实系阙书并卷秩全备者，方许计数推赏”，相比于王𣆀，更加理性。

从王𣆀的《乞专行求书之政令奏》来看，南宋前期的书籍进献情况，颇不理想，所以，高宗在绍兴十六年（1146）连下《献书赏格诏》《搜访四川书籍诏》《申严访求书籍令诏》三道诏令，承诺给予“应有官人献秘阁阙书善本及二千卷，与转官，士人免解，余比类增减推赏，愿给直者听”的奖赏，同时，要求“逐路帅臣恪意搜访，仍令提举秘书省每月检举催促”，对于“监司郡守视为不急，奉行灭裂”的，可以“检举申严行下”，有赏有罚，双管齐下，可见南宋朝廷对于书籍访求和进献一事，是非常重视的。

应该说，在南宋朝廷的不断要求和督促下，南宋的书籍进献取得了一定的效果，陆续有文人将各类书籍进献到朝廷，绍兴二十五年（1155），苏藻进献文集、书画，就是一个典型的例子：

眉州进士苏藻，献《苏元老文集》二十五册、柳公权等书画三

① （宋）秦熺：《搜访遗书事奏》，《全宋文》卷4298，第195册，第18—19页。

轴……望赐推恩。①

二　书籍进献对文人文集传播的推动

在两宋臣民所进献的书籍中，除了传统的经、史等典籍以外，还有一定量的文集，前文提到的苏藻进献的《苏元老文集》就是一部典型的文人文集。这些原本藏于文人家中的文集，正是通过献书的途径，实现了传播。

宋初名臣徐铉的文集，就是在其卒后，由胡克顺刊刻并进献至朝廷的。胡克顺天禧元年（1017）十一月所上的《进徐骑省文集表》云：

> 窃见故散骑常侍徐铉，杰出江表，夙负重名……淳化之岁，被病考终……而翰墨罕存，难访茂陵之札。每思编缉，尤惧舛。数年前，故参知政事陈彭年因臣屡言，成臣夙志，假以全本，并兹冠篇。乃募工人，肇形镂板……其新印《徐铉文集》两部，计六十卷，共一十二册，谨随表上进。②

文集进献不久，宋真宗就专门作了批答，对胡克顺的进献行为进行了褒扬。其《胡克顺进徐骑省文集表批答》云：

> 敕胡克顺：省所上表，进新印徐铉文集两部，计六十卷共一十二册事，具悉……汝克慕前修，尽编遗札，俾之摹印，庶广流传。睹奏御之爰来，谅恪勤之斯至。览观之际，嘉叹良深，故兹奖谕，想宜知悉。③

由于北宋时期，文集的刊刻还不是非常普遍，所以，像胡克顺这样以徐铉文集刊本上献的情况尚不多见，进献到朝廷的文集往往是抄本的

---

① （宋）秦熺：《苏藻王偃献书画乞推恩奏》，《全宋文》卷4298，第195册，第22页。

② 《全宋文》卷190，第9册，第292—293页。

③ 《全宋文》卷255，第12册，第423页。按：据《全宋文》所载，是文作于天禧元年（1017）十一月五日，胡克顺进献徐铉文集亦在本月，知文集进献不久，即有此《批答》。

形式。孙慉进献的其父亲孙永的文集，就是如此：

> 伏观国朝著令，某品官许进家集。重念先君子康简公逮事四朝，周旋五纪，惟忠惟清，惟诚惟敏……平生云为，备在遗稿。某不能效迁、固父子嗣成一代之文，不欲藏之名山，以俟后世，编类缮写为若干卷，名之曰某集，献之阙下。[①]

更有甚者，有些文人的文集，由于各种原因，来不及誊写，直接以"稿本"的形式上献，犹如张咏所言："敢编旧草，上贡明庭。"[②] 王禹偁所进献的罗处约《东观集》就很可能是一个稿本，王禹偁《东观集序》云：

> 君讳处约，字思纯，其先京兆万年人……不幸以淳化元年十一月卧疾终于家，年三十三，亦贾谊、李贺之俦也。友人翰林学士、尚书祠部郎中、知制诰苏易简，左司谏、知制诰王某以布素之分，哭之恸，收其遗文，洒泪编次，勒成十卷。以其终于史职，目为《东观集》。总歌诗、赋、颂、私试五题、杂文、碑记、书启、序引、表状、祭文凡数百章，十万余言。其间有《东皋子楚义帝碑》、《录希夷子言》、《书野叟壁》数篇，极乎天人之际者也。味其文，知其志矣……故并序其官氏，拜章进御，乞付三馆，亦所以备史笔之阙文也。[③]

罗处约的文集由苏易简、王禹偁两人"收其遗文"编次而成，《序》中既不言"缮写"，也未提及"刊印"，考虑他们编定以后即"拜章进御"，则进献的很可能是罗处约《东观集》的稿本，至少不是刊本。

之所以对进献文集的形式（刊本或稿本）加以关注，是因为以不同

---

① （宋）李廌：《代阳翟令右宣义郎孙慉作进其父资政尚书康简公永文集上宰相执政书》，《全宋文》卷2850，第132册，第122—123页。

② （宋）张咏：《谢进文字赐诏奖谕状》，《全宋文》卷110，第6册，第102页。

③ 《全宋文》卷154，第8册，第17—18页。

形式进献的文集，对其以后的传播影响是很大的，以刊本方式进献的文集，由于复本的大量存在，文集在进献以后，并不影响其再以另外的多种方式进行传播，而以稿本方式进献的文集，由于文本的单一性，进献以后就不能再以其他方式进行传播了，因而，稿本的进献反而限制了文本的进一步传播。但文集进献到朝廷以后，由专门的国家机构进行收藏，保存条件要优于私家收藏，因而，对文集的久存和传承是有利的，王禹偁《冯氏家集前序》有如是之语："太祖平吴之岁，金陵罹于兵火，士流书史盖煨烬矣，隶公府者，仅有存焉。"① 从中可以看出国家机构（"公府"）的收藏对于图书保存和传承的重要性。因此，文集的进献对于文集自身的保存和传承而言，是有利的。换言之，文集的进献对于文集的"传"（传承）而言，无疑是有利的，但对于文集的"播"（散播）而言，则未必有利。

三　两宋时期文集的进献要求与传播效应

在两宋时期，并不是所有进献的文集都会得到国家的收藏，对于士人和民间进献的文集，朝廷会派专人加以甄别和遴选，宋仁宗嘉祐六年（1061）就下过甄别天下民众所献书籍的诏令：

> 两制看详天下所献遗书，择其可取者付编校官覆校，写充定本，编校官常以一员专管勾定本。②

南宋秦熺《搜访遗书事奏》中"如遇投献到书籍，先下秘书省看详，如实系阙书并卷秩全备者，方许计数推赏"③ 的建议，也是对进献的书籍加以遴选和甄别的意思。而对文集进行甄别和遴选的结果，往往会对某一进献的文集的具体传播，起到重要的影响作用。后蜀花蕊夫人的诗集在两宋的传播，就是一个很好的例子：

---

① 《全宋文》卷154，第8册，第23页。
② （宋）宋仁宗：《令两制看详天下所献遗书诏》，《全宋文》卷983，第45册，第439页。
③ 《全宋文》卷4298，第195册，第19页。

苏轼《花蕊夫人宫词跋》云：

> 熙宁五年，奉诏定秦楚蜀三家所献书可入馆者，令令史李希颜料理之。中有蜀花蕊夫人《宫词》，独斥去不取。予观其词甚奇，与王建无异。嗟乎，夫人当去古之时而能振大雅之余韵，没其传不可也。因录其尤者刻诸□，识者览之。[1]

花蕊夫人的《宫词》未能被遴选入国家图书收藏之列，苏轼认为其“能振大雅之余韵”而不能“没其传”，因此，对其中的“尤者”（佳篇）进行刻录[2]，借以推动花蕊夫人《宫词》的传播。

事实上，花蕊夫人的《宫词》最后经由王安国之手，不仅进入了国家图书收藏机构（三馆），而且还得到了广泛传播。王安国《花蕊夫人诗序》云：

> 熙宁五年，臣安国奉诏定蜀民所献书可入三馆者，得花蕊夫人诗，乃出于花蕊手，而词甚奇，与王建宫词无异。建自唐至今，诵者不绝口，而此独遗弃不见收，甚为可惜也。臣谨缮写入三馆而归，口诵数篇于丞相安石。明日，与中书语及之，而王珪、冯京愿传其本，因盛行于时。[3]

王安国觉得三馆不收录花蕊夫人的诗集，“甚为可惜”，因此就缮写以入，并且将花蕊夫人之诗在丞相王安石面前“口诵”，又“与中书语及之”，对花蕊夫人诗集的传播可谓不遗余力，最后得到王珪、冯京的支持，“愿传其本”，终于使花蕊夫人的《宫词》“盛行于时”。

应该说，花蕊夫人的诗集能遇到苏轼和王安国是非常幸运的，试想，如果没有苏轼和王安国的推崇并以各种方式进行传播，诗集在“斥去不

---

① 《全宋文》卷1942，第89册，第435页。

② 据《全宋文》所载是文后的校勘，云“‘□’似为‘石’字”，若果然，则苏轼乃将花蕊夫人《宫词》之佳篇刻石加以传播。

③ 《全宋文》卷1586，第73册，第44页。

取”“遗弃不见收”以后，很可能就销声匿迹、终止传播，至少不会出现“盛行于时”的局面。由此可知，进献的文集在接受遴选过程中的不同待遇，会直接影响到文集的传播状况。

有时候，进献的文集经由朝廷收藏一段时间以后，会下赐给臣子，在这种情况下，进献的文集就获得了“传”和“播”两方面的效应。再以王禹偁作于淳化三年（992）正月的《冯氏家集前序》所载为例：

> 《冯氏家集》者，故江南常州观察使始平冯公之诗也。公讳谧，字某，其先彭城人也……太祖平吴之岁，金陵罹于兵火，士流书史盖煨烬矣，隶公府者，仅有存焉。初，公尝以所业文集献于本国，至是亦入贡矣。俄而公之诸子归于朝廷，首台犹为翰林承旨，见公之子弟，怃然有故人之念，且征其家集焉。对以兵戈之中，丧失殆尽。相国叹息久之，且曰：“上尝以江表图籍赐于近臣，某获先君子诗一编，凡百余章，常耽味之。混同已来，俟得全集，今尽亡矣，子孙何观焉?”遂出而付之，因得传写于昆仲间。公之季子、太子中允伉，字仲咸，某之同年生也。某去岁自西掖左官来商于，仲咸方佐是郡。居一日，携《家集》相示，且具道其始末焉……公之诗幸可得而传矣，公之志从可得而知矣。匪独藏于家，亦将行于世。①

冯谧的诗集由于进献到了朝廷，故而在“金陵罹于兵火，士流书史盖煨烬”的情况下幸运地得以保存，并顺利传承下来，又在“兵戈之中，（家集）丧失殆尽”的情况下，由于朝廷的恩赐，顺利传承到冯谧诸子手中。诗集通过冯谧诸子“昆仲间”的“传写”，实现了散播。冯谧季子冯伉又通过请王禹偁为诗集作序，获得“名流印可”的方式，实现了诗集“匪独藏于家，亦将行于世”的目的，推动了冯谧诗集的进一步广泛传播。这是文集通过进献实现“传”和推动“播”的生动例子，对于考察宋代文集进献与文集传播的关系，有重要的参考价值。当然，两宋时期

---

① 《全宋文》卷154，第8册，第23—24页。

文集进献推动文集传播的例子并不仅止于此。

四 两宋时期文集进献的不同类型

一般而言，文集进献是指文人主动将自己或他人的文集进献到朝廷，当然，也包括子孙后辈将先人的文集献上①，这种进献，无论出于什么动机，都是投献者主动上呈的，因而，我们可以把这种文集进献方式称为“主动进献”。在两宋时期进献的文集中，还有一类是应皇帝或朝廷的直接要求或特别索求而进献的，相对于文人的“主动进献”而言，这一类文集进献方式可以称为“被动进献”。虽然文集的“主动进献”也是为响应国家和政府的号召而进献的，但从传播学角度而言，“主动进献”和“被动进献”还是存在很大区别的。

其一，传播行为的发出者（施动者）不一样。“主动进献”的行为发出者是文人自己或他人（包括友人、后辈等），是文集的一种自下而上的传播；而“被动进献”的行为发出者是皇帝或朝廷，是文集经历自上而下的直接索取以后的一种自下而上的传播，传播行为发生的路径也不完全相同。

其二，推动文集传播的目的也不完全相同。“主动进献”大多是为了获得直接的物质或仕途利益而推动文集完成自下而上的传播，当然，这种文集的传播在客观上也增加了国家对图书的储备；而“被动进献”则是为了增加国家的图书储备、保存具有重要价值的资料而实行的自上而下的对文集的索取，当然，这种索取在客观上也给被索取者（文集的进献者）带来了一定的物质和精神方面的利益。

在两宋时期，为了积极推进“以文治国”的政策，增加国家的图籍储备，文集的这种“被动进献”非常兴盛，此处聊举三例，以见其一斑：

宋祁《张文懿公士逊旧德之碑》云：

---

① 北宋名臣田况的文集，就是由其子田旦在母亲的要求下，编定后进献到朝廷的。范祖禹《永嘉郡夫人富氏墓志铭》载：“太子太保田宣简公讳况之夫人富氏，河南人……元丰中，绍修国史，夫人命其子旦以宣简公奏议、行事、功状上史官；又命旦编次公文章为三十卷上之，请藏秘阁。”《全宋文》卷2150，第98册，第325—326页。

公字顺之，淳化中与乡进士试禁中，占对鸿彻。太宗异之……公于书史，多所泛览。为辞章，深纯典正。尤嗜诗，所得皆自然经奇，无所雕剜……生平编次成十集。既诏索遗稿，家丞录五集以献，遂秘禁中。①

苏颂《翰林侍讲学士正奉大夫尚书兵部侍郎兼秘书监上柱国江陵郡开国侯食邑一千三百户食实封二百户赠太子太师谥文庄杨公神道碑铭（并序）》云：

公讳徽之，字仲猷，胄出华阴著姓……太平兴国中，再转右补阙，代还，陛见日，太宗顾左右曰：‘朕在藩邸，即闻其能诗。’因尽索公之所著。奏御凡数百篇，仍别献谢章……他日又献《雍熙词》十篇，上皆称善，用其韵以和答焉。自是，圣藻宸章，多得别本之赐……所为文章，高雅纯重……有集二十卷，没后，上令夏侯峤取以留中。②

苏颂《太子少保元章简公神道碑》云：

公讳绛，字厚之。杭州钱塘人……后三年，薨于家寝……即日驰内侍问诸孤，法赙外特赐百金，戒其家集平生所为文章来上，凡四十卷，藏于秘阁。③

所谓“诏索遗稿，家丞录五集以献”“令夏侯峤取以留中”“戒其家集平生所为文章来上”云云，皆是在朝廷的主动索求之下，文集以“被

① 《全宋文》卷526，第25册，第102—103册。

② 《全宋文》卷1341，第62册，第15—18页。

③ 《全宋文》卷1342，第62册，第27—30页。按：王安礼《资政殿学士太子少保致仕赠太子少师谥章简元公（绛）墓志铭》亦有“馈金百镒，诏其家集平生文章上之”之语（《全宋文》卷1806，第83册，第154页），可知元绛文集乃于其卒后由家人进献至朝廷，“集平生文章”云云，则文集在进献之前还经历了元绛家人的编纂过程。

动进献”的方式实现了传播。[①]

为了最大限度地收纳本朝臣僚的文集，宋祁甚至提出让太祖、太宗、真宗、仁宗四朝“以文学显名”的臣僚的文集都进献到朝廷，并缮写复本，多处保存的建议。其《代人乞存殁臣僚纳家集状》云：

> 臣尝览秘书目录，伏睹自唐末至五代，其间有以文章取名当世者，咸存属缀，列在缇缃，载册府以相辉，贲牙签而有第。我国家承百王之末，披三代之英，师儒挺生，名臣辈出。或高文大册，为廊庙之珍；或隐居放言，乐山林之志。从臣抒叹，太史陈诗。炳然斯文，高映前代。然四部之内，编集无闻；一王之言，规矱安寄？使弥文不表，则至休弗昭。后之视今，阙孰为大？臣今欲乞降圣旨下中书，取四朝以来存殁臣僚及隐逸之士以文学显名者，各许其人及子孙献纳所著家集，乃降下两制详定。若其深厚温润，可以垂著不朽者，具姓名闻奏，官为给纸墨，差人缮写三本，付龙图、天章阁、太清楼、秘阁收藏。足使增观本朝，垂荣来籍，开元之目大备，有司之副可求。[②]

一直到北宋末期，还有人提出类似的建议，翁彦深于宣和三年（1121）九月上书朝廷的《乞秘书省收藏本朝名臣文集奏》就是如此：

> 契勘三馆、秘阁、集贤库唐人文集至多。本朝名臣，大抵以文章显，罕得与秘府之藏，盖由自来不曾取索。欲乞下诸路转运司取索建隆以来名臣文集，委所属州府军监缮写，起发赴秘书省，收入

① 北宋时期，像这类“被动进献”文集的现象还有不少，文人刘康夫应朝廷要求而“进志、述二十七篇”就是一个典型的例子。郑侠《刘公南墓表》云：“公讳康夫，字公南……熙宁中，五路先置学官，广东之人，乞依上例，请以公主番禺学。朝廷下其事，索公所为文。公进志、述二十七篇。”（《全宋文》卷2178，第100册，第37—38页）按：二十七篇志、述汇聚在一起，其实就是一部文集。

② 《全宋文》卷500，第24册，第29页。

账籍，以垂不朽。[①]

"缮写三本，付龙图、天章阁、太清楼、秘阁收藏""委所属州府军监缮写，起发赴秘书省，收入账籍"，这就使原本只有一个文本的文集拥有了多个复本，有利于文集的传承和散播，"缮写"的过程本身就是文集传播的过程。这种对文集的大规模索取（或曰文集的大规模"被动进献"）的方式，在两宋时期文人文集的进献传播中，是颇值得注意的。

宋祁和翁彦深的建议是否为朝廷所采纳不得而知，但两宋王朝曾颁布法令，要求一定品阶的官员进献家集，却是实有其事。北宋后期，李廌作《代阳翟令右宣义郎孙愭作进其父资政尚书康简公永文集上宰相执政书》云：

伏观国朝著令，某品官许进家集。重念先君子康简公逮事四朝，周旋五纪，惟忠惟清，惟诚惟敏……平生云为，备在遗稿。某不能效迁、固父子嗣成一代之文，不欲藏之名山，以俟后世，编类缮写为若干卷，名之曰某集，献之阙下。某之志获伸，是乃先君子之志也，为子之职，仅能无旷；以先君子之忠而献之，是亦某之忠也，为臣之愿，斯亦无愧……阁下垂念之，俾先君子之文上通天陛，备承明清燕之览，颁之秘书，藏于四库，万世之下，犹有曜焉。先君子虽赍志九原，其亦无恨矣。[②]

所谓"国朝著令"，则说明两宋王朝曾颁布臣僚进献家集的法令。孙愭对于其父的文集，"不欲藏之名山，以俟后世"，将其"献之阙下"的目的是"颁之秘书，藏于四库，万世之下，犹有曜焉"，则希望文集得以传播之意非常明显。

北宋后期，王仲修进献其父北宋名臣王珪的文集，南宋后期，岳珂进献其祖父名将岳飞的文集，则进一步说明了家集进献之风在两宋社会的广泛存在：

---

① 《全宋文》卷3346，第156册，第13页。
② 《全宋文》卷2850，第132册，第122—123页。

> 臣仲修等言：窃以在冶之金，以自跃而为耻；韫椟之玉，必待价而乃珍。念父书之久藏，当圣世而难隐……方陛下丕扬先烈，追念旧劳……悉裒平日之遗文，益怆他年之荣遇。启金縢之策，不及于生前；上茂陵之书，徒嗟于没后。今有先臣某《文集》一百卷，并目录十卷，共五十五册，随表上进以闻……大观二年五月日，朝奉大夫管勾南京鸿庆宫上护军臣王仲修等上表。[①]

> 上表为缴进臣大父先臣飞《家集》十卷，伏候敕旨事。[②]

需要指出的是，王珪的文集是王仲修应诏进献的，属于文集的“被动进献”：

> 大观二年正月甲寅，有诏故相岐国王公之家，以《文集》来上。臣仲修等表言曰：“先臣珪以文翰被遇四朝，辅相神考十有六年……兹承睿旨宣取先臣遗稿，臣等被命，感泣不自胜。谨序次成一百卷，缮写以进。唯陛下哀怜先帝之旧臣，明其诬谤，而显其余勋，以示天下。不胜幸甚。”……盖自嘉祐之初，与欧阳永叔、蔡君谟更直北门，声名振于一时，学者尤所师慕。每一篇出，四方传诵之……公薨垂三十年，后进之士闻公名，想见其风采，思欲诵其遗文而不可得。今家集既奏御，且镂板以传世，将使天下来世知公之受眷累朝，为时宗工，与古之作者并驾而齐驱。[③]

王仲修将乃父文集编次好以后，“缮写以进”，并且希望能够示之天下，最终如愿以偿，“镂板以传世”。值得注意的是，王仲修此次进献，对于王珪文集的传播而言，意义非凡。这次进献与此后的文集镂板，实则是兼具了文集的“抄写传播”和“刊刻传播”、“上行传播”（奏御）和“下行传

---

① （宋）王仲修：《进家集表》，《全宋文》卷2708，第125册，第230—231页。

② （宋）岳珂：《进家集表》，《全宋文》卷7355，第320册，第292页。

③ （宋）许光凝：《华阳集序》，《全宋文》卷2972，第138册，第84—85页。

播”（传世），对于两宋时期文人文集的传播研究而言，具有典型意义。

五　两宋时期文集进献的弊端

需要指出的是，文人进献文集或后辈进献家集，除了希望通过进献来保障文集的传承外，许多人还出于仕途功名的考虑，“或进家集，由是而位通显”[①]，正是由于仕途和物质利益的诱惑，两宋时期出现了同一家族的不同成员重复进献同一家集的现象，这从宋仁宗康定二年（1041）八月所颁布的《禁再进家集诏》中可看出一斑：

> 自今臣僚子孙所藏家集已经进者，馀人不得再进。[②]

不同人进献同一文集，用同一成果去博取多份利益，钻政策的空子，对于朝廷而言，这是投机取巧，所以要坚决取缔，但对于文集的传播而言，未必就是坏事。一部文集的多次进献，就相当于实现了多次传播，这对于增强文集的传播效应、提高文集的知名度，是不无裨益的。

由“同一家集的重复进献”这一点，可以看出两宋时期图籍进献的乱象。当然，图籍进献过程中的弊病远不止于此，对于这些弊病，其实，不少人都有所察觉，王钦若于天禧元年（1017）十二月所上的《请具条贯精访书籍奏》中，就一针见血地指出了北宋前期图籍进献中的某些弊病：

> 进纳书籍，元敕以五百卷为数，许与安排。后来进纳并多，书籍繁杂，续更以太清楼所少者五百卷为数。往往伪立名目，妄分卷帙，多是近代人文字，难以分别。今欲别具条贯，精访书籍。[③]

为了达到规定的进献卷数，进献者“伪立名目，妄分卷帙”，严重影响了所进献的文集的质量，因而，王钦若建议朝廷“别具条贯，精访书

---

① （宋）范镇：《王尚书陶墓志铭》，《全宋文》卷873，第40册，第315页。

② 《全宋文》卷964，第45册，第28页。

③ 《全宋文》卷192，第9册，第328—329页。

籍”。所谓“别具条贯”，就是设立一定的条件、开出一定的要求，不符合条件和要求的图籍不得进献或者进献后不享受相应待遇。对于文集进献而言，按照朝廷一定的规定或直接应朝廷某项要求而完成进献，这就使文集从开放背景下的“主动进献”转变为特定要求下的“被动进献”，这或许是宋人文集以不同的进献方式实现传播的一个缘由吧。文人文集由“被动进献”所完成的传播，其实经历的是一个选择性传播或者传播“过滤”的过程，只不过这种“选择”或“过滤”的任务是由皇帝或朝廷承担的。

第二节 恩赐：两宋时期文人文集的下行传播

如果说，文集进献到朝廷（无论是主动还是被动）是文集的“上行”传播的话，那么，朝廷将文集恩赐给臣子或士人，则是文人文集的“下行”传播。

一 两宋时期文集“恩赐”传播的基础

宋王朝为了推行文治，广行教化，经常向国家各文化机构、下属各州府和朝臣恩赐各类典籍①，这些典籍的“恩赐”，营造了良好的书籍“下行传播”的氛围，为两宋时期文集的“恩赐”传播打下了扎实的基础：

> 诸路州县有学校聚徒讲诵之所，并赐九经。②

---

① 按：宋王朝向西夏、高丽等国赠送书籍，也常常称为“赐”，如：宋哲宗《高丽国进奉使尹瓘等乞赐太平御览等书答诏》：“所乞《太平御览》并《神医普救方》，见校定，俟后次使人到阙给赐。”（《全宋文》卷3258，第151册，第224页）欧阳修《赐夏国主赎大藏经诏》：“所载请赎大藏经帙、签牌等，已令印造，候嘉祐四年正旦进奉人到阙，至时给付。”（《全宋文》卷669，第31册，第278—279页）苏轼《论高丽买书利害札子（三）》：“淳化四年、大中祥符九年、天禧五年曾赐高丽《九经书》、《史记》、《两汉书》、《三国志》、《晋书》、诸子、历日、圣惠方、阴阳、地理书等。”（《全宋文》卷1881，第87册，第143页）但这里的“赐”只是为了显示宋王朝的地位和尊严，与真正的“下赐”不同，宋王朝对西夏、高丽等赠送典籍的行为，就书籍传播而言，不是严格意义上的“下行传播”，故不将其列入讨论的范围。

② （宋）宋真宗：《赐诸州县学校九经诏》，《全宋文》卷218，第11册，第27页。

当庆历中，天子以书赐州县，大置学。①

宜以所赐太宗皇帝御制书与九经书并《正义》、《释文》及器物等，并置于庙中书楼上收掌，委本州长吏职官与本县令佐等同共检校。②

伏蒙圣慈，赐臣等新印本三史书各一部者。伏以先帝好文，校雠三史，诸儒会议，绵历两朝，模印方行，颁宣首及。③

臣等昨日伏蒙圣慈，各赐臣等新印《道德经》并《释文》各一部者……已成功于刊刻，忽命使以颁宣。④

朕轸念黎庶，虑其夭枉，爰下明诏，购求名方，悉令讨论，因而缀缉，已成编卷，申命雕镌……其《圣惠方》并目录共一百一卷，应诸道州府各赐二本……吏民愿传写者并听。⑤

进奏院递到校定《资治通鉴》所牒，伏蒙圣恩，赐《资治通鉴》若干册付臣者。⑥

除了朝廷主动恩赐书籍以外，地方文化和教育机构，若缺乏必要的典籍，也可以请求朝廷予以恩赐。北宋元祐七年（1092），刘挚请求朝廷为郓州州学赐书就是一个很好的例子：

元祐七年正月乙未，臣某言："臣所治郓州有学，学有师生廪

① （宋）王安石：《亡兄王常甫墓志铭》，《全宋文》卷1416，第65册，第183页。
② （宋）宋真宗：《赐孔子庙经史诏》，《全宋文》卷234，第11册，第401页。
③ （宋）王禹偁：《为宰臣谢新雕三史表》，《全宋文》卷145，第7册，第296页。
④ （宋）杨亿：《代宰相谢赐新印道德经状》，《全宋文》卷289，第14册，第278页。
⑤ （宋）宋太宗：《行圣惠方诏》，《全宋文》卷74，第4册，第303页。
⑥ （宋）晁补之：《谢赐校定资治通鉴表》，《全宋文》卷2715，第125册，第363页。

> 食，而经籍弗具，非所以训道德，历人材，愿下有司颁焉。”诏可。州乃选于学，遣二生听命，粤十月甲申，得书二千七百卷至自京师。①

赐书二千七百卷，不可谓不多。有时候，朝廷不直接赐书，而是赐给买书的钱，让接受恩赐者自己去买书，这其实是另一种形式的赐书。倪真孺《赐书阁记》就有朝廷赐钱买书的记载：

> 朱氏有神童焉，名天申，年十有二岁而背诵十经，颠倒问诘，其应如响。元丰七年秋九月，其父琇挈神童赴阙下，上书因自荐……天子嘉之，存问礼意甚优，即命赐五经出身，遂释褐。仍赐钱五万买书，俾令无废所学。遂将命以归，惧无以发扬天子之德惠大赐，乃建阁于私第，置赐钱鬻书于其上。②

“赐钱五万买书”，相当于恩赐了为数不少的书籍。

二 两宋时期“恩赐”文集的类型

两宋朝廷恩赐给臣下和地方的典籍，以各类经书、史籍和医书为主，偶尔也有文集。作为赏赐的文集，除了前文王禹偁《冯氏家集前序》所提到的前代或其他政权的文人文集以外，主要包括两类：皇帝的文集和功勋大臣的文集，把这两类文集赏赐给臣民的目的有两个，一曰“宣扬”，二曰“垂范”。所谓“宣扬”，就是宣扬皇帝和功勋大臣的文德；所谓“垂范”，就是将皇帝和功勋大臣的文集作为典范，供天下臣民和士人观摩和学习。虽然文集下赐的目的是宣扬教化、垂示典范，但文集下赐的本身，就是文集的传播过程。

（一）皇帝文集的“恩赐”

两宋多位皇帝的文集都曾下赐，起到了很好的教化垂范作用，此以

---

① （宋）刘挚：《郓州赐书阁记》，《全宋文》卷1678，第77册，第106页。

② 《全宋文》卷2709，第125册，第246—247页。

仁宗和神宗文集的下赐为例，以见两宋皇帝文集经由下赐实现文集传播情况之一斑。

欧阳修《谢赐仁宗御集表》云：

> 伏蒙圣慈赐臣《仁宗御集》一部一百卷者。倬彼云章，方联于宝轴；刻之玉版，忽被于恩颁……昭如三光，并照万物；法彼后世，同符六经。方副本之颁行，非近辅而莫获。敢期睿眷，尚及愚臣，宠异群邦，光生蔀室。[①]

刘攽《谢神宗御集表》云：

> 此盖伏遇皇帝陛下孝惟善继，文极化成，明发徽猷，继承祖武。不独秘河图于东序，严策府于春山，乃眷具赉，锡之副本。承宣室之顾问，尝耳训言；畏轩台之威令，恪遵遗法。感慕往遇，炫耀新恩，企竦怔忪，罔知所措。[②]

黄裳《谢赐神宗皇帝御集表》云：

> 国史移文，旁逮侯藩之远；宸衷传旨，仰赓御集之新。何殊《尧典》之文章，乃叹神宗之述作。篆晓香而拜赐，涤尘虑以开缄。云汉昭明，河图焕烂。训示千古，荣生四方……虽默默以怀恩，但区区而望圣。[③]

“宠异群邦，光生蔀室”“感慕往遇，炫耀新恩”“默默以怀恩”云云，说明对于获得皇帝文集的赏赐，欧阳修、刘攽、黄裳三人是感到无比荣幸的，皇帝文集的下行传播具有和其他文集传播不一样的情感附加

---

① 《全宋文》卷676，第32册，第59页。

② 《全宋文》卷1495，第69册，第43页。

③ 《全宋文》卷2246，第103册，第19页。

值。从三人“法彼后世，同符六经”“尝耳训言……恪遵遗法”“训示千古，荣生四方”的表述可以看出，他们都以“垂范后世”的功能来看待所赐下的皇帝文集，这说明皇帝的文集在传播中的功能体现更多的是政治方面而非文学方面。

宋代皇帝的文集一般都规模比较大，卷数比较多，上文提到的宋仁宗文集就有一百卷，宋神宗文集（加上目录）也有九十五卷①，如此庞大的卷帙，以副本的形式广泛下赐，如果采用抄写的形式，则效率太低，不太可能。而且，抄写容易产生错误，影响皇帝文集的准确性和权威性。② 因而，宋代皇帝文集的下赐，一般都采用刊本的形式。苏辙在元祐四年（1089）十月所上的《进御集表》中有如是之言：

> 臣窃见祖宗御集，皆于西清建重屋，号龙图、天章、宝文阁以藏其书，为不朽计。又刻版模印，遍赐贵近。臣今已缮写，分为五幞，随表上进。欲乞降付三省，依故事施行。所有御集即付本所修写镂版。③

据苏辙所言，宋代皇帝的文集“为不朽计”，除了分藏“龙图、天章、宝文”三阁之外，又会“刻版模印，遍赐贵近”，同时，“御集镂版”乃为“故事”，这说明，两宋皇帝的文集，按惯例，一般都会刊印，也就是说，宋代皇帝文集的下行传播，一般都是以刊本的形式。以刊本的形式传播，除了因为皇帝的文集规模大、卷数多、刊本传播比较快速和便

---

① 苏辙就曾明确指出，宋神宗有文“九百三十五篇，为九十卷，目录五卷”。详见苏辙《进御集表》，《全宋文》卷2066，第95册，第91页。按：据《玉海》卷28，宋神宗有文集二百卷，以文辞、政事、边防三门为目。

② 且不说大型的皇帝文集，即使是朝廷下发各地的“德音”，采用抄写传播的方式，也会出现“多是差错”的情况。燕肃于天圣二年（1024）十月所上的《乞赦书德音雕板发递奏》中，就有如是之言：“每赦书德音，即本部差书吏三百人誊写，多是差错，致外州错认刑名，失行恩赏。乞自今宣讫，勒楷书写本，详断官勘读，匠人雕板印造发递。”（《全宋文》卷188，第9册，第243页）与文集相比，诏书（德音）的文字要少得多，由抄写传播，致误尚且如此，皇帝文集的传播，若采用抄写的方式，必然会大大影响其准确性、权威性和示范性。

③ 《全宋文》卷2066，第95册，第91页。

捷之外，还由于皇帝的文集承担着“垂训遥远”① “示之万世而取法”②的任务，所以要保证文集在传播过程中的权威性、准确性和垂范性，而刊本由于其成熟性和稳定性，能够更好地完成文集的传播任务，因而，两宋皇帝的文集一般都以刊本的形式进行传播。

（二）功勋大臣文集的“恩赐”

两宋朝廷除了经常下赐皇帝的文集给臣民进行观摩、以作垂范外，有时候，也会将一些功勋大臣的文集刊刻后进行下赐，以示褒奖，同时也以“榜样”的形式对其他臣子进行垂范。宋仁宗时期，朝廷将王曾的文集刊刻后进行下赐，就是典型的例子，富弼《王文正公曾行状》云：

> 公雅善属文，深茂典懿，有《两制杂著》五十卷，《大任后集》七卷，《笔录遗逸》一卷上之，志在讽读。有诏嘉奖，刻板均赐近位。③

王曾为仁宗朝名臣，官至“资政殿大学士、开府仪同三司、尚书左仆射”，爵封沂国公，一生功勋卓著，深受皇帝器重，堪为百官楷模，宋仁宗曾亲手写下“忠亮忠厚”四字赠予王曾。④《宋史·王曾传》亦有如是之载：

> 皇祐中，仁宗为篆其碑曰《旌贤之碑》，后又改其乡曰“旌贤乡”。大臣赐碑篆自曾始。仁宗既祔庙，诏择将相配享，以曾为第一。⑤

由此可见王曾在群臣中的榜样作用，将其文集“刻板”赐给其他臣子，一则是宣扬王曾的文德政绩，并借文集的刊印和推行来表达朝廷对

---

① （宋）李虚己：《真宗御集序》，《全宋文》卷267，第13册，第257页。
② （宋）欧阳修：《谢赐仁宗御集表》，《全宋文》卷676，第32册，第59页。
③ 《全宋文》卷609，第29册，第41页。
④ 详见（宋）富弼《王文正公曾行状》，《全宋文》卷609，第29册，第36—41页。
⑤ （元）脱脱等：《宋史》卷310，中华书局1977年版，第10186页。

其的褒奖；二则是为群臣树立一个可供学习的典范。就功德的宣扬和典范的树立这两方面而言，皇帝和功勋大臣两者的文集在传播的功用上是相似的。

三 两宋时期文集“恩赐”传播的特点及成因

与文集进献所形成的文集的“上行”传播相比，两宋时期文集下赐所实现的文集“下行”传播要薄弱得多，无论是总体的规模、数量，还是传播的频率、广度，文集进献所形成的“上行”传播都要远远大于或高于文集下赐所形成的“下行”传播。原因主要有以下两个方面。

其一，就进入传播渠道的文本——文集而言，由于作为文集作者的中下层官吏和普通士人的数量要远远多于皇帝和功勋大臣的数量，因而，进入传播渠道的文本数量是不对等的，也就是说，中下层官吏和普通知识分子希望能够“上行”的文本数量要远远多于皇帝和功勋大臣作为垂范而“下行”的文本数量，因此，两宋时期文人文集的“下行”传播的局面远不如“上行”传播的繁荣和壮大。

其二，就传播目的而言，文集的“上行”传播，是为了给文集的作者或传播者带来功名、仕途的认可或切实的物质、经济利益，这些现实的利益或诱惑大大激发和促进了文集“上行”传播的动力，但凡有一丝机会，文集的传播者（文集的作者或进献者）都不会放弃文集的“上行”传播，前文所列举的大量文集“进献”的实例和两宋王朝为防止文集重复进献而颁布的法令就从正、反两方面说明了这一点。而文集的“下行”传播，其目的除了宣扬文集作者（皇帝和功勋大臣）的文德政绩以外，主要是给天下臣民作示范，注重的是文集所带有的“教化”功能，除了皇帝以外，并不是所有的大臣文集都具备“垂范”的资格，因此，在决定下赐之前，必须对有资格进入“下行”传播的文集进行遴选，只有少数的文集能够获得“下赐垂范”的殊荣，从这一点来说，用于“下行”传播的文集，在数量上也远远不能和用以进献的“上行”传播的文集相比。

这两个方面，是两宋文人文集“下行”传播在规模、广度、数量、活跃度等方面不如“上行”传播的主要原因。当然，需要特别指出的是，这里所说的“下行”传播，仅限于“文集下赐”这一种形式，至于文人用文集传授或教育门人弟子，以及后辈或官员将文集以各种方式传播给下级、普通文人或百姓而形成的文集“下行”传播，则另当别论。

第十二章

两宋时期文人文集的“境外”传播

两宋时期文人文集的传播，呈现出“全方位”“多角度”“多样式”的特点，就传播的范围而言，可以分为“境内”传播和“境外”传播两类。对于文集在“境内”的抄写、刊刻等形式的传播，学界已有一定的关注，而对于文集的“境外”传播状况，则论之甚少。

第一节　两宋时期文人文集“境外”传播的概况

两宋时期文人文集的“境外”传播，是指文人文集在两宋王朝政权以外地区（辽、西夏、高丽、日本等）的传播，这类传播虽然没有如境内传播那样丰富和多样，但也是两宋时期文集传播的一个值得关注的现象。

两宋文人特别是著名文人的文集在“境外”传播的现象非常普遍，苏辙《论北朝所见于朝廷不便事》一文中所言苏轼《眉山集》在辽国传播之事，是为学者所熟知且经常提及的两宋时期文集“境外”传播的典型例子。且看苏辙所言：

> 本朝民间开版印行文字，臣等窃料北界无所不有。臣等初至燕京，副留守邢希古相接送，令引接殿侍元辛传语臣辙云：“令兄内翰谓臣兄轼《眉山集》已到此多时，内翰何不印行文集，亦使流传至此？”及至中京，度支使郑颛押宴，为臣辙言先臣洵所为文字中事迹，颇能尽其委曲。及至帐前，馆伴王师儒谓臣辙：“闻常服伏苓，

欲乞其方。”盖臣辙尝作《服伏苓赋》，必此赋亦已到北界故也。[①]

类似的话，苏辙说过不止一次，其《颍滨遗老传（上）》亦云：

颍滨遗老姓苏氏，名辙，字子由……奉使契丹。虏以其侍读学士王师儒馆伴。师儒稍读书，能道先君及子瞻所为文，曰：“恨未见公全集。”然亦能诵《服伏苓赋》等，虏中类相爱敬者。[②]

苏轼也多次提到自己的作品在“境外”的传播情况，其《记虏使诵诗》云：

昔余与北使刘霄会食，霄诵仆诗，云：“‘痛饮从今有几日，西轩月色夜来新。’公岂不饮者耶?”虏亦喜吾诗，可怪也。[③]

《答陈传道（三）》亦载：

某顷伴虏使，颇能诵某文字，以知虏中皆有中原文字。[④]

据苏辙所言，在其出使辽国的时候，“《眉山集》已到此多时”，则苏轼文集“境外”早有传播，又据苏辙“为臣辙言先臣洵所为文字中事迹，颇能尽其委曲”“能道先君及子瞻所为文”以及辽国王师儒以未见苏辙全集为憾的描述来推断，苏洵的文集当亦传播到了辽国。相比而言，苏轼的知名度更高，因而，其作品在“境外”传播得也更为广泛，辽国使节都“颇能诵”其作品，就是明证。

当然，两宋时期在“境外”传播的文集，远不止苏轼、苏洵等人的

---

① （宋）苏辙：《北使还论北边事札子五道》之一，《全宋文》卷 2059，第 94 册，第 358—359 页。

② 《全宋文》卷 2098，第 96 册，第 213—224 页。

③ 《全宋文》卷 1938，第 89 册，第 326 页。

④ 《全宋文》卷 1903，第 88 册，第 64 页。

作品，聂冠卿的十卷《蕲春集》也曾在辽国传播。王珪《聂内翰冠卿传》载：

> 聂内翰冠卿，字长孺，歙县人……奉使契丹，其主谓曰："君家先世奉道，子孙固有昌者，尝观所著《蕲春集》，词极清丽。"因自击球纵饮，命冠卿赋诗，礼遇甚厚……冠卿嗜学好古，手未尝释卷，尤工诗，有《蕲春集》十卷、《河东集》三十卷。①

《蕲春集》在聂冠卿出使之前就已经在辽国传播，显然不是他自己带过去的，辽国君主由于观览了聂冠卿"词极清丽"的《蕲春集》而对其文采颇为赞赏，因而，宴饮时仍不忘让聂冠卿赋诗且"礼遇甚厚"，这是聂冠卿的《蕲春集》在辽国的传播给其带来的荣誉。

北宋名臣范镇的作品在"境外"也有广泛的传播，韩维《端明殿学士银青光禄大夫致仕柱国蜀郡开国公食邑二千六百户食实封五百户赠右金紫光禄大夫谥忠文范公（镇）神道碑》云：

> 公讳镇，字景仁……契丹、高丽皆知诵公文赋。少时尝赋"长啸却胡骑"，及奉使契丹，敌相谓曰："此长啸公也。"②

范镇的"少时"之作如何传播到辽国，不得而知，但从"契丹、高丽皆知诵公文赋"一句来看，范镇传播到辽国的作品当不止一两首，很可能存在其文集在辽国传播的情况。

值得注意的是，有些文人的作品在传播到"境外"以后，还出现了被重新编辑、刊刻，从而形成新的文集在"境外"传播的现象，这是两宋时期文集在"境外"传播中颇值得注意的现象。苏轼的作品在辽国重新结集，形成《大苏小集》进行传播的现象就颇值得关注：

---

① 《全宋文》卷1154，第53册，第190—191页。

② 《全宋文》卷1071，第49册，第249—253页。苏轼《范景仁墓志铭》亦云："契丹、高丽皆知诵公文赋。少时尝赋'长啸却胡骑'，及奉使契丹，虏相目曰：'此长啸公也。'"《全宋文》卷1995，第92册，第52页。

> 张芸叟奉使大辽，宿幽州馆中，有题子瞻《老人行》于壁者。闻范阳书肆亦刻子瞻诗数十篇，谓《大苏小集》。子瞻才名重当代，外至夷虏，亦爱服如此。芸叟题其后曰：“谁题佳句到幽都，逢着胡儿问大苏。”①

范阳书肆所刊刻的苏轼的“数十篇”诗，必定是经过精挑细选的，因而，《大苏小集》可以看作苏轼作品的“精选集”。毋庸讳言，书肆重新编选、刊刻《大苏小集》，当是出于销售方面的考虑，而客观上，这种“重选”和“新刊”，形成了宋人文集“境外”传播过程中的“深加工”现象，这在两宋时期的文集的传播中，是颇值得注意的。

第二节　两宋时期文人文集“境外”传播的途径与效应

一　两宋时期文集“境外”传播的途径

两宋时期文人的文集是如何传播到“境外”的呢？换言之，是通过哪些途径传播到“境外”的呢？据现有史料分析，两宋时期的文人文集主要是通过“民间私传”“使节传播”“商人传输”三种途径传播到“境外”的。

（一）民间私传

“民间私传”主要是指两宋民间私刻文集、再将文集通过边境贸易传播到境外的情况。两宋时期，民间刻书活动非常兴盛，苏轼《李氏山房藏书记》云：

> 近岁市人转相摹刻诸子百家之书，日传万纸，学者之于书，多且易致如此。②

---

① （宋）王辟之：《渑水燕谈录》卷七“歌咏”条，《唐宋史料笔记丛刊》本，中华书局1981年版，第89—90页。

② 《全宋文》卷1968，第90册，第397—398页。

“日传万纸”，说明两宋民间刻书已经具备一定的规模，虽然“转相摹刻”的是“诸子百家之书”，但从一个侧面说明两宋时期民间已经初步具备大规模刊刻文集的能力。宋真宗大中祥符二年（1009）正月所颁布的《诫约属辞浮艳令欲雕印文集转运使选文士看详诏》中有“仍闻别集众制，镂板已多”[①] 之语，从侧面了北宋时期文集刊刻的兴盛景象。两宋刊刻文集的兴盛，与文集在两宋作为商品、可以销售获利有很大关系。学界所熟知的穆修刊刻韩愈、柳宗元文集在相国寺售卖，就是典型的例子。[②]

文集特别是重要朝臣的文集中，往往会有一些与军国大事相关的记载，这些记载往往涉及宋王朝的政治、经济、外交等多方面的内容，具有一定的机密性。辽、西夏等宋王朝周边政权通过搜集文集中的这些记载，可以在一定程度上了解宋王朝政治、经济、军事等方面的情况，因而会不惜高价来购买两宋文人的文集。而两宋时期的民间刻书者，见有利可图，就不顾国家的禁令，将文人的文集刊刻后销售到“境外”，这样，就在客观上促成了两宋时期文集在“境外”的传播。

苏辙《论北朝所见于朝廷不便事》云：

> 本朝民间开版印行文字，臣等窃料北界无所不有……臣等因此料本朝印本文字多已流传在彼，其间臣僚章疏及士子策论，言朝廷得失，军国利害，盖不为少。兼小民愚陋，惟利是视，印行戏亵之语，无所不至。若使尽得流传北界，上则泄漏机密，下则取笑夷狄，皆极不便。访闻此等文字贩入虏中，其利十倍。人情嗜利，虽重为

---

① 《全宋文》卷235，第11册，第415页。石介《祥符诏书记》中亦有类似记载，详见《全宋文》卷632，第29册，第369页。

② 宋人朱弁《曲洧旧闻》卷四“穆修伯长自刻韩柳集鬻于相国寺”条载：“穆修伯长在本朝为初好学古文者，始得韩、柳善本，大喜。自序云：‘天既餍我以韩，而又饫我以柳，谓天不予飨，过矣。’欲二家文集行于世，乃自镂板鬻于相国寺。性伉直不容物，有士人来，酬价不相当，辄语之曰：‘但读得成句，便以一部相赠。’或怪之，即正色曰：‘诚如此，修岂欺人者。’士人知其伯长也，皆引去。”（中华书局2002年版，第142页）事实上，文人的著述作为商品进入流通领域的现象，在五代时就已经出现，五代著名文人徐寅《自咏十韵》一诗中“拙赋偏闻镌印卖，恶诗亲见画图呈”之语即为明证。（《全唐诗》卷711，中华书局1960年版，第21册，第8186页）

赏罚，亦不能禁。[1]

“贩入虏中，其利十倍”，这是两宋民间刻书流通到“境外”的重要原因，也是两宋时期文人文集传播到“境外”的强有力的推手。

北宋后期，文集传到“境外”的现象已经非常严重，许多重要的、机密的信息也随一些重要文人的文集传播到了“境外”，已经到了威胁国家安全的地步，朝廷在不得已的情况下，发布诏令，制定措施，对这类文集肆意刊印并传播“境外”的行为加以规范和限制：

> 访闻虏中多收蓄本朝见行印卖文集书册之类，其间不无夹带论议边防兵机夷狄之事，深属未便。其雕印书铺昨降指挥，令所属看验，无违碍，然后印行。可检举行下，仍修立不经看验校定文书擅行印卖告捕条禁颁降。其沿边州军仍严行禁止，应贩卖藏匿出界者，并依铜钱法出界罪赏施行。[2]

两宋时期文集的这种“境外”传播模式，对于扩大两宋文人文集的影响而言，是颇为有利的，但对于整个两宋社会而言，则有诸多不利因素，因此，当时的许多有识之士都对这种私刻文集并将其销售至“境外”的现象提出了自己的忧虑，除了上文所提到的苏辙之外，欧阳修在至和二年（1055）所上的《论雕印文字札子》中也表达了他的担忧：

> 臣伏见朝廷累有指挥禁止雕印文字，非不严切，而近日雕板尤多，盖为不曾条约书铺贩卖之人。臣窃见京城近有雕印文集二十卷，名为《宋文》者，多是当今论议时政之言。其首篇是富弼往年让官表，其间陈北虏事宜甚多，详其语言，不可流布。而雕印之人不知事体，窃恐流布渐广，传入虏中，大于朝廷不便。[3]

---

① （宋）苏辙：《北使还论北边事札子五道》之一，《全宋文》卷 2059，第 94 册，第 358—359 页。

② （宋）宋徽宗：《严禁擅行印卖文集诏》，《全宋文》卷 3568，第 164 册，第 142—143 页。

③ 《全宋文》卷 686，第 32 册，第 226 页。

由于文集中“陈北虏事宜甚多”，所以“不可流布”，一旦“传入虏中”，则“大于朝廷不便”。所以，欧阳修、苏辙等人都建议加强对民间刻印文集进行规范管理，严格监管文集的销售流通：

明降指挥下开封府，访求板本焚毁，及止绝书铺，今后如有不经官司详定，妄行雕印文集，并不得货卖。许书铺及诸色人陈告，支与赏钱贰佰贯文，以犯事人家财充。其雕板及货卖之人并行严断，所贵可以止绝者。今取进止。[①]

禁民不得擅开板印行文字，令间每欲开板，先具本申所属。州为选有文学官二员，据文字多少，立限看详定夺。不犯上件事节，方得开行。仍重立擅开及看详不实之禁，其今日前已开本，仍委官定夺。有涉上件事节，并令破板毁弃。[②]

事实上，宋朝最高统治者对涉及国家安全的重要信息的外泄也是颇有忌惮的，宋仁宗、宋真宗都曾颁布诏令，严格限制机密文字的外传。宋仁宗于康定元年（1040）五月就曾发布禁止镂板鬻卖“边机文字”的诏书：

访闻在京无图之辈及书肆之家，多将诸色人所进边机文字镂板鬻卖，流布于外，委开封府密切根捉，许人陈告，勘鞫闻奏。[③]

宋真宗《非九经书疏禁沿边榷场博易诏》载：

民以书籍赴沿边榷场博易者，自非九经书疏，悉禁之。违者案罪，其书没官。[④]

---

① （宋）欧阳修：《论雕印文字札子》，《全宋文》卷686，第32册，第226—227页。
② （宋）苏辙：《北使还论北边事札子五道》之一，《全宋文》卷2059，第94册，第359页。
③ （宋）宋仁宗：《禁将边机文字镂板鬻卖诏》，《全宋文》卷962，第44册，第437页。
④ 《全宋文》卷228，第11册，第256页。

但这样的禁令似乎没有起到太大的作用，于是，到了元丰年间，神宗皇帝不得不再次颁布更具体、更严格的限制书籍销售境外的法令：

诸榷场除《九经》疏外，若卖馀书与北客，及诸人私卖与化外人书者，并徒三年，引致者减一等，皆配邻州本城，情重者配千里。许人告捕给赏。著为令。[①]

将书籍私自销售到境外的，“并徒三年”，而且“情重者配千里”，即使这样，北宋时期的书籍走私依然没有彻底断绝。

宋仁宗、宋真宗和宋神宗的诏令从侧面说明了两宋私家刊刻“边机文字”和私自赴边境销售非九经类书籍情况的存在，这些私家刊刻的“边机文字”不排除出自文集的可能，边境销售的“非九经书疏”也不排除文集的存在。

值得注意的是，虽然两宋朝廷对边境的私自贸易屡次三番提出禁令[②]，但由于“立法不严”“边帅未尽得人”等多方面的原因[③]，边境的私相买卖，依然屡禁不止，这就为文集的边境买卖提供了契机，再加上文集“贩入虏中，其利十倍”的诱惑，两宋时期的文人文集通过边境买卖传播

---

① （宋）宋神宗：《禁卖书与化外人诏》（元丰元年四月庚申），《全宋文》卷2479，第115册，第107页。

② 宋真宗《令偿河北商人与北境私相贸鬻所致逋负诏》（大中祥符五年七月壬申）载：“河北商人与北境私相贸鬻，有所逋负，致被移牒办理者，宜令缘边安抚司趣使偿之，自今仍禁其市易。”（《全宋文》卷242，第12册，第140页）宋仁宗《禁河北沿边商人与北客贸易禁物诏》（至和三年闰三月癸卯）载：“河北沿边商人多与北客贸易禁物，其令安抚司设重赏以禁绝之。”（《全宋文》卷979，第45册，第348页）文彦博《乞禁止汉人与西人私相交易奏》（熙宁二年）载：“检会累降指挥，沿边诸路经略安抚使严切禁止汉人与西界私相交易博买……今欲再下逐路经略安抚司，依累降指挥施行。”（《全宋文》卷645，第30册，第190页）朱光庭《言边人与夏国私相交易奏》（元祐元年正月）云：“累降指挥下陕西、河东逐路经略司，禁止边人不得与夏国私相交易。”（《全宋文》卷2010，第92册，第359页）

③ 司马光元祐元年（1086）二月十二日所上之《乞未禁私市先赦西人札子》可为一证：“今窃闻执政用臣下策，止令禁私市。又立法不严，边帅未尽得人。若边吏拘文，获一漏百，私市滔滔如故；或此路禁绝而彼路放行，如堤防一存一亡，将何所益？”（《全宋文》卷1204，第55册，第255页）；元祐元年（1086年），朱光庭在向朝廷的上奏中亦有“访闻私易无所畏惮”之语。（《言边人与夏国私相交易奏》，《全宋文》卷2010，第92册，第359页。）

到“境外”的主客观条件都已经具备。因此，我们在考察两宋时期文人文集如何传播到“境外”这一问题时，民间的文集刊刻和文集的边境销售是一条不可忽视的重要线索。

（二）使节传播

所谓“使节传播”，就是指两宋时期各国使节通过在宋王朝境内购买、抄录、受赐等方式将文人的文集传播到“境外”的情况。

1. 使节购买文集

宋王朝地域广袤、物产丰富、经济发达，各国使节出使任务完成后，大多都要购买一些物品带回去，这些物品中，就包括书籍：

> 使者所至，图书山川，购买书籍。①

> 元祐八年二月初一日，端明殿学士兼翰林侍读学士、左朝奉郎、礼部尚书苏轼札子奏：臣近准都省批送下国子监状：“准馆伴高丽人使所牒称，人使要买国子监文书，请详批印造，供赴当所交割……”……近者因见馆伴、中书舍人陈轩等申乞尽数并勒相国寺行铺入馆铺设，以待人使买卖……今来只因陈轩等不待礼部申请，直牒国子监收买诸般文字，内有《策府元龟》、历代史及敕式。②

> 天圣中，新罗人来朝贡，因往国子监市书。③

> 公为祭酒时，高丽遣使者朝贡，请买国子监书籍数十种，馆伴陈轩牒公请贸与之。④

在各国使节所购买的书籍中，有一部分就是文人的文集。两宋文人

---

① （宋）苏轼：《论高丽进奉状》，《全宋文》卷1873，第86册，第339页。

② （宋）苏轼：《论高丽买书利害札子（一）》，《全宋文》卷1881，第87册，第136—138页。

③ （宋）范镇：《东斋记事·佚文》，载朱易安、傅璇琮等编《全宋笔记》第一编第六册，大象出版社2003年版，第240页。

④ （宋）李朴：《丰清敏公遗事》，《全宋文》卷2910，第135册，第64页。

苏颂就有“高丽使者过余杭，求市子瞻集以归”[①] 之语，可见，两宋时期的文人文集确有通过境外使节购买而传播出去的情况。

2. 使节抄录文集

除了“购买”这一方式以外，对于作品数量不多或者规模不大的文集，外国使节也可以通过“抄录”的方式将其传播到境外。《大清一统志》卷一百四十六“济宁州·人物”项在记载宋人李邴事迹时，云：

> 李邴，字汉老，任城人。徽宗时迁翰林学士，命赋诗，高丽使者请传录以归。[②]

李邴赋了多少首诗？高丽使者“传录”了多少首？这些都不得而知，如果李邴所赋的诗有多首且高丽使者皆加以“传录”的话，从一定意义上来说，就相当于将一部小型的“诗集”以抄录的方式传播了出去。

3. 使节受赐文集

两宋王朝为了宣扬自己的文德教化，常常向周边各国“赏赐”各类典籍：

> 淳化四年、大中祥符九年、天禧五年曾赐高丽《九经书》、《史记》、《两汉书》、《三国志》、《晋书》、诸子、历日、圣惠方、阴阳、地理书等。[③]

---

① 此乃苏颂诗中自注之语，苏颂于元丰二年（1079）曾有一段与苏轼“同在狱中”的经历，苏颂曾作诗对这一经历进行了记载，诗题谓《己未九月，予赴鞫御史，闻子瞻先已被系。予昼居三院东阁，而子瞻在知杂南庑，才隔一垣，不得通音息。因作诗四篇，以为异日相遇一噱之资耳》，诗有四首，其第二首云：“词源远远蜀江流，风韵琅琅舜庙球。拟策进归中御府，文章传过带方州。未归纶阁时称滞，再换铜符政并优。叹惜钟王行草笔，却随诸吏写毛头。”其中，“文章传过带方州”一句下，作者自注：“前年高丽使者过余杭，求市子瞻集以归。”《全宋诗》卷528，北京大学出版社1995年版，第10册，第6392页。

② 《文渊阁四库全书》本，台湾商务印书馆1986年版。

③ （宋）苏轼：《论高丽买书利害札子（三）》，《全宋文》卷1881，第87册，第143页。

近者高丽人使乞赐书籍，此乃祖宗朝故事，且屡尝赐书与之矣。[①]

诏夏国主：省所奏："伏为新建精蓝，载请赎大藏经帙、签牌等……至时乞给赐藏经。"事具悉……所宜开允，当体眷怀。所载请赎大藏经帙、签牌等，已令印造，候嘉祐四年正旦进奉人到阙，至时给付。[②]

所乞《太平御览》并《神医普救方》，见校定，俟后次使人到阙给赐。[③]

这些典籍的"赏赐"，虽然有时候是应各国的请求而实施的，但这些典籍以"赏赐"和"接受赏赐"的方式实现了由"境内"到"境外"的传播，却是一个不争的事实。在两宋王朝"赏赐"给周边政权的这些典籍中，有一部分就是文人的文集，且看释文莹《玉壶清话》中的一则记载：

祥符中，契丹使至，因言本国喜诵魏野诗，但得上帙，愿求全部。真宗始知其名，将召之，死已数年，搜其诗，果得《草堂集》十卷，诏赐之。[④]

北宋诗人魏野的十卷《草堂集》，通过北宋朝廷"赏赐"的方式传播到了辽国[⑤]，"赏赐"的直接接受者是辽国的使节，因而，使节的"受

---

① （宋）黄庆基：《劾苏轼状（一）》，《全宋文》卷1702，第78册，第154页。

② （宋）欧阳修：《赐夏国主赎大藏经诏》，《全宋文》卷669，第31册，第278—279页。

③ （宋）宋哲宗：《高丽国进奉使尹瓘等乞赐太平御览等书答诏》，《全宋文》卷3258，第151册，第224页。

④ （宋）释文莹：《玉壶清话》卷七，《唐宋史料笔记丛刊》本，中华书局1984年版，第66页。

⑤ 按：北宋天圣元年（1023），薛田作《巨鹿东观集序》，亦有"巨鹿魏野字仲先，甘棠东郭人也……旧有《草堂集》行于人间，传诸海外"（《全宋文》卷173，第8册，第410页）之语，可知魏野《草堂集》在"境外"传播，已为时人所知。

赐—带回”是两宋时期文集传播到“境外”的一种重要方式，在文集的“出境”传播过程中，各国的使节扮演了“中转站”的重要角色。

两宋时期，除了各国正式派出的各类使节以外，一些从高丽、日本等国来到中国学习的留学生和僧人，其实也发挥了文化传播“使者”的作用①。这些留学生和僧人在中国期间，通过购买、受赠、抄录等方式获得一些中国文人的文集，回国的时候又将这些文集带回去，从而实现了两宋境内文人文集的境外传播。日本僧人成寻就是这些文集传播“使者”队伍中的一员。成寻于熙宁五年（1072）到中国开始巡礼之旅②，他将在中国旅行的见闻和北宋当时的社会生活情况以“日记”的方式记录下来，写成了《参天台五台山记》一书。其中，卷六“熙宁六年正月二十三日”一条中，就提到了成寻得到《寒山子诗》《永嘉集》等文集并将其送至日本之事：

> 廿三日丁卯，天晴……《百官图》二帖、《百姓名》帖、《杨文公谈苑》三帖八卷、《天州府京地里图》一帖、《传灯语要》三帖、《法花音义》一卷、《唐历》一帖、《老君枕中经》一帖、《注千字文》一帖，以上进日本左大臣殿……《寒山诗》一帖、《历》一卷，进上治部卿殿……《永嘉集》一卷、《证道歌注》一帖、《泗州大师传》二卷、《广清凉传》三帖、《古清凉山传》二卷、《入唐日记》八卷，送石藏经藏。③

《寒山子诗》《永嘉集》等文集经成寻之手东传日本，从而实现了这

---

① 北宋时期，从日本到中国的僧人中，较知名的就有奝然（著有《入宋巡礼行记》）、寂照（著有《来唐日记》）、戒觉（著有《渡宋记》）等。熙宁五年（1072）与成寻同期来中国的僧人就有赖缘、快宗、圣秀、惟观、心贤、善久、长明等数人。（参见成寻《参天台五台山记》卷一，王丽萍校点本，上海古籍出版社2009年版，第1页）

② （元）脱脱等：《宋史·日本国传》卷491载：“熙宁五年，有僧诚寻至台州，止天台国清寺，愿留。州以闻，诏使赴阙。”中华书局1977年版，第40册，第14137页。按：“诚寻”即“成寻”。

③ ［日］成寻著，王丽萍校点：《新校参天台五台山记》卷六，上海古籍出版社2009年版，第513—514页。

些文集的境外传播。今存日本的寒山诗集颇多①，然年代最早的已是南宋刊本，成寻所带回的“《寒山子诗》一帖”，或早已亡佚。

（三）商人传输

1. 商人传输文集的方式

两宋时期，商业发达，南来北往的商人们，不仅推动了两宋经济的发展、促进了两宋社会的繁荣，而且对于两宋文化的广泛传播也做出了积极的贡献。两宋时期的各类文化典籍，通过商人之手传播到境外的情况，比比皆是。苏轼元祐四年（1089）十一月所上的《论高丽进奉状》中所提到的福建商人徐戬传播《华严经》至高丽，就是一个典型的例子：

> 福建狡商，专擅交通高丽，引惹牟利，如徐戩者甚众。访闻徐戩，先受高丽钱物，于杭州雕造夹注《华严经》，费用浩汗，印板既成，公然于海舶载去交纳，却受本国厚赏，官私无一人知觉者。②

次年八月，苏轼上《乞禁商旅过外国状》，再次提到了这一事件：

> 徐戩不合专擅为高丽国雕造经板二千九百余片，公然载往彼国，却受酬答银三千两，公私并不知觉。③

商人在境内刊刻典籍，刻好后，又将印板运往境外，这在宋代书籍刊刻与传播史上，是一个颇值得关注的现象。由于传播到境外的是印板而不是成品的书籍，这就使书籍在境外的传播实现了由单线程有限传播向多线程辐射传播的转变，大大提高了书籍的传播效率，扩大了书籍的传播影响。

当然，两宋时期像徐戬这样直接将“书籍源”——印板传播到境外的现象并不多，更多的情况是商人直接将成品的书籍带到境外进行贩卖

---

① 参见严绍璗《日藏汉籍善本书录》下册“集部”，中华书局2007年版，第1423—1425页。

② 《全宋文》卷1873，第86册，第340页。

③ 《全宋文》卷1876，第87册，第39页。

或者馈赠，在商人带出境的典籍中，就有一部分是文人的文集。

严绍璗《日藏汉籍善本书录》下册“集部”载录“《白氏长庆集》七十一卷”条，在该条的“附录”部分有这样的记载：

> 据十一世纪藤原道长《御堂关白记》记载，一条天皇宽弘三年（1006 年）中国宋代商人曾令文曾向左大臣藤原道长赠送折本《白氏文集》及《文选》各一部。此处之“折本”即为“刻本”之意。宽弘八年（1011 年），藤原道长又将此“折本”两部献赠一条天皇。[①]

“宽弘三年”即宋真宗景德三年（1006），据《御堂关白记》所载，当时的刻本《白氏文集》乃是由中国商人曾令文传播到日本的，曾令文所传播出去的《白氏文集》，有可能是两宋时期最早传播到日本的白居易文集刻本。

2. 两宋对商人传输文集的限制

天圣五年（1027）二月，宋仁宗颁布《禁辄行雕印臣僚撰著文集及将带出界诏》，诏文曰：

> 自今并不得辄行雕印。如有合雕文集，仰于逐处投纳一本附递闻奏，候到，差官看详，别无妨碍，降下许令刊板，方得雕印。如敢违犯，必行朝典，仍毁印板。及令沿边州军严切禁止，不得更令将带上件文字出界。[②]

这则诏令虽然未明言针对商人，但从“不得辄行雕印”“不得将带文字出界”等表述来看，符合商人传播文集的特点，因而，可以这么认为，这则诏令对商人将文集传播到“境外”的行为进行了约束（当然，诏令对与“商人传输”相同性质的文集传播行为皆进行了约束，不仅仅是针

---

① 严绍璗：《日藏汉籍善本书录》下册“集部”，中华书局 2007 年版，第 1474 页。

② 《全宋文》卷 946，第 44 册，第 106 页。

对商人），这种约束不仅影响了商人对文集的“境外”传播，限制了文人文集“出境”的数量，而且对于两宋文人“国际影响”的建立，也有一定的负面作用。

当然，“民间私传”“使节传播”“商人传输”仅是两宋时期文人文集传播到“境外”的三种基本方式，除了这些方式以外，文人在“境外”的创作结集后直接进入传播也应该算作文集的“境外”传播方式之一。

两宋时期，有许多文臣都曾出使到“境外”，这些文臣在“境外”期间，不少人都创作了一定量的诗文[①]，这些诗文以“集群”的方式传播开去，其实就构成了文集的“境外”传播。需要指出的是，文集的“境外”生成、直接传播与上文所提到的通过“民间私传”“使节传播”“商人传输”三种途径实现的文集的“境外”传播是有很大不同的。“境外”直接生成的“文集”，就某种程度而言，大多还只是一定量的作品的松散“结合”，不具备或较少具备严格意义上的“文集”的特征，这种松散型、概念意义上的“文集”是与通过“民间私传”“使节传播”“商人传输”三种途径传播出去的文集有本质区别的。此外，“境外”直接生成、即时传播的“文集”没有经过“跨境”这一程序，因此，在本质的传播方式上也是与“民间私传”“使节传播”“商人传输”所形成的文人文集“境外”传播有很大不同的。

二 两宋时期文集“境外”传播的效应

与文集的“境内”传播相比，文人文集的“境外”传播，无论是种类还是数量，都要逊色得多，“境外”传播由于要面临诸多限制，因而，不可能所有文人的文集都能传播出去。另外，并不是所有文人的文集都

---

① 王珪《聂内翰冠卿传》就记载了聂冠卿出使辽国时，辽国君主“命冠卿赋诗，礼遇甚厚”。（《全宋文》卷1154，第53册，第191页）如果聂冠卿所赋的诗有多首的话，就形成了其诗歌“集体传播”的现象。北宋文人“境外”创作与作品“境外”直接传播的情况还有不少，王珪《太子少师致仕上柱国天水郡开国公食邑四千五百户食实封一千四百户赠太子太师谥康靖赵公（槩）墓志铭》所记载赵槩的境外创作与作品传播情况，也是一例：“公讳槩，字叔平，姓赵氏，宋虞城人……皇祐三年，馆伴契丹泛使，遂报聘契丹，席上请赋《信誓如山河》诗，公诗成，契丹主亲酌玉杯劝公饮，以素折迭扇授其近臣刘六符，写公诗自置袖中。”《全宋文》卷1162，第53册，第327—328页。

能受到境外各国的欢迎。因此，文人文集的“境外”传播，是一种有选择性的传播，而对文集的“境外”传播作出选择的，既包括传播者，也包括接受者。一般而言，拥有重要政治地位或文化地位的文人，他们的文集所具有的信息价值或文学价值更高一些，将他们的文集传播到“境外”，会更受欢迎，两宋的民间书坊和商人，出于利益的驱动，更愿意刊刻和传播这类文人的文集。同时，两宋周边各国出于政治、经济、文化等方面的考虑，对两宋境内具有较高政治地位和文化地位的文人的各种著述和文字抱以很高的期待，非常希望这些文人的文集能够传播过来，因此，各国使节出使到两宋的时候，往往会通过购买、求赐等方式获得他们所认为的重要典籍（包括文人的文集）。将这两方面综合起来，就是像苏轼这类重要文人的文集会在两宋“境外”有较多传播的重要原因。

两宋时期，文集的“境外”传播，不仅促进了两宋和周边各国及周边政权的文化交流，彰显了宋王朝的文化繁荣。而且，文集的外传，在延伸文集本身的文化影响面的同时，也大大提升了那些文集传播到“境外”的文人的“国际影响力”。

需要特别指出的是，两宋时期文人文集的“境外”传播也是两宋文化输出的重要形式，这种形式的文化输出，在促进周边国家和政权对两宋社会进行深入了解的同时，也切实推动了以宋王朝为中心的“东亚文化圈”的巩固和繁荣。

结　　语

本书从文人文集编纂、刊刻和传播的背景，文集的类型，编纂的方式、理念、原则，刊刻的形态，文集传播的模式、方法、动机、形态、场景等方面对两宋时期文人文集的编纂、刊刻和传播作了简单的探讨。两宋时期文人文集的编纂、刊刻和传播是一个非常复杂的问题，无论是从时间维度、空间维度，还是从价值维度，都还有许多问题可以探讨，两宋时期文人文集编纂的动机、两宋时期文集的编纂与前代的文集编纂模式的不同、两宋时期的文集编纂理念和模式对后世文集编纂的影响、“名人作序”与文集的“加值”传播、“两宋时期文人文集的即时编纂与即时传播、即时编纂与延时传播、延时编纂与延时传播”“两宋时期文人文集的连续传播与断点传播”“宋人注宋集”对文集传播的影响、两宋时期文集的传播与文学经典的形成，等等，诸如此类的问题，限于时间和学力，未能在本书中一一加以探讨，这不能不说是一件憾事。

对于两宋时期文人文集的编纂、刊刻与传播情况进行研究，其实，还有一项内容不可或缺，那就是对文集编纂、刊刻与传播的价值和影响进行探讨。关于这一方面，我想，至少可以从三个方面去进行观照：

首先，两宋时期文人文集的编纂活动推动了两宋文学精英集团的形成。两宋时期，出现了许多重要的编书活动，当然，这些编书活动包括了一些文集的编纂，但又不仅限于文集。如宋初《文苑英华》《太平御览》《册府元龟》《太平广记》等大型类书的编纂，此外，北宋时期对《新唐书》的编纂、对皇帝“御集”的编纂，等等，这些编纂活动将许多精英文人集合在一起，编书期间的交往、酬唱等活动，增进了彼此的了解，长期的相处和磨合，使这些文人自觉或不自觉地融合成为一定规模的文人集团，钱惟演、杨亿、刘筠等人就是如此，他们这一文学集团的形成，就是得益于一起编纂《册府元龟》的经历。而两宋的文学精英集团又是推动两宋文学不断发展、前行的重要推手，深入研究这方面的问题，必然会为两宋文学的研究带来许多不一样的发现。

其次，两宋时期文人文集的编纂、刊刻与传播在一定程度上引领和代表了两宋文学精神的演进。比如，杜甫诗集、韩愈文集在两宋时期的多次编纂和广泛传播，就是两宋文学精神取向的典型代表。两宋文学的演进模式和唐代文学有着很大的不同，唐代文学的发展和演变是随着文人的代际演变而呈现出不同的风貌和特点，而宋代文学发展的动力，更多来源于文人间的“衣钵传承”，也就是说，宋代文人的师承关系，较唐代文人更为明显，也更为重要。而文人文集的传承，在“衣钵传承”模式中，扮演着重要的角色，起着“精神引领”和“创作示范”的作用。特别是一些文坛耆宿（如欧阳修、苏轼等人）的文集，其传播影响不仅仅限于“衣钵传承”模式，更是形成了对整个社会的广泛辐射，为整个两宋社会的文学创作提供了“创作范式”和“精神内核”，有力地推动了两宋文学精神的演进。

最后，两宋时期文人文集的编纂、刊刻和传播也对两宋文学视野的确立起到了积极的作用。比如，“江西诗派”学习杜甫，这是人所皆知的，但“江西诗派”为什么会学习杜甫？似乎很少有人提及。如果我们将两宋时期杜甫诗集的多次编纂、广泛传播和黄庭坚生活的时代及其家世、性格、爱好等方面的情况综合起来加以分析，也许就可以发现“江西诗派”所作出的诗学选择的一些缘由。当然，这只是一个例子，举这样的例子，就是想说明两宋时期的文集编纂、刊刻和传播对两宋文学视野的确立是起着一定的导向作用的。

客观地讲，以上三个方面的内容应该在书中细致展开，加以深入探讨，但限于时间和学力关系，只能留待今后再深入探讨。

当然，两宋时期文人文集的编纂、刊刻与传播所具备的价值和所形成的影响，远不止上面所讲的三个方面，更多、更广的内容只有留待今后再去细加琢磨和深入寻绎了。

主要参考文献

（周）左丘明撰，杨伯峻注：《春秋左传注》，中华书局 1981 年版。

（唐）白居易撰，顾学颉校点：《白居易集》，中华书局 1979 年版。

（唐）韩愈撰，刘真伦、岳珍校注：《韩愈文集汇校笺注》，中华书局 2010 年版。

（唐）元稹撰，冀勤点校：《元稹集》，中华书局 1982 年版。

（唐）贯休：《禅月集》，《文渊阁四库全书》本，台湾商务印书馆 1986 年版。

（五代）刘崇远撰，阳羡生校点：《金华子杂编》，《唐五代笔记小说大观》本，上海古籍出版社 2000 年版。

（五代）孙光宪撰，贾二强点校：《北梦琐言》，《唐宋史料笔记丛刊》本，中华书局 2002 年版。

（宋）欧阳修、（宋）宋祁：《新唐书》，中华书局 1975 年版。

（宋）欧阳修撰，李伟国点校：《归田录》，《唐宋史料笔记丛刊》本，中华书局 1981 年版。

（宋）薛居正等：《旧五代史》，中华书局 1976 年版。

（宋）杨亿等撰，王仲荦注：《西昆酬唱集注》，上海书店出版社 2001 年版。

（宋）王得臣：《麈史》，《全宋笔记》本，大象出版社 2003 年版。

（宋）王观国：《学林》，《文渊阁四库全书》本，台湾商务印书馆 1986 年版。

（宋）王明清：《挥麈录》，《宋元笔记小说大观》本，上海古籍出版社 2001 年版。

（宋）王辟之撰，吕友仁点校：《渑水燕谈录》，《唐宋史料笔记丛刊》本，中华书局1981年版。
（宋）王象之：《舆地碑记目》，《文渊阁四库全书》本，台湾商务印书馆1986年版。
（宋）王尧臣撰，（清）钱东垣等辑释：《崇文总目》，《丛书集成初编》本，商务印书馆1937年版。
（宋）王应麟：《玉海》，《文渊阁四库全书》本，台湾商务印书馆1986年版。
（宋）王禹偁：《小畜集》，《宋集珍本丛刊》本，线装书局2004年版。
（宋）程俱撰，张富祥校证：《麟台故事校证》，《唐宋史料笔记丛刊》本，中华书局2000年版。
（宋）陈鹄撰，郑世刚校点：《西塘集耆旧续闻》，《宋元笔记小说大观》本，上海古籍出版社2001年版。
（宋）范镇：《东斋记事》，《全宋笔记》本，大象出版社2003年版。
（宋）詹太和：《王荆文公年谱》，《宋人年谱丛刊》本，四川大学出版社2003年版。
（宋）张方平：《乐全集》，《文渊阁四库全书》本，台湾商务印书馆1986年版。
（宋）李纲：《梁溪先生文集》，《宋集珍本丛刊》本，线装书局2004年版。
（宋）孟元老撰，伊永文笺注：《东京梦华录》，中华书局2007年版。
（宋）范成大：《吴郡志》，《中国方志丛书》影印宋绍定二年（1229）重刊本，台湾成文出版社1970年版。
（宋）胡仔撰，廖德明校点：《苕溪渔隐丛话》，人民文学出版社1962年。
（宋）邵博：《邵氏闻见后录》，《宋元笔记小说大观》本，上海古籍出版社2001年版。
（宋）沈作喆：《寓简》，《文渊阁四库全书》本，台湾商务印书馆1986年版。
（宋）释契嵩：《镡津集》，《文渊阁四库全书》本，台湾商务印书馆1986年版。

（宋）司马光等撰，（元）胡三省音注：《资治通鉴》，中华书局 1956 年版。

（宋）叶梦得：《避暑录话》，《宋元笔记小说大观》本，上海古籍出版社 2001 年版。

（宋）佚名：《分门古今类事》，《文渊阁四库全书》本，台湾商务印书馆 1986 年版。

（宋）赵汝愚编：《宋名臣奏议》，《文渊阁四库全书》本，台湾商务印书馆 1986 年版。

（宋）赵子栎：《杜工部年谱》，《文渊阁四库全书》本，台湾商务印书馆 1986 年版。

（宋）晁公武撰，孙猛校证：《郡斋读书志校证》，上海古籍出版社 1990 年版。

（宋）罗大经：《鹤林玉露》，《唐宋史料笔记丛刊》本，中华书局 1983 年版。

（宋）魏泰撰，李裕民点校：《东轩笔录》卷三，《唐宋史料笔记丛刊》本，中华书局 1983 年版。

（宋）李焘：《续资治通鉴长编》，中华书局 1979 年版。

（宋）文莹：《玉壶清话》，《唐宋史料笔记丛刊》本，中华书局 1984 年版。

（宋）吴处厚撰，李裕民点校：《青箱杂记》，《唐宋史料笔记丛刊》本，中华书局 1985 年版。

（宋）志磐撰，释道法校注：《佛祖统纪校注》，上海古籍出版社 2012 年版。

（宋）朱弁撰，孔凡礼点校：《曲洧旧闻》，《唐宋史料笔记丛刊》本，中华书局 2002 年版。

（宋）朱长文：《乐圃余稿》，《文津阁四库全书》本，商务印书馆 2005 年版。

（金）元好问编：《中州集》，中华书局 1959 年版。

（元）脱脱等：《宋史》，中华书局 1977 年版。

（元）马端临：《文献通考》，中华书局 1986 年版。

（明）杨士奇、黄淮等编：《历代名臣奏议》，台湾学生书局1985年版。
（清）彭定求等编：《全唐诗》，中华书局1960年版。
（清）纪昀等：《四库全书总目提要》，河北人民出版社2000年版。
（清）顾栋高：《王荆公年谱》，《宋人年谱丛刊》本，四川大学出版社2003年版。
（清）徐松辑：《宋会要辑稿》，中华书局1957年版。
叶德辉：《书林清话》，民国二十四年（1935）长沙叶氏刊《郎园先生全书》本。
曾枣庄、刘琳主编：《全宋文》，上海辞书出版社、安徽教育出版社2006年版。
陈寅恪：《金明馆丛稿二编》，上海古籍出版社1980年版。
程千帆：《唐代进士行卷与文学》，《程千帆全集》第八卷，河北教育出版社2001年版。
严绍璗：《日藏汉籍善本书录》，中华书局2007年版。
朱迎平：《宋代刻书产业与文学》，上海古籍出版社2008年版。
张尚英：《刘敞年谱》，《宋人年谱丛刊》本，四川大学出版社2003年版。
祝尚书：《宋人别集叙录》，中华书局1999年版。
祝尚书：《宋代科举与文学》，中华书局2008年版。
王岚：《宋人文集编刻流传丛考》，江苏古籍出版社2003年版。
张绍勋：《中国印刷史话》，山东教育出版社1991年版。
张忠纲、赵睿才、綦维、孙微：《杜集叙录》，齐鲁书社2008年版。
张秀民：《中国印刷史》，上海人民出版社1989年版。
张毅：《宋代文学思想史》，中华书局2006年版。
郑庆笃等：《杜集书目提要》，齐鲁书社1986年版。
郑永晓：《黄庭坚年谱新编》，社会科学文献出版社1997年版。
曹之：《中国古籍编撰史》，武汉大学出版社2006年版。
陈彬龢、查猛济：《中国书史》，文史哲出版社1984年版。
邓小南：《宋代文官选任制度诸层面》，河北教育出版社1993年版。
陈力：《中国图书史》，文津出版社1996年版。
傅平骧、胡问涛：《苏舜钦年谱简编》，《宋人年谱丛刊》本，四川大学出版社 2003 年版。
傅璇琮、倪其心、孙钦善、陈新、许逸民主编:《全宋诗》，北京大学出版社 1991—1998 年陆续出版。
巩本栋:《宋集传播考论》，中华书局 2009 年版。
李明杰:《中国出版史（古代卷)》，湖南大学出版社 2008 年版。
李瑞良:《中国古代图书流通史》，上海人民出版社 2000 年版。
李致忠:《中国古代书籍史》，文物出版社 1985 年版。
李致忠:《历代刻书考述》，巴蜀书社 1990 年版。
李致忠:《古代版印通论》，紫禁城出版社 2000 年版。
李致忠:《中国出版通史（宋辽西夏金元卷)》，中国书籍出版社 2008 年版。
钱锡生:《唐宋词传播方式研究》，复旦大学出版社 2009 年版。
宿白:《唐宋时期的雕版印刷》，文物出版社 1999 年版。
苏勇强:《两宋书籍刊刻与古文运动》，浙江大学出版社 2010 年版。
王兆鹏:《宋代文学传播探原》，武汉大学出版社 2013 年版。
魏隐儒:《中国古籍印刷史》，印刷工业出版社 1988 年版。
徐红:《两宋初期进士研究》，人民出版社 2009 年版。
[日] 成寻撰，王丽萍校点:《参天台五台山记》，上海古籍出版社 2009 年版。
宁欣:《唐代选官研究提要》,《文献》1993 年第 4 期。
梅新林:《杜诗伪王注新考》,《杜甫研究学刊》1995 年第 2 期。
邓小军:《邓忠臣〈注杜诗〉考——邓注的学术价值及其被改名为王洙注的原因》,《杜甫研究学刊》2002 年第 1 期。
祝尚书:《论宋初的进士行卷与文学》,《四川大学学报》2003 年第 2 期。
王兆鹏:《宋代诗文别集的编辑与出版——宋代文学的书册传播研究之一》,《华中科技大学学报》2004 年第 1 期。
刘莎荣:《两宋刻书及其影响》,《内蒙古师范大学学报》2004 年第 6 期。
朱迎平:《宋代刻书产业对文学的影响》,《上海财经大学学报》2006 年第 3 期。
李致忠:《五代版印实录与文献记录》,《文献》2007 年第 1 期。

方彦寿:《两宋莆田官私刻书考述》,《文献》2008 年第 3 期。
于兆军:《两宋汴梁刻书兴盛的原因》,《图书情报研究》2009 年第 4 期。
诸葛忆兵:《论宋人锁院诗》,《文学评论》2009 年第 6 期。
于兆军:《论两宋汴梁民间刻书的繁荣》,《图书情报工作》2009 年第 21 期。
胡坤:《宋代荐举制度研究》,博士学位论文,河北大学,2009 年。
谭新红、柯贞金:《宋词的别集传播》,《江西师范大学学报》2010 年第 2 期。
于兆军:《汴梁国子监刻书及其贡献》,《新世纪图书馆》2010 年第 4 期。
于兆军:《两宋汴梁刻书及其贡献》,《图书馆论坛》2011 年第 4 期。
张守卫:《两宋安徽官方刻书考》,《图书情报工作网刊》2012 年第 1 期。
钱建状:《糊名誊录制度下的宋代进士行卷》,《文学遗产》2012 年第 3 期。
武国权:《杜诗伪王注研究之一——杜诗伪王注中的伪注》,《杜甫研究学刊》2013 年第 2 期。
吕肖奂:《元祐更化初〈同文馆唱和诗〉考论》,《四川大学学报》2013 年第 3 期。
刘秋彬:《作为“现象”的送行诗——〈续会稽掇英集〉解读》,《名作欣赏》2013 年第 12 期。

后　　记

本书是国家社科基金项目“两宋时期文人文集的编纂、刊刻与传播研究”（13BZW066）的结题成果。从项目的成功立项到本书的出版，将近有十年的时间了，虽不敢说“十年磨一剑”，但在这近十年里，我一直在思考与两宋时期文人文集编纂与传播相关的一些问题。

关注两宋时期文人文集的编纂与传播，得益于业师王兆鹏先生的启发。依然记得在武汉大学攻读博士期间，有一天傍晚去王师家汇报读书心得，探讨博士论文的选题和未来科研努力的方向，王师提示我，两宋时期文集的传播是一个值得深入探讨的问题，虽然前人已经作过一些努力，也取得过一些成果，但远没有达到把这个问题彻底研究清楚的地步，如果我感兴趣，可以在这一方面进行深入的研究。王师还提示我，要关注《全宋文》，因为《全宋文》中藏着许多关于两宋时期文学传播的第一手资料。从王师家回来，我就一头扎进《全宋文》的阅读中，边阅读边思考，同时将与文学传播特别是文集传播相关的材料摘录下来，三百六十册《全宋文》一读就是两年多，摘录的材料写满了厚厚的六个笔记本。在阅读中，我发现宋人的文集编纂理念、模式、原则等问题，也非常有意思，虽然前人有过探讨，但《全宋文》中的许多材料还是揭示了新的研究空间。待材料积累到一定程度、思考也渐趋深入，我依托自己的工作单位湖州师范学院，以“两宋时期文人文集的编纂、刊刻与传播研究”为题，申报了国家社科基金项目，原本是为了练练手、试试看，没想到竟然成功获得了立项，令人万分惊喜。国家社科基金项目的成功立项，在很大程度上肯定了我研究两宋时期文人文集编纂与传播这一问题的价值和意义，给我增添了不少信心。为了更好地完成国家社科基金项目的研究，我在博士论文的选题上主动向项目选题靠拢，以“北宋时期的文集编纂与传播研究”为题进行博士论文的写作，由于前期材料积累比较丰富，对问题的思考和探究也比较明晰和深入，所以，论文完成以后，无论是通讯评审的专家，还是参与博士论文答辩的评审老师们，都对我这篇论文给予了很高评价，论文以全优的成绩通过了答辩。

博士论文受到认可和赞扬，进一步增加了我把项目做好的信心。博士毕业以后，我再次深入阅读《全宋文》，进一步耙梳相关资料，对两宋时期文人文集的编纂、刊刻和传播作进一步深入思考，积极拓展研究，项目的一些前期成果在《江汉论坛》《湖州师范学院学报》等期刊上发表过，其中，《北宋时期文人文集的“境外”传播》和《北宋时期文人文集的上献与下赐》两篇成果还被人大复印报刊资料《中国古代、近代文学研究》全文转载，在此，特向刊登和转载项目前期成果的各家期刊表示感谢。

本书的完成，最应该感谢的人就是我的导师王兆鹏先生，当初我鼓起勇气申报国家社科基金项目也是源于王师的鼓励。从项目选题的确立到申报书的具体撰写，王师都倾注了巨大的心力。依然记得那段时间王师特别忙，但还是抽出宝贵时间帮我一遍又一遍地打磨申报书，比他自己申报项目还要认真和仔细，那些场景，让我感动不已，终身铭记。在项目的具体研究进程中，每次遇到自己解决不了的难题，我首先想到的就是向王师求教，王师总能及时而又细致地为我指点迷津，助我前行。在项目完成、成果即将出版的时候，王师又在百忙之中抽出时间，冒着酷暑为本书写序，洋洋洒洒，赞誉有加，凝聚了一位老师对学生的浓浓爱意和深切关怀，让人为之动容。往事历历在目，感动铭刻于心，王师的恩情，无以为报。人生得遇王师，何其有幸！感谢王师，虽然一“谢”字远不足以表达！

每当想起在武汉大学求学时的场景，感到特别温暖，诸位恩师的教导，春风化雨，诸位同学的切磋，酣畅淋漓。如果说，我学术上有一点点进步的话，离不开诸位恩师的教导和各位同学的鼓励，在此，也向各位恩师和同学表示感谢！

在平时的工作中，学校领导给了我许多关怀，人文社科处的各位同事和古代文学教研室的各位同仁也给了不少的帮助和鼓励，在此一并表示感谢！

限于本人的学识和水平，书中肯定还存在着一些不够完善、不够深入或者不尽如人意之处，期待方家予以指正，感激不尽！

本书的责任编辑前后共有两人，分别是熊瑞女史和顾世宝先生，两人都非常认真，非常敬业，顾世宝先生细致通读了全部书稿，提出了许多宝贵的意见和建议，一丝不苟，尤其让人感动。值此书稿即将付梓之际，特向熊瑞女史和顾世宝先生表示衷心的感谢！

每当夜深人静，倚靠窗前，与明月相伴，细数着那一帧一帧清晰的流年，那些年少时的壮语豪言，藏进杏花春雨里的浪漫，都被岁月勾兑成生活的柴米油盐。槐花洒落孩子的秋千，清风摇动着依恋，写下一幕幕岁月安然！

给所有善良的人以最善良的祝愿：岁月安然！

潘明福

2022 年 9 月于菰城